JN305487

アメリカの金融危機と社会政策

―― 地理学的アプローチ ――

田中 恭子 著

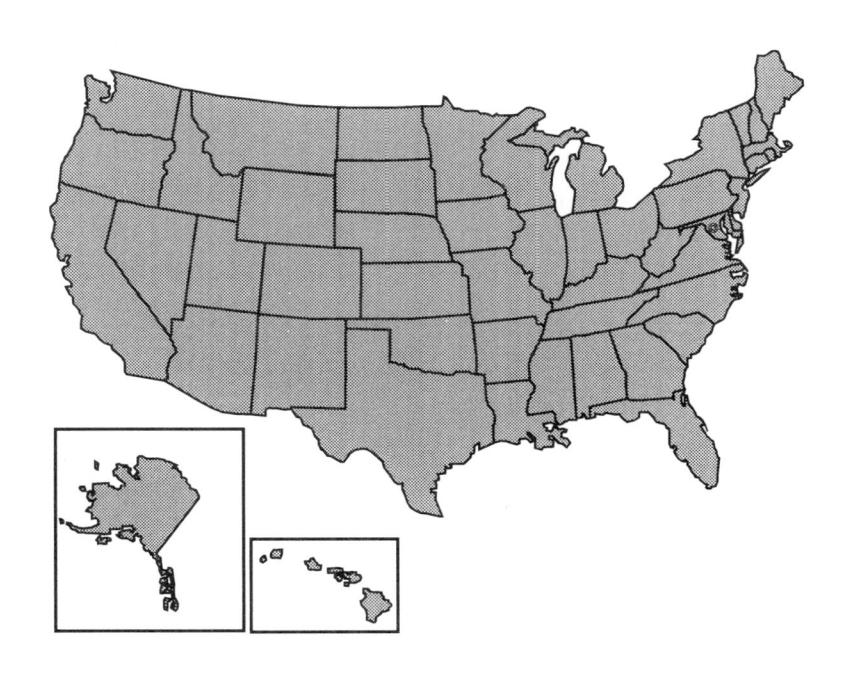

時潮社

目　次

第 1 章　2008年の金融危機と地域 …………………………………………9
　はじめに ……………………………………………………………………9
　Ⅰ　金利政策とサブプライムローン危機 ……………………………11
　　1．2008年9月の金融危機　11
　　2．アメリカの歴史的な住宅バブルと崩壊　11
　　3．グリーンスパンの低金利政策　14
　Ⅱ　サブプライムローン危機の地域的な様相 ………………………15
　　1．2008年のサブプライムローン危機下の「砂の州」　15
　　2．ワースト10の大都市圏　17
　　3．クリーブランドの事例　18
　Ⅲ　サブプライムローン危機の背景：住宅ローン債権の証券化 …20
　　1．金融の規制緩和に伴うシャドー・バンキングの増加　20
　　2．住宅ローン債権の証券化　22
　　3．危険なデリバティブ　26
　Ⅳ　1995年の地域再投資法の改正 ……………………………………30
　Ⅴ　ファニーメイやフレディマックの役割 …………………………31
　むすび ……………………………………………………………………33

第 2 章　アメリカの消費者金融ペイデイローンの空間的分布 ……39
　はじめに …………………………………………………………………39
　Ⅰ　ペイデイローン業界の拡大 ………………………………………40
　　1．金融規制緩和に伴う1990年代からの急増　40
　　2．ペイデイローンのビジネスモデル　41
　Ⅱ　大都市におけるレッドライニング ………………………………43
　　1．限界的金融機関の登場　43
　　2．チェック・キャッシング業とペイデイローン業　44
　Ⅲ　軍基地周辺に集中的に立地したペイデイローン業者 …………46
　　1．略奪的貸付けから軍人世帯を救済　46

3

2．コロラド州の事例　47
　　3．カリフォルニア州の事例　48
　　4．軍人貸付法の制定　48
　Ⅳ　州別のペイデイローン業分布……………………………………50
　　1．州別の状況　50
　　2．ミシシッピ州の事例　50
　　3．ノースカロライナ州の事例　51
　　4．2007年以降の動向　52
　むすび……………………………………………………………………52

第3章　アメリカの量的規制緩和とその住宅市場への影響
　　　―迫りくる債務危機をさぐる― ……………………………55
　はじめに…………………………………………………………………55
　Ⅰ　量的緩和政策……………………………………………………56
　　1．FRBのQEとゼロ金利政策　56
　　2．出口戦略の遂行　58
　　3．低金利政策から高金利政策への移行のリスク　59
　Ⅱ　労働市場の悪化と経済格差の拡大……………………………60
　　1．株価のバブルと労働市場　60
　　2．所得格差の拡大　61
　Ⅲ　2008年の金融危機後の住宅市場………………………………61
　　1．住宅価格と住宅差し押さえ件数の増加　61
　　2．シャドウ・インベントリー　64
　　3．ロボ・サイン・スキャンダル　65
　　4．2012年以降の第二のバブル　66
　Ⅳ　住宅ローン担保証券MBSとmREITのビジネスモデル…………67
　　1．MBSの規模と機関別保有額のシェア　67
　　2．mREITのビジネスモデルのリスク　68
　Ⅴ　銀行倒産処理としてのベイルイン ………………………………69
　むすび……………………………………………………………………71

目　次

第4章　製造業の衰退とラストベルト……73
　はじめに……73
　Ⅰ　製造業の衰退とラストベルト……73
　　1．製造業の衰退と地域　73
　　2．デトロイト　75
　　3．ラストベルトの人口減少率の高い都市　76
　Ⅱ　労働組合の地域性……77
　　1．労働組合加入率の地域差　77
　　2．労働権法の施行州　78
　Ⅲ　低下する失業率とアメリカの失業保険の特質……80
　　1．失業率　80
　　2．失業保険の地域差　82
　むすび……84

第5章　アメリカの政治文化地域……87
　はじめに……87
　Ⅰ　アメリカの大統領選挙と支配政党……87
　　1．アメリカの大統領選挙　87
　　2．2008年及び2012年の選挙結果　88
　　3．2000年以降の政党政治　89
　　4．ティーパーティ運動　91
　Ⅱ　アメリカの二大政党制とその地域性……91
　　1．「リベラル」と保守の対立　91
　　2．民主党の地域的ねじれ現象　92
　Ⅲ　エラザーの政治文化地域仮説……93
　　1．アメリカの政治文化と3つの特徴　93
　　2．3つの政治文化地域　97
　むすび……100

第6章　ニューイングランドの政治文化―トクヴィルを読む―……101
　はじめに……101
　Ⅰ　トクヴィルの時代と彼の民主政治の見解……102
　　1．1830年代の状況　102
　　2．トクヴィルの民主主義の認識　103

Ⅱ　ニューイングランドと南部の植民地の比較 …………………103
　　1．ニューイングランドの植民地　103
　　2．相続法の改正と平等化　105
　Ⅲ　ニューイングランドの民主政治 ……………………………107
　　1．主権在民の概念　107
　　2．行政委員と共同体の公務　107
　Ⅳ　ニューイングランドの旧約聖書的厳罰主義 ………………109
　むすび ……………………………………………………………109

第7章　南部の政治文化 ……………………………………113
　はじめに …………………………………………………………113
　Ⅰ　南部の地理的範囲 ……………………………………………114
　　1．南部の地理的境界　114
　　2．地形的な特徴と瀑線都市　116
　Ⅱ　南部のプランテーションと奴隷制 …………………………117
　　1．奴隷貿易　117
　　2．奴隷解放運動　117
　　3．南北戦争の原因と対立　118
　　4．南北戦争後の南部の経済的停滞　119
　Ⅲ　黒人の国内人口移動と都市におけるゲットー形成 ………120
　　1．南部からの黒人の流出と黒人ゲットー形成　120
　　2．南部の黒人人口集中地区　121
　Ⅳ　南部文化の起源 ………………………………………………122
　　1．フィッシャー仮説：イギリスからの4つの文化地域の移植　122
　　2．バージニア　124
　　3．デラウェアとペンシルバニア　124
　　4．スコッチ・アイリッシュの流入とアパラチア　125
　　5．エスニシティと英語の方言地域　128
　Ⅴ　ミシシッピ川流域の諸都市 …………………………………130
　　1．ニューオリンズ　130
　　2．セントルイス　130
　　3．ファーガソンでの暴動　131
　むすび ……………………………………………………………133

目次

第8章　アメリカの貧困の罠と高い暗黙の限界税率 …………135
　はじめに ……………………………………………………………135
　Ⅰ　最低賃金と連邦貧困ライン ………………………………137
　　1．最低賃金　137
　　2．連邦貧困線　139
　　3．最低賃金で働くシングルマザー世帯と夫婦共働き世帯
　　　　——どちらが得か？　140
　Ⅱ　低所得層にとって高いアメリカの限界税率 ……………141
　　1．貧困の罠　141
　　2．暗黙の限界税率の試算　143
　　3．試算の結果　146
　Ⅲ　貧困の罠—都市構造との関連で ……………………………147
　　1．住宅政策の特徴　147
　　2．貧困層向け住宅政策　148
　むすび ………………………………………………………………149

第9章　オバマの医療保険改革をめぐる地域的分極化 ………153
　はじめに ……………………………………………………………153
　Ⅰ　医療保険改革前の課題 ………………………………………155
　　1．医療保険改革までの歴史と背景　155
　　2．市場による医療保険供給の矛盾　155
　　3．PPACA導入前のメディケイドの地域差　156
　　4．無保険者率の地域差　158
　Ⅱ　PPACA成立とその廃止運動 ………………………………159
　　1．PPACAの成立　159
　　2．保守派の反対理由　160
　Ⅲ　PPACAの廃止を求める政治的動向 ………………………165
　　1．PPACAの成立直後からの反対運動　165
　　2．政治の分極化と州政治　167
　Ⅳ　2012年の最高裁判決と大統領選挙 ………………………169
　　1．2012年6月の最高裁判決と大統領選挙　169
　　2．2012年の州選挙と政治的分極化　170
　Ⅴ　メディケイド拡大とエクスチェンジ設置 …………………172
　　1．メディケイド拡大の実施州と拒否州　172

2．共和党知事によるメディケイド拡大　174
         3．エクスチェンジ設置の選択肢　176
      むすび ……………………………………………………………………178

第10章　地域におけるビッグ・ソートと政治的分極化 …………181
      はじめに …………………………………………………………………181
      Ⅰ　ビッグ・ソートと地域で優勢な政党 ……………………………182
         1．ビッグ・ソート仮説　182
         2．政治的分極化の時代的変化　183
         3．学歴とビッグ・ソート　184
         4．白人の逃避　185
      Ⅱ　ハイテク都市で優勢な民主党 ……………………………………186
         1．カリフォルニア州における優勢な政党の変化　187
         2．コロラド州の転換　189
         3．テキサス州オースティンの事例　190
         4．バージニア州の事例　191
      Ⅲ　福音主義プロテスタントの台頭と共和党 ………………………191
         1．メインライン・プロテスタントと福音主義プロテスタントの分化　191
         2．1963年以降、公立学校でのキリスト教教育の廃止　193
      Ⅳ　福音主義プロテスタントとリベラルな進歩主義との文化戦争 …194
         1．進化論　196
         2．人工妊娠中絶　198
         3．マリファナの合法化　200
         4．銃規制　202
      Ⅴ　同性婚合法化 ………………………………………………………204
         1．同性婚の課題　204
         2．クリントン大統領時代　205
         3．ブッシュ大統領時代　206
         4．オバマ大統領時代　208

      むすび ……………………………………………………………………211

参考文献 ………………………………………………………………………215

あとがき ………………………………………………………………………223

第1章　2008年の金融危機と地域

はじめに

　2007年から2008年にかけて、アメリカで「サブプライムローン危機」が発生した。この住宅バブルの発生とその後のバブル崩壊は、これまでの住宅ブームとその後の住宅不況のサイクルとは、かなり異なるメカニズムが作用していた。サブプライムローン危機は、住宅ローンの債務者はその多くの者が住宅を差し押さえられて自宅を失い、またその金融商品に投資した投資家は多額の損失を被り、その破壊力は相当なものであった。しかも、破綻しかけた銀行は公的資金投入よって救済されなければならなかった。

　これまでにサブプライムローン危機が発生した要因として、いくつかの複合的な要因が挙げられている。第1に金利政策、第2に金融の規制緩和に伴う住宅ローンの証券化の手法や、それと関連したディリバティブなどの金融商品の増加、第3に政府の貧困層向けの住宅政策、特にその住宅ローン政策などが挙げられる。

　第1に、米国の中央銀行に相当する連邦準備制度理事会（Federal Reserve Board：FRB）のグリーンスパン議長（1987～2006年）の金利政策が、バブルとその崩壊の要因だとする説である。2000年代前半にグリーンスパン議長が金利を下げ続け、その異常に低い金利によって、住宅需要が喚起され、住宅バブルが引き起こされた。その後、金融引き締め政策によって、金利が上昇し続けたために、住宅ローンの返済が困難になり、滞納や差し押さえが増加し、バブルが弾けた、とされている。金利の変動はバブルの発生とその崩壊に密接に関係していたことを考察する。

　第2に、サブプライムローン危機が深刻な金融危機を引き起こした制度的な問題点は、金融の規制緩和にあるという説である。1999年に成立したグラ

ム・リーチ・ブライリー法は、1933年に成立したグラス・スティーガル法の一部を撤廃し、銀行と証券の分離垣根を取り払う規制緩和を行った。これにより銀行の自由な領域を拡大し、銀行が証券事業に参入する道を開いた。これまでの規制を受けてきた預金金融機関に対して、比較的規制を受けないシャドー・バンキング・システムが成長するとともに、住宅ローン債権の証券化（securitization）の手法を通して、オリジネーターにとって低コストの資金調達を可能とした。しかし証券化によって不良債権化するリスクを投資家に移転することにもなった。

マイケル・ルイス（Michael 2010）原作の「マネー・ショート」（原題はThe Big Short）という映画は、日本では2016年に公開された。この映画はサブプライムローンが組み込まれた複雑なCDOを分析して破綻を予見し、空売りした男たちの実話に基づいている。サブプライムローン危機をもたらした証券化やディリバティブなどの仕組みを理解するためにとても興味深い映画である。

第3に、連邦政府の住宅政策も、サブプライムローン危機をもたらした要因の一つである。連邦政府は貧困層に対する住宅政策を、借家政策ではなく、持ち家政策に転じた。貧困層に対して持ち家政策を実施することは、破綻リスクの極めて高いサブプライムローン債権の大量発行につながった。民主党の大統領の時代に成立し、改正された地域再投資法によって、本来返済能力のない貧困層に対しても金融機関は融資するようになった。また、破綻するリスクが極めて高いサブプライムローン債権の購入を、連邦政府がファニーメイやフレディーマックなどの政府後援法人に割り当てていたことも明らかになっている。

本章では、第1節において、サブプライムローン危機と金利政策を考察し、第2節において、地域的な様相を分析し、第3節において、金融の規制緩和によって導入された証券化やディリバティブなどによって、金融メルトダウンが引き起こされたメカニズムを考察する。第4節では、連邦政府の住宅政策との関係で論ずる。

I 金利政策とサブプライムローン危機

1．2008年9月の金融危機

　サブプライムローン金融危機問題がニュースとなって伝えられたのは、2007年8月のことであった。パリに本拠を置く世界有数の金融グループであるBNPパリバを発端としたことから「パリバ・ショック」とも呼ばれている。米国の信用力の低い個人向け住宅融資であるサブプライムローン関連の証券化商品の市場の混乱をきっかけに、傘下のミューチュアル・ファンドが投資家からの解約を凍結すると発表したことにより、世界のマーケットが一時的にパニックに陥ったのである。

　米国の住宅価格は2006年にピークに達し、下落傾向が始まりかけていた。住宅価格の低下に伴い、低所得層向けのサブプライムローンの延滞や債務不履行が増加し始めた。しかしサブプライムローンを組み込んだ証券化商品は、複雑な構成となっていたので、リスクが分かりにくくなっていた。金融当局や金融機関など市場関係者も当時サブプライムローン問題の深刻さを十分に認識できていなかった[1]。

　2007年8月の危機は公的資金投入によって、いったんは沈静化したかに見えたが、実際には住宅価格は暴落し続け、根本的な解決にはまったく結びついておらず、2008年3月の米国大手証券会社のベアー・スターンズの経営危機を機にサブプライムローン危機は再燃した。2008年9月に米国の投資銀行であるリーマン・ブラザーズの経営破綻が起こり、ついに世界的な金融危機へと発展した。

2．アメリカの歴史的な住宅バブルと崩壊

　アメリカの住宅市場では歴史的に住宅需要が供給よりも上昇し、住宅価格が上昇、住宅バブルとなり、やがてバブルが弾け、住宅価格が下がり続ける、という激しい上下変動を繰り返してきた。伝統的には、住宅価格の変動は、人口移動と密接な関係があった。国外からの移民や国内の人口移動が特定の

発展している地域に集中することによって、資本も人口もブームに乗って増加し、よりバブルを過熱させ、やがてバブルが弾け、資金を借りて住宅に投資していた人が損失を出し、銀行危機につながった。

　アメリカの1820年頃から1920年頃までの100年間は、アメリカの西漸運動にともなって都市が発達していき、約18年の周期で住宅価格は激しくブームと崩壊を繰り返した（Hoyt 1933）。この波動はヨーロッパからの移民、イギリスなどからアメリカへの資本輸出（Thomas 1954、1972）、鉄道の敷設区間の拡大（Isand 1942）などとも時期的に連動していた。15〜25年の周期といわれるクズネッツ・サイクルと呼ばれる景気変動サイクルと似ているが、「建築サイクル」や「ロング・スウィング」などと呼ばれているものである。これは金本位制の時代、移民の制限が規制されていなかった時代、アメリカが急激に工業国として成長していく時代といういくつかの条件のもとに発生した特異な現象であった。

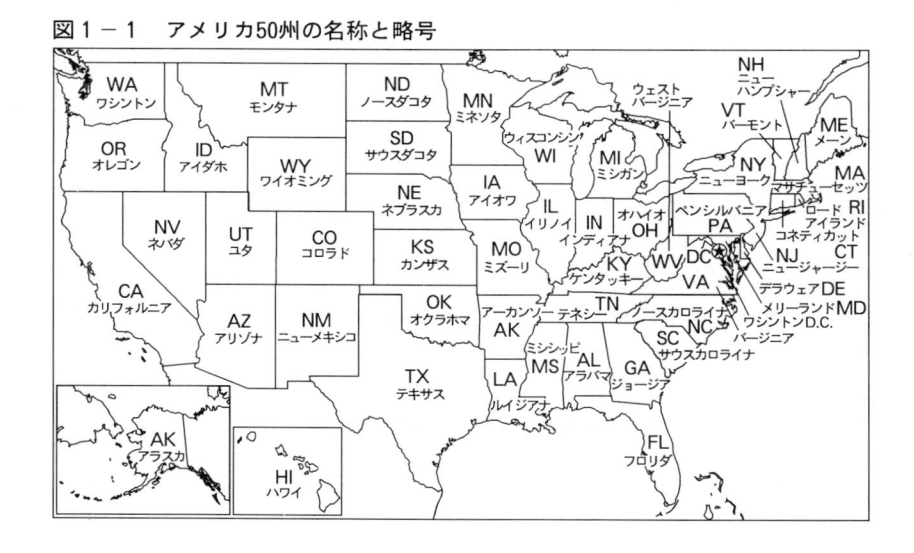

図1-1　アメリカ50州の名称と略号

第1章　2008年の金融危機と地域

　第二次世界対戦後、特に1970年代以降、住宅はかつてのように価格が大きく下落するような傾向はほとんど見られなくなった。流入する移民の人口変動と景気変動があまり関係しなくなった。移民の出身国もアジアやラテンアメリカなどの発展途上国からのものが主流となった。地域的には住宅ブームの地域には人口移動の影響が依然としてある（図1-2及び図1-3）。しかしアメリカ全体の住宅価格の時系列的変動には金利の影響がより強く現れるようになった。また州の規制も影響して地域差が生じた。

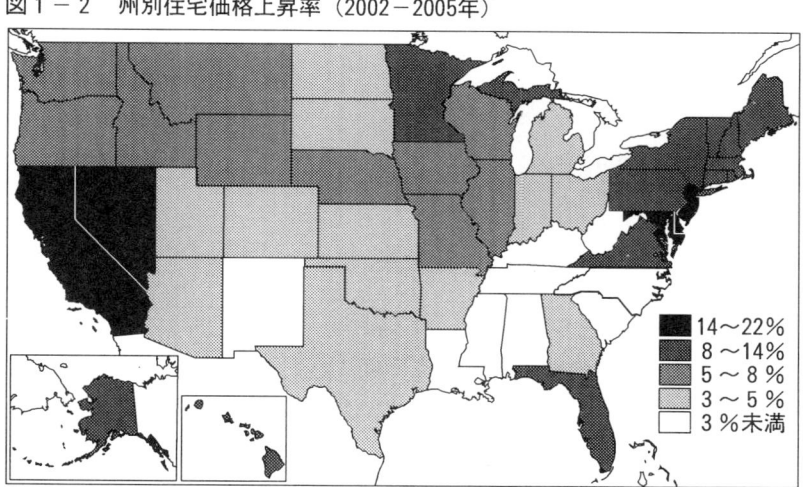

図1-2　州別住宅価格上昇率（2002-2005年）

資料：U.S. Census Bureau.

図1-3　人口増加率（2000〜2010年）

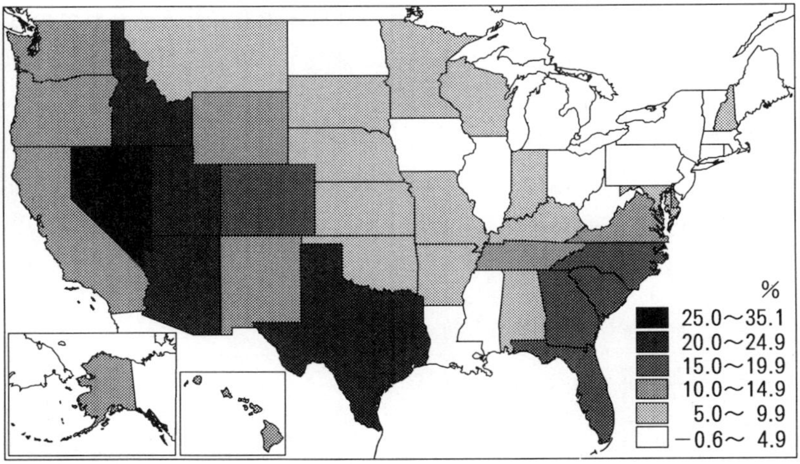

%
25.0〜35.1
20.0〜24.9
15.0〜19.9
10.0〜14.9
5.0〜 9.9
-0.6〜 4.9

資料：U.S. Census Bureau.

3．グリーンスパンの低金利政策

　サブプライムローン問題が起こった原因として、グリーンスパンFRB議長時代の低金利政策を指摘する経済学者もいる。グリーンスパン議長は、2001年1月6.5％であった政策金利の引き下げを開始し、2003年6月には1％まで利下げし、緩和政策を維持した。しかし2004年6月についに利上げに踏み切る。この金利上昇によって2006年には住宅価格の上昇が止まり、下落が始まる。

　ジョン・テイラーはグリーンスパンの超低金利政策が住宅バブルを生む元凶となったと主張する。テイラー・ルールに基づく金利予測と比較して、当時の金利は予測値を大幅に下回っていた（Taylor 2009）。政策金利がより高く設定されていたら、住宅バブルを避けられたと考えられる。しかし2004年第4四半期には、米国の住宅価格は10％という過去最大のペースで上昇した。短期金利が正常な水準に戻るに伴い、住宅需要は急速に減退し、延滞や差し押さえの割合も大幅に上昇した。

世界規模でのマネーフローを見ると、2000年代のアメリカやヨーロッパの住宅バブルに資金を大量に流入させたのは日本であったと言われている。2003年から2007年ごろまで、当時の日本（日銀）のゼロ金利政策によって、日本と欧米との間に金利差に生じており、円を借りてドル（あるいはユーロなど）で投資する円キャリー・トレードが盛んに行われていた。円需要があったので、円安にシフトしていた時期でもある。

II　サブプライムローン危機の地域的な様相

1．2008年のサブプライムローン危機下の「砂の州」

　サブプライムローン金融危機で最も打撃を受けた州は「砂の州（sand states）」と呼ばれる4つの州である。図1-4のように、これらの貸し付けと差し押さえが目立った「砂の州」はアリゾナ州、カリフォルニア州、フロリダ州、ネバダ州であった（FDIC 2009）。これらの州への2002年から2005年

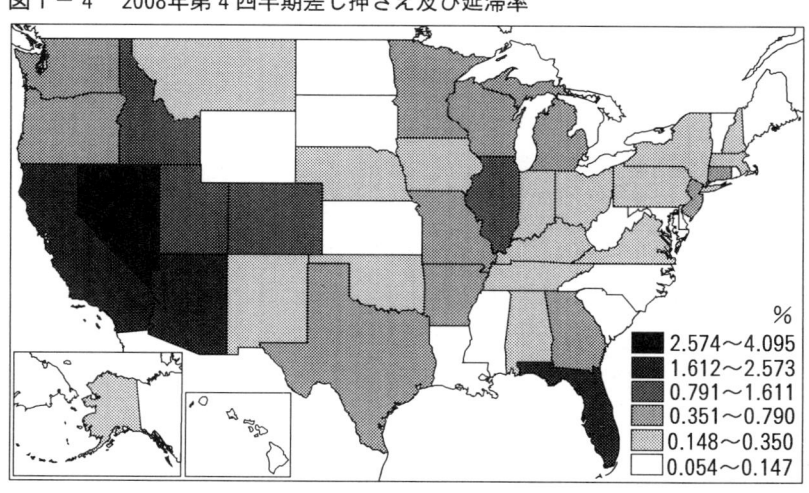

図1-4　2008年第4四半期差し押さえ及び延滞率

資料：Lucy and Herlitz（2009）

までの住宅バブル期の住宅価格上昇率は全米の中でも高いグループに属していた（図1－2）。2004年から2007年に、アリゾナ州とネバダ州は人口増加率が全米で最大級であり、フロリダ州は全米9位であった。人口増加を続けてきた州であっても、住宅ブーム期には所得の上昇よりも住宅価格の上昇がはるかに加速し、住宅価格と家計所得の乖離が激しくなった。

この時期に最初の数年は低金利である変動金利住宅ローン（ARM）や、最初の数年は金利の支払いのみ（債務は増大する）の住宅ローン、ローン支払いの最後に莫大な支払いを要求されるバルーン・ローンなどの新種の住宅ローンが増加した。頭金なしの住宅購入者や投資家にもローンを貸し付け、これらの住宅ローンのオリジネーターは返済可能な所得があるかの審査を十分に行わなかった。

このようなデフォルト・リスクが高い民間の証券化する住宅ローンを扱う業者の約半数は、2006年までに「砂の州」で営業を行っていた。そのために住宅価格は高騰した。投資目的やセカンド・ハウス購入のための新規住宅ローン貸付が、2000年から2005年にかけて、アリゾナ州、フロリダ州、ネバダ州で増加した。特にラスベガス、ウェスト・パーム・ビーチ、マイアミ、フェニックスなどの大都市圏では投資目的やセカンド・ハウス購入目的の住宅購入が集中した。

4州では新規住宅着工件数は2002年から急増し、3年続けて毎年平均11％の増加を記録した。全米の他州に比べ、約2倍の増加率であった。2004年から2005年の「砂の州」の世帯数の伸び率は毎年1.6％であったので、新規住宅着工件数がいかに異常に急増していたかを物語っている。労働市場においても住宅建設部門だけが突出して成長していた。他の部門の雇用増大はわずかで、ブーム期の新規雇用の25％は建設部門が支えていた（FDIC 2009）。

「砂の州」の住宅ブームは蜃気楼のようであった。2003年から2006年、住宅価格の上昇率は全米平均を常に凌駕していた。年間の住宅価格上昇率は、ネバダ州では2004年に37％、アリゾナ州とフロリダ州では2005年がピークで、全米平均の2倍以上であった。ところが、2008年には住宅価格はピークから27～37％も低下した。住宅価格の下落が最も激しいのは、フェニックスとラ

スベガスの大都市圏で、2008年にそれぞれ34％、33％下落した。2008年の住宅ローンの差し押さえ件数の42.5％は「砂の州」の4州で起きた（FDIC 2009）。

2．ワースト10の大都市圏

大都市圏別で、2008年の前半期で差し押さえ率（プライム・モーゲージ以外）を見ると、最も高かったのはデトロイト（ミシガン州）の22.9％、2位がクリーブランド（オハイオ州）、3位ストックトン（カリフォルニア州）、以下、サクラメント（カリフォルニア州）、リバーサイド／サンバーナーディーノ[3]（カリフォルニア州）、メンフィス[4]（テネシー州）、マイアミ／フォートローダーデル（フロリダ州）、ベーカーズフィールド（カリフォルニア州）、デンバー（コロラド州）、ラスベガス（ネバダ州）の順となっている（OCC 2009）。

デトロイトとクリーブランドは、製造業が衰退し、失業率高く、住宅ブーム期でも住宅価格の上昇率は全米平均よりも低く推移した。両都市圏は以前から住宅ローンのデフォルト（破たん）率が高かった地域である。中心都市には黒人人口率が高く、差し押さえによって空き家が増加し、荒廃した地区が広がっている。両都市は犯罪率も高く、ワースト都市に数えられている。

カリフォルニア州のサクラメント、ストックトン、ベーカーズフィールドの3大都市圏の中心都市はいずれもカリフォルニア州の中央部を南北に貫くセントラル・バレー（肥沃な農業地域になっている）にあり、リバーサイド／サンバーナーディーノも含めてヒスパニックの人口割合が30％以上（サクラメントはやや低く20％余り）で、貧困率も高い地域である。

ストックトンはサンフランシスコの郊外にあり、サブプライムローン金融危機で大打撃を受けた。1998年から2005年にストックトンの住宅価格は3倍以上高騰し、2006年9月から2007年9月までに住宅価格が44％下落し、2008年の差し押さえ率は9.5％にのぼった。ストックトン市の財政も悪化し、2012年に連邦倒産法第9条の適用申請をした。

このワースト10の大都市圏でサブプライムローンを貸し付けたオリジネーターの21業者は、OCC（Office of the Comptroller of the Currency：財務省通貨監督庁）の監督下にない、州のみの規制を受けた業者がほとんどであった

（OCC 2009）。その大部分は2007年から2008年にかけて廃業あるいは倒産し、一部は吸収合併されている。

　サブプライムローン危機で打撃を受け、差し押さえ率が上昇した地域は、住宅ローン貸付業者に対する州の規制が緩かった。地図で比較すると、サブプライム危機の被害が激しかった地域と、Ｓ＆Ｌ（savings and loan association：貯蓄貸付組合）危機で1980年代の中頃から1990年代初頭にかけて破綻したＳ＆Ｌが続出した地域とは、ほぼ重なっており（Keehner and Ivry 2008）、それらはカリフォルニア州、フロリダ州、アリゾナ州、オハイオ州、ジョージア州などである。Ｓ＆Ｌ危機の時も、ローン業者に対する規制を強化していなかった故に、同様な地域でバブルが過熱し、失速による被害が増大した。

　例外はテキサス州である。1990年以前にテキサス州では住宅ローン業者に対する規制が何もなかったため、テキサス州はＳ＆Ｌ危機で破綻したＳ＆Ｌが多かった。この教訓からテキサス州は州の規制をウィスコンシン州並みに強化したため、サブプライムローンの被害は比較的少なかった。テキサス州の住宅価格の上昇もカリフォルニア州、アリゾナ州、フロリダ州のように激しくなかった（図１−２）。ダラスの住宅価格は、2003年から2007年までに12％上昇し、その後の下落もわずかである。

３．クリーブランドの事例

　クリーブランドはオハイオ州東北部に位置し、エリー湖に面し、1832年オハイオ・エリー運河の完成によって急成長を遂げていく。運河や鉄道の起点となる地点で、鉄鋼業が盛んな工業都市として発展した。1960年代以降、重工業は衰退し始め、クリーブランド市の人口も減少し始める。白人は郊外の自治体に移動していき、現在クリーブランド市の黒人人口率は50％を超えている。

　1980年代にはクリーブランドは鉄鋼業が衰退し、ラストベルト（Rust Belt：サビた地帯）の典型のような都市であった。かつてクリーブランド市の最大の雇用をもたらした企業は、USスティール、GM、ウェスティングハウス、GEであったが、これらは次々にこの都市から撤退した。この製造業が衰退

した都市を再生させたのは病院であった。クリーブランド・クリニックは全米でもトップランキングの病院であり、海外からも患者を集めるほどの世界的にも有名な病院となっており、市の最大の雇用（3万7,000人）を生み出すほどに発展した。クリーブランド・クリニックは他の地域の病院や大学病院と連携し、バイオを含む医療関連の研究開発など最先端の技術革新を推進し、ハイテク分野での雇用が増大し、地域経済の再生を遂げていった。

　クリーブランド市のダウンタウンから東方セクターにクリニック、病院、大学が立地し、5万人の雇用を生み出している。ここで働くほとんどの人は教育水準が高く、所得も高いが、クリーブランド郊外に居住し、市内には居住していない。このハイテク産業地区を囲むように、ダウンタウンから北東セクターと南東セクターに、差し押さえられ固定資産税が滞納された空き家や崩壊状態の住宅が集中する黒人居住地区が広がっている。黒人が集中する貧困地区の失業率は30％であり、病院を中心とするハイテク産業地域において、雇用されているのは約3,000人にすぎず、主に清掃人やガードマンなどの低賃金職を得ているだけである。

　クリーブランド市では差し押さえ率が高い北東セクターや南東セクターなど荒廃した住宅地区の地域再生が課題となっている。この荒廃した地区の物件は売り手がつかないこともあり、銀行は時には差し押さえを完了しないころもある。銀行所有となった住宅が固定資産税未納で、住宅の修理や庭の手入れがされずに放置されるケースも多い。

　クリーブランド市と地域の非営利団体は、管理されていない空き家問題で、2008年、ドイツ銀行とウェルズ・ファーゴ銀行に対して、オハイオ州の「公的迷惑法（Public Nuisance Law）」に基づき訴訟を起こした。最終的にドイツ銀行とウェルズ・ファーゴ銀行は訴訟物件の解体費の支払いに応じた。この混乱の背景には「証券化」の問題があり、被告のドイツ銀行は住宅ローン債権の保有者ではなく、単なるサービサー（債権回収業者）または「証券化された何千もの住宅ローン債権のプール」の管財人（trustee）でしかなかった（証券化に関しては後述する）。また行政が物件毎に訴訟を起こす手間も大変で、大量の荒廃した空き家問題の解決を難しくしている。

Ⅲ　サブプライムローン危機の背景：住宅ローン債権の証券化

1．金融の規制緩和に伴うシャドー・バンキングの増加

（1）グラム・リーチ・ブライリー法の成立

　アメリカでサブプライムローン危機が発生した背景には、金融規制緩和が1980年頃から進行し続けた影響が大きい。たとえば、（地方）銀行は州内しか営業が許可されていなかったが、州外においても支店を配置し営業できるようになるなど、規制緩和が進行した。

　グラム・リーチ・ブライリー法は、1999年、民主党クリントン大統領の時期に成立した。この法律は、銀行と証券の分離垣根を取り払う規制緩和を行うもので、1933年に成立したグラス・スティーガル法の一部を撤廃した。

　この1999年の銀行と証券の分離撤廃により、実質的に銀行の自由な領域を増やし、銀行が証券事業に再度参入するのを許した。投資銀行は顧客情報を自行の債券トレーディングのために利用するという大きな誘惑にかられ、内部的な利益相反が生ずることが懸念されていた。この規制緩和はサブプライム融資の幾何級数的な成長に大きく貢献した。

　金融の規制緩和は通常の所得に対してキャピタル・ゲインの割合を増大させ、所得の高い層ほどキャピタル・ゲインのシェアが高いことから、富の配分の不平等をもたらした。アメリカの1980年代以降の所得格差の拡大傾向は、金融の規制緩和に伴って増大してきた。上位10％の世帯所得層が総世帯所得に占めるシェアは、1942年から1979年までの長期に渡って、ほぼ33％から35％の間の低水準で安定的に推移した[6]。1979年まで格差拡大は見られなかったのは、1933年のグラス・スティーガル法による金融規制の影響が大きかったと思われる[7]。ところが、1980年から開始する金融の規制緩和はその後促進され続け、上位10％の世帯所得層のシェアは、1980年の35％から上昇し続け、2000年に47％、2007年には50％に接近した。このようにアメリカの世帯所得総額の約半分は上位10％で占められ、格差が広がった不均等な社会となった。

また、金融の規制緩和によって、略奪的貸付で債務の罠に嵌る貧困層も増大した。

(2) シャドー・バンキングの増加

金融の規制緩和に伴い、シャドー・バンキング・システムのシェアが拡大していった。シャドー・バンキング・システムは、貯蓄銀行などの規制を受けている預金金融機関以外の、規制を受けない市場型金融仲介機関である。いわゆるヘッジファンドを含むノンバンクである。そのなかには投資信託、証券化金融機関などが含まれる。貸付市場でシャドー・バンキング・システムのシェアは、伝統的な銀行の貸付額を凌ぐほどに成長した。

シャドー・バンキング・システムは、2000年から2008年にかけて、アメリカやヨーロッパで急増し、グローバル化した金融システムにおいて大量の資金を供給し、2008年の金融危機を招いたことでも注目されるようになった。アメリカでのシャドー・バンキング・システムのシェアは、1950年代にはわずかであったものが、1985年には30％を超え、1991年には45％、1990年代後半には50％を超えるほどに成長した。一方、預金取扱金融機関は1950年代中頃には60％近いシェアが、1985年には45％を切り、1990年代後半には30％以下に落ち込み、2000年頃には25％前後に低迷した。

預金取扱金融機関には銀行のほかにＳ＆Ｌも含まれる。Ｓ＆Ｌは、1960年代頃では主要な住宅ローンの貸し手として機能していたが、1980年代から1990年代前半にかけて多数のＳ＆Ｌは経営破綻に追い込まれた。Ｓ＆Ｌは貯蓄預金を受け入れ、長期の固定金利で融資を行う地域金融機関であった。1970年代末から1980年代初頭の短期金利の高騰によって、資金調達コストが上昇し逆ザヤに苦しむようになり、ハイリスク・ハイリターンの投資を行い、より経営を悪化させた。Ｓ＆Ｌの破綻処理には公的資金が投入され、多額の納税者負担が生じた。

Ｓ＆Ｌの衰退期に、それに代ってシェアを拡大していったのがシャドー・バンキング・システムであった。この規制の緩いシャドー・バンキング・システムが資金を提供したのは、住宅ローン、自動車ローン、学生ローン、エ

クイティ・ローン（通常の住宅ローンを借りている人が、住宅の市場価格と住宅ローン債務の差額にあたるエクイティ（正味資産）に対して、受けられるローン。主に生活資金や住宅ローンの支払いのために融資された）などであった。シャドー・バンキング・システムを通しての貸付は、銀行のような規制を受けないので、資金をプールしておく必要がなく、手持ちの流動資産が負債に比べて少ないため、破綻のリスクはきわめて高い。

　シャドー・バンキング・システムは投資家とローンの借り手の仲介をする。その典型的な大手の投資家は年金基金であり、典型的なシャドーバンクの例は、ベア・スターンズやリーマン・ブラザーズであった。ベア・スターンズはセキュリタイゼーション（securitization：証券化）のパイオニアであった。しかし、ベア・スターンズは2008年3月に経営破綻し、JPモルガンに買収された。リーマン・ブラザーズは、2008年9月、連邦破産法11条による破綻処理に至った。

2．住宅ローン債権の証券化

　伝統的な銀行による貸付けでは貸付額に限界があったが、住宅ローンを証券化して、他に転売することができれば、貸付けを拡大することが可能であった。アメリカで貧困者向けの住宅ローンを最初に証券化し一般に売り出したのは、1997年10月、ベア・スターンズとファースト・ユニオン・キャピタル・マーケットであった。この住宅ローン証券は格付会社であるフレディマックが裏書きし、トリプルAの格付けが付けられた。この証券は売り出した途端に注文が殺到して、予約だけで販売予定金額の6倍になった。

　トリプルAの格付けの住宅ローン証券が飛ぶように売れたのは、年金基金の規模が拡大したことと関係している。年金基金の投資先として利回り良くリスクが低い安全な投資が求められるので、トリプルAの証券の需要はとても高かった。しかし、サブプライムローンが原因で破綻した大手金融機関第1号がベア・スターンズであった。

　住宅ローンを証券化し市場で販売するようになると、住宅ローンの貸付額を増加させることができたが、貸し付ける時に厳格な審査をしなくなり、無

責任体質となった。

(1) 住宅ローン会社による住宅ローン債権の転売

　伝統的な住宅ローンは、銀行から借りるために、借主は銀行による審査（住宅評価と所得審査）に合格しなければならない。住宅には銀行の抵当権が設定され、もし返済が滞れば、銀行がその住宅を差し押さえる。

　これに対してサブプライムローンなどの住宅ローンは、住宅ローン会社によって販売された。住宅ローン会社そのものには潤沢な資金があるわけではないので、住宅ローン債権を転売し、貸し付ける資金を得て、住宅ローンの貸し付けを拡大させ利益を増大させた。

　住宅ローン会社のブローカーは、契約に至れば手数料を稼げたので、貸し付けの基準を緩めた。所得のほとんどないような人々、住宅ローンの契約内容を十分理解できないような人々、時には英語が十分理解できないような移民のヒスパニックなどにもサブプライムローンを貸し付けた。これは、いわゆるNINJAローンで、"no income, no job and no assets"の貧困層にも住宅ローンを貸付けた。多くの場合、最初の1～2年は低金利で、その後高金利に変化するもので、資産価格が上昇している限り、エクイティが増加する分で、ローンによる返済が可能であった。しかし、資産価格の上昇が止まると、多くの債務者は返済が滞ってしまった。NINJAローンは大変リスクの高いもので、2003～2007年頃までに集中的に貸し付けられ、2008年の金融危機の時に、サブプライムローン危機の原因として非難された。

　NINJAローンは高い確率で債務不履行なり、債務者は「忍者」のように消えた。アメリカの住宅ローンは「ノン・リコース」が一般的で、債務不履行になった場合、住宅を銀行に返却すれば、その債務の責任はそれ以上負わずに済むからである（日本ではバブル期あるいはその後の住宅価格下降期に住宅を購入・売却すると逆ザヤとなり、売却後も住宅ローンの債務を支払い続けたケースが多かった）。

　このような債務不履行の多発により、住宅証券市場では月々のローン返済による資金流入が枯渇し、サブプライムローンを組み込んだ証券の債権市場

での取引きが止まる事態に至ったのである。

(2) MBSとは何か
　住宅ローン会社はサブプライムローンを含む住宅ローン債権をすぐに売却した。これらを購入した証券会社などは、住宅ローン債権をプールし、1,000～2,000程度の規模で1つにまとめて、MBS (mortgage-backed security：住宅ローン担保証券) として市場で売買した。アメリカではジミーメイ (連邦政府抵当金庫)、ファニーメイ (連邦住宅抵当公庫)、フレディマック (連邦住宅金融抵当公庫) といった政府系機関によるMBSの発行額が大きなシェアを占めていた。MBS相場はサブプライムローン問題で急落し、市場での取引きが止まったことから、FRBは2009年1月から2010年3月までMBSを購入、市場に資金を供給することで、住宅ローン金利を低下させる役割を果たした。

(3) CDOの仕組み
　いくつものMBSの格付けの低いトランシュ (切り刻んだスライス) をプールして、さらにトランシュに切り分けて組成されたものが、CDO (collateralized debt obligation：債務担保証券) である。CDOもデフォルトのリスクによって格付けされ、AAA、A、BBBのようにトランシュに切り分けられ[9]、市場で売買された[10]。CDOの平均価格は8.29億ドル、平均のトランシュの価格は1.09億ドルであった。世界のCDO発行額は2006年にピークに達し、年間5,000億ドルになった。

　Barnett-Hart (2009)[11] の分析よると、1999年から2007年に新規に発行されたCDOの担保構成は多種な担保商品が混合している複雑な組成であった。特に2005年から2007年にかけて発行されたCDOの担保構成の内容は粗悪なものであった。たとえば、2005年発行のCDOの担保は、HEL (ホーム・エクイティ・ローン、プライムよりも劣悪なRMBSを含む) 37%、RMBS (プライムの住宅ローン債権担保証券) 16%、CMBS (商業用不動産ローン債権担保証券) 10%、CDO11%、他のABC (他の資産担保証券で、自動車ローン債権、クレジットカード債権などを含む) 25%から構成されていた。そして2003年から2007

年に発行されたCDOはデフォルト・リスクの高いサブプライム債権を含むCDOが多かった。

　CDOに既存のCDOを含めて再パッケージ化することも盛んに行われた。販売が難しいメザニンを再パッケージ化することにより、格付けがAAAのCDOに化けた。AAAでないと年金基金などの機関投資家は購入しないので、時には2回、3回、再パーケージ化を繰り返した。

　2004年頃から合成（synthethic）CDOが急増する。CDS（次項）を組み込むことによって、破綻リスクを相殺することができた。CDSを組み込むことによって、CDOはリスクが高く、それ自体単独では販売できないサブプライム債権のような「有害廃棄物」の捨て場となった。つまり、「BBのジャンク（廃棄物）から、AAAの高級料理が加工された」。

　CDOの需要は高まり、CDOを合成するためのサブプライムローン債権が不足する事態となり、CDOのアンダーライターやマネージャーは必要量を集められずストレスを感じていたが、CDSを使用することで、CDOのマネージャーは限定された供給にもかかわらず、いかなる債権にも「賭け」ることができた。

　CDOの資産のデフォルト率は2006年発行のCDOでは30%、2007年発行のCDOでは40%を超えるほどになっていた。

　格付け会社はムーディーズ、S＆P（Standard and Poor's）、フィッチなどがあり、CDOのアンダーライターから高額の手数料収入を得て、記録的な高収益をあげた。フィッチのシェアは2007年までに10%以下に低下した。

　CDOはゴールドマン・サックスのような主にウォール街にある投資銀行などが実質的に組成・販売したが、ケイマン諸島（キューバの南にあるイギリス自治領）のようなタックス・ヘイブン（租税回避地）に特別目的事業体（SPO）[12]を設置し、形式的にはそのような海外の現地法人を通してCDOを販売した。

3．危険なデリバティブ

(1) CDS

　ウォーレン・バフェットは2002年、自分の投資会社の投資家に対して、デリバティブは「大量破壊兵器」だと述べた。2008年の金融危機ではデリバティブのなかでもCDSがいかに金融危機を悪化させたかが話題となった。

　デリバティブでは、金融派生商品とも呼ばれ、より基礎となる商品（原資産）の市場価値あるいは数値によって、相対的にその価値が決まる金融商品をいう。債券や証券などの実物が将来にわたる価格変動をヘッジするために行う契約の一種である。先物取引、スワップ取引、オプション取引などの種類がある。

　CDS（credit default swap）はデリバティブの一種である。CDSは現金（credit）と貸し倒れ（default）を交換（swap）する契約である。保険料と引き換えに信用リスクを移転するため保証類似の取引で、貸し倒れのリスクを分散する。簡単に言えば、「貸し倒れの保険」となるが、法的には「保険」ではないので、保険の規制を受けない。相対取引のために詳細は不明である。CDSを付けることによって、デフォルト・リスクの高い低格付けの証券もAAAの格付けに変貌させることができた。

　ベア・スターンズの実質的な破綻や、リーマン・ブラザーズの破綻の前に、これらの企業はCDS取引のターゲットとなった。このように次々に破綻すれば、CDSの売り手は膨大な支払いを余儀なくされる。

　2008年の金融危機では、破綻の危機に瀕していた大手保険会社AIGにFRBが融資し、連邦政府の管理下で経営再建が行われた。AIGは子会社を通じて大量のCDSを一手に引き受ける売り手であった。住宅ローン債権の債務不履行が続出したため、証券化商品に組み込まれていたCDSの想定元本を保証しなければならなかったが、それを支払う資金プールはAIGにはなかった。もしAIGが破綻すればCDSの買い手であった金融機関に多大な影響を及ぼすことが危惧された。2009年3月、AIGが公的資金（1,730億ドル）を投じられて救済されたにもかかわらず、幹部社員に総計1億6,500万ドルの

ボーナスを支給したことが報じられ、鬱積した国民の不満に火がついた。

　2008年の金融危機は1907年の金融危機と共通する点があると言われている。1907年の金融危機はバケット・ショップによって危機が増幅された。バケット・ショップとは、実際の株や商品先物を売買するのではなく、株式市場の場外で株などに連動するギャンブルを提供する業者であった。バケット・ショップは1909年、法律で禁じられた。CDSや広くデリバティブは、現代のバケット・ショップだと非難される。2000年の商品先物近代化法により規制が緩和され、バケット・ショップ化したのである。

(2) 2008年金融危機までのデリバティブ

　2000年、OTC (over-the-counter) デリバティブの規制緩和によって、これ以降デリバティブ市場が爆発的に成長した。OTCとは相対取引のことで、実態がわからず、規制や透明性がないため、結果として投機的となり、違法な価格操縦も可能である。

　アメリカのトップ25銀行のデリバティブの想定元本総額は、1999年38兆ドルから、2003年72兆ドルに増加し、2005年105兆ドル、2006年には137兆ドルに急増、2007年180兆ドルにも達した。それに対し、トップ25銀行の資産合計の伸び率は緩慢で、デリバティブの想定元本に対する資産総額の比率は、1999年から2007年に、11％から6％まで減少している。たとえば、JPモルガンのデリバティブ取引の想定元本は2007年には92.3兆ドルに達したが、デリバティブを裏付けする資産は1.4兆ドルにすぎず、想定元本総額に対する資産比率は1.6％にすぎなかった。アメリカの銀行のデリバティブによる損失リスクが異常なレベルまで高まっていた。

　世界のCDSの想定元本 (notional principal amount) 総計は、2001年0.9兆ドル余りであったが、2004年17.1兆ドルになり、住宅ブーム期に増大し続け、2007年62兆ドルにも達した。2007年における世界のGDP総計は57兆ドルであったことと比較すると、いかに巨額な額がCDSによってリスク・ヘッジされていたかがわかる。

　2007年、すべてのデリバティブの世界の想定元本総計は507兆ドル、2008

年6月の世界のデリバティブ市場は680兆ドルに膨らみ、世界のすべての諸国のGNPの10倍以上に相当する額に達した。世界のデリバティブ市場のOTC契約の合計の内訳は、金利デリバティブ（77％）、FX（1％）、CDS（8％）、商品先物（2％）、その他で構成されていた。

　デリバティブの想定元本総額のシェアでは、CDSのシェアは8％にすぎないが、金利デリバティブは8割近いシェアとなっている。低金利が続く2009年以降、地方債を発行する自治体が金利上昇のリスク・ヘッジのために金利デリバティブを取引きすることが増えた。しかしこれまで金利上昇が起こらないので、金利デリバティブの財政的負担は増大している。財政難に苦しむデトロイト市でも債務支払いにかかわる金利上昇のリスク・ヘッジのために、金利スワップを銀行と取引きしている。FRBが2009年からゼロ金利政策を続けているが、金利を引き上げる時には、金利デリバティブの動向が懸念される。

　これまでアメリカ地方自治体でもデリバティブ被害にあったところがある。カリフォルニア州オレンジ郡は、1994年12月、デリバティブ投資（金利スワップ）で15億ドルの損失を出し、財政破綻に陥った。この場合、金利ヘッジが目的ではなく、投資目的であった。予想に反し、金利が上昇したため多額の損失を出した。オレンジ郡はディズニーランドがあるところで、富裕層が多く、1980年代は保守的な共和党支持の多い郡であったが、最近では低所得層も増大し民主党が強くなっている。

　ちなみに、日本でも2008年の金融危機以降、デリバティブ取引による被害が続出した。日本では金融自由化の流れで2003年頃から銀行は「金融商品」を盛んに売り始め、その主力商品の1つに「通貨（為替）デリバティブ」[15]があった。優良な中小企業もターゲットとなり、通貨デリバティブで損失を出し、中には倒産したところもあった。通貨デリバティブ（オプション）の販売は、ピークが2004年から2005年頃で、円安の時期であった。2007年以降は円高が進んだので販売は減少し、特に2008年秋のリーマンショック以降は大幅に減った。[16]

（3）金融危機後のデリバティブ市場

　デリバティブは2008年の金融メルトダウンを引き起こしたと批判されたが、その後もデリバティブは本格的な規制を受けずに、次のさらに大きな金融メルトダウンを引き起こすリスクを高めている。2010年に金融制度の安定性を醸成するための目的で成立した、ドッド＝フランク法（Dood-Frank Wall Street Reform and Consumer Protection Act）は、金融業界からの強硬な反対で肝心な部分が骨抜きにされている。

　2014年アメリカトップ25銀行持株会社のデリバティブの想定元本総額は300兆ドルに膨張している（2007年は180兆ドルであった）。しかも5大銀行は圧倒的に他を引き離している。JPモルガン（68兆ドル）、シティ・グループ（61兆ドル）、ゴールドマン・サックス（57兆ドル）、バンク・オブ・アメリカ（55兆ドル）、モルガン・スタンレー（44兆ドル）であり、破産すると影響が大きいので潰せない"too big to fail"（大きすぎて潰せない）と言われる大銀行のデリバティブの取引額があまりにも増大しており、救済するにしてもとても納税者が負担できる額ではない。

　しかも2008年の金融危機以降、小規模な銀行は消滅し、銀行の数は減少した。6大銀行持株会社（JPモルガン、バンク・オブ・アメリカ、シティ・グループ、ウェルズ・ファーゴ、ゴールドマン・サックス、モルガン・スタンレー）がアメリカ金融制度の総資産のうちに占めるシェアは、2008年から2013年6月までに37％から67％にまで増加し、その資産は6兆ドルに達している（Gandel 2013）。ドッド＝フランク法の法令遵守のために銀行の負担は増大したことから、小規模銀行の撤退が目立ち、金融業界の寡占化が進んでいるのである。そのため2008年の時よりもより"too big to fail"の状況になっている。

　デリバティブは債権の証券化と共に、2000年代にグローバルに大量な流動性を創造した。[17] そのメカニズムは従来の中央銀行と市中銀行によって創造された流動性とは別の新たな形態であった。これを図式でまとめると「流動性の逆ピラミッド」型になっている（Roche and Mckee 2008）。「逆ピラミッド」の先端部には、マネタリーベース、2段目にマネーサプライ、3段目に債権

の証券化、逆ピラミッドの最上部にはデリバティブの占める部分が広る4重構造となっている。マネタリーベースは、中央銀行が供給する通貨のことで、信用創造の基礎となる通貨である。これが市中の銀行に供給され、市中の銀行を通して預金通貨を生み出す強い力があると考えられているので、ハイパワードマネーとも呼ばれるものである。銀行貸付の乗数効果によりマネーが創造され、マネーサプライが増加する。これが古典的な信用創造のメカニズムであった。しかし債権の証券化とデリバティブの2つによって、中央銀行の制御圏外で、新しい形態の流動性（マネー）が創造されるようになった。しかもその生み出された流動性が巨大化している。このデリバティブの巨大な流動性の供給は、グローバルな流動性全体の75％ほどを占めるまでに肥大化している。中央銀行はこれを通常の手法ではもはやコントロールできない。

IV　1995年の地域再投資法の改正

　共和党議員らは、サブプライムローン危機をもたらした原因として、地域再投資法（Community Reinvestment Act）を批判した。地域再投資法は1977年カーター大統領（民主党）の時代に成立し、1995年クリントン大統領（民主党）の時代に改正された。この法律は低所得地区における「レッドライニング（redlining）」という差別的な貸付け慣行を撤廃するためのものであった。

　「レッドライニング」とは1930年代の大恐慌の時代に法制化されたもので、指定された地区内で、銀行、保険、雇用、医療、時にはスーパーマーケットなどがサービスを提供することを禁止するものであった。地図上に赤線が引かれた地区は人種的に差別されていた地域で、最も差別が激しかったのはインナーシティの黒人居住地区に対してであった。1960年代の公民権運動に伴って、1968年「公正住宅法（Fair Housing Act）」が成立し、人種、宗教、ジェンダー、家族の状態、疾病、民族的出自などによる「レッドライニング」が禁止された。

　1977年に成立した地域再投資法はあまり実効性がなかったため、1995年クリントン大統領の時代に地域再投資法の大改正を行った。この改正で銀行が

貧困地域への融資を積極的に行うように一定枠の融資を義務付けた。対象となる貧困地域に、産業廃棄物の処理などの環境整備や工場跡地の再開発が必要な場合に、地域再生のための融資を制度化した。

1995年の改正によって、本来デフォルト・リスクの高い地域への一定枠の投資が銀行に義務付けられたため、この枠組みをそのまま実施した場合、銀行に多大な損失をもたらすことが容易に予測できた。

FRBは「地域再投資法はサブプライムローン問題とは無関係である」と主張している。地域再投資法の対象となった銀行は、高所得および中所得の地域に主に住宅ローンを貸し付けたが、ノンバンクによるサブプライムローンの略奪的貸付が横行した低所得地域には銀行はほとんど貸し付けていなかった。[18] サブプライムローン貸付のピークであった2005年、2006年には、銀行ではなく、ノンバンクがサブプライムローンの半分以上を融資したのであった。

地域再投資法の対象地域の基準となったのは、国勢調査地区（census tracts）の世帯所得の中央値であった。地域の世帯所得の中央値が一定水準よりも低い地域には銀行の住宅ローン貸付も増加した。同時にノンバンクによるサブプライムローンの貸し付けも集中した。結果として差し押さえ率も高くなった。

V　ファニーメイやフレディマックの役割

ファニーメイ（連邦住宅抵当金庫[19]）とフレディマック（連邦住宅貸付抵当公社[20]）は、住宅ローン債権を銀行やノンバンクから購入して証券化したMBSを販売するGSE（government sponsored enterprise：政府後援法人）である。政府から後援されているが、株式上場していた営利目的の企業である。政府系の法人なので、GSEの証券は政府保証されていると誤解を生みやすかった。サブプライムローン危機で、ファニーメイとフレディマックは経営危機に陥り、米連邦住宅金融局（FHFA）の公的管理下に置かれ、ニューヨーク証券取引所で株式の上場廃止となった。このGSEがサブプライムローン

の証券化に関わる第二市場として機能し、GSEをめぐる連邦政府の住宅政策がサブプライムローン危機に重大な影響を与えたことが、最近の研究で明らかになってきた（Gramm and Solon 2013；Wallison 2011, 2015）。

　元来、GSEは機関投資家が購入するような低リスク、つまりプライムだけの住宅ローン債権を購入し、証券化によりMBSを販売していた。ところが、1992年に成立した法律[21]によって、ファニーメイとフレディマックは、地域再投資法が目的とする低所得マイノリティ地域に「支払い可能な住宅（affordable housing）」を供給するために、住宅ローン融資や住宅ローン債権の証券化の目標値が課されることになった。この新たな要件を満たすために、ファニーメイとフレディマックはこれまで審査基準よりも劣るサブプライムローン債権の購入や証券化を開始し、しかも連邦政府の提示する目標枠（総購入額の割合）は2007年まで増加し続けた。

　ファニーメイとフレディマックの当初のその買い入れ枠は30％であった。つまり、買い入れる住宅ローン債権全体の30％は、地域の所得の中央値以下の人々に対しての貸し付けられたものでなければならなかった。この買い入れ枠は、2000年に50％に引き上げられた。2007年、ジョージ・W・ブッシュ大統領の時代には55％にまで引き上げられた（Wallison 2015）。

　当然ながら、GSEの買い入れる住宅ローン債権の半分以上は所得の中央値以下の者に貸し付けられたものとなり、デフォルト・リスクは上昇した。2002年までにファニーメイとフレディマックは1兆ドル以上のサブプライムや他の劣悪なローン債権を買い入れた。ファニーメイ、フレディマックばかりでなく、FHA、連邦住宅ローン銀行（Federal Home Loan Banks）、退役軍人局（Veterans Administration）などが連邦政府の圧力によって同様な買い入れを行った。このような買い入れが住宅バブル期まで継続した。2008年に2,700万戸分ののサブプライムあるいは他の劣悪な住宅ローン債権が生成され、それはすべての住宅ローン債権の半分を占めるほどになっていた。その住宅ローン債権のうち、62％（1,200万戸）はファニーメイあるいはフレディマックの保有するところとなったばかりでなく、他の政府機関も含めると実に70％（1,920万戸）以上も政府関連機関が保有するに至った。連邦政府の買

い支えがなければ、高リスクの住宅ローン貸し付けがこれほどまでに増大することもなかったであろう（Wallison 2011）。

　サブプライムローン危機を引き起こした原因として、地域再生法の影響も否定できないが、それ以上に政府の住宅政策によるGSEへの買い入れ枠の設定が、住宅バブルとそれに続く住宅価格崩壊、住宅ローンの延滞と貸し倒れの多発の引き金となった。2008年に5兆ドルの負債を抱えたファニーメイとフレディマックは政府の管理下に入ったため、これも国民の債務となった。

　一方、ニュースで報道されたのは、2011年にはファニーメイやフレディマックを管理下に置いた米連邦住宅金融局（FHFA）が、粗悪なMBSを販売したいくつもの銀行を提訴したことだった。たとえば、JPモルガンは2008年、ベア・スターンズを買収したが、買収前にベア・スターンズがファニーメイやフレディマックに売却したMBSは虚偽のデータによる粗悪なものであった。それにより膨大な損失を与えたため、JPモルガンが訴えられたものである。JPモルガン・チェイスは、2013年に510億ドルの支払いで和解した。ファニーメイやフレディマックは住宅市場を支えるために、銀行から住宅ローン債権を購入し、証券化して投資家に販売していたが、住宅ブーム期に、民間からもMBSを購入もしていた。これは購入する住宅ローン債権の低所得向けの目標枠を満たすために、損失を覚悟でGSEのとった行動だと思われる。

むすび

　本章では、2008年の金融危機が発生した要因を論じ、サブプライムローンの差し押さえ率が高かった州や郡をリストアップし、その地域差が生じた背景を考察した。「砂の州」と呼ばれるカリフォルニア州、ネバダ州、アリゾナ州、フロリダ州などのような経済や人口の面で成長している州では、バブルとその崩壊が激しかった。これらの州では同様に貸付業者に対する規制が弱かったという点が共通していた。ローン業者に対する規制が弱かった州では、サブプライムローン貸付率が高く、住宅価格が2～3倍に高騰し、住宅

価格の値下がりも激しかったために、差し押さえ率も上昇した。
　北東部の製造業が衰退したラストベルトでは、クリーブランドのようにサブプライムローンの差し押さえ率が高い都市があった。ラストベルトでは、住宅価格の上昇率も、その後の下落率も比較的低かったが、ここではインナーシティの黒人居住地区がサブプライムローンの略奪的貸付のターゲットとなった。しかも差し押さえした銀行が住宅管理を放棄し、地域荒廃に拍車がかかった。
　このサブプライムローン問題と関係する住宅バブル発生とその崩壊のメカニズムは、古典的な住宅ブームと住宅不況のメカニズムとは様相を異にするものであった。そのメカニズムは金融の規制緩和という大きな時代の潮流の中で起こり、住宅ローンを証券化する手法があみだされ、MBS、CDOなどの証券化商品となって売買された。デリバティブとも組み合わせられ、破壊的な力が働き、膨大な公的資金を投入して納税者の負担で金融機関を救済しなければならない金融危機をもたらした。サブプライムローンを裏付けとしたCDOは情報の非対称性の問題があり、買い手がいなくなり価格がつかなくなった。このようなサブプライムローン危機のメカニズムの分析で見えてきたことは、証券化のシステム全体がポンジー式投資詐欺術ではなかったのかということである。[22]
　地域再投資法は銀行に対して低所得地域やマイノリティ居住地域に貸し付けを義務づけ、銀行が直接貸付でなくとも子会社や他のローン業者が、略奪的貸付を集中的に行う素地を提供した。加えて地域再投資法によって、サブプライムローン債権や、それを集めて証券化したMBSを、ファニーメイやフレディマックなどのGSEが購入する目標値を設定し、バブルが弾けるまで目標値を引き上げていった。結果として納税者が最終的に負担しなければならない公的債務の増大をもたらした。
　一般にサブプライム問題に関して、所得審査もしないで貸付けた住宅ローン業者のモラルハザード、ジャンクからAAAの格付けに変貌させたCDOの組成の詐欺性、格付け会社の利益相反など、多くは銀行のモラル面での問題が強調されてきた。確かに民間のモラルハザードは重要な問題点であるが、

これまで政府の果たした役割には十分に光が当てられてこなかった。規制すべき立場にあった連邦政府が、国民を裏切るような背信行為がなかったどうか、今後さらに実態を検証する必要がある。

註
1) モルガン・スタンレーのトレーダーが2007年前半にサブプライムローン関連債権での含み損に気付き、慌てて7月みずほ銀行に10億ドルのCDOを売却した（Lewis 2010）。2007年9〜11月期に損失を計上したモルガン・スタンレーにおいても、経営陣は自社のトレーダーが何をしていたのか把握できておらず、抱えているリスクを理解していなかった。
2) 海岸や砂漠のイメージで呼ばれた。
3) ロサンゼルスから東に約100kmの砂漠地帯に市街地が広がっている。人種構成は、白人28.9％、黒人17.4％、アジア系4％で、ヒスパニックが48.4％を占める。貧困世帯率は23.5％。治安は悪い。
4) テネシー州の西端に位置し、ミシシッピ川に面している。19世紀に綿花の集散地として栄え、奴隷市場があった。現在でも人口の約6割は黒人が占める。貧困世帯率は17.2％、犯罪率が高い。
5) テキサスは住宅ローン業者に対して犯罪歴をチェックすることを要件としている32州の内の1つである。また住宅ローンのブローカーの許可を得るためには州の試験に合格する必要がある12の州の1つである。新規のブローカーばかりでなく、既存のブローカーも2年ごとに講習の受講が義務付けられている。
6) 上位10％の所得層が総所得に占めるシェアは、株価ブームの1928年には49％を超えるほどであった。そのシェアは1940年まで43〜47％の高い水準を維持していた。
7) グラス・スティーガル法成立から、実際の所得格差が縮小していくまでの間には時間差がある。所得格差の動向は、金融規制緩和ばかりでなく、最高税率とも関係しているであろう。連邦所得税の最高税率は、1931年25％が、1932年には63％に引き上げられ、1936年には78％に上昇した。大恐慌期から第二次大戦期、そして戦後もしばらく最高税率は高水準を維持し、1951年から1964年までは91％であった。ところが1965年以降、最高税率は引き下げられ始め、1972年60％、1982年50％、1987年38.5％、1988年には28％と低下した。その後も変動しているが、クリントン大統領の時代に40％、ジョージ・W・ブッシュの時代に35％まで引き下げられたが、2011年から40％で

ある。
8) Ｓ＆Ｌは1830年代までに全米各地に広がった。アメリカにおいて相互扶助の精神で住宅ローンを融資する協同組合運動として始まった。組合なので預金者と借り手の代表によって経営方針が決められた。Ｓ＆Ｌは、通常の商業銀行に比べ、預金金利が高く、政府によって手厚く保護されていた時期があった。
9) トランシュの数は平均7.4で、3つのAAA、1つのA、1つのBBB、1つの格付けなしで構成されるのが普通であった（Barnett-Hart 2009）。
10) CDOは高い利回りを期待できただけでなく、国債と同様に短期資金（レポ）市場で資金を調達するための担保として利用できた。
11) 彼女は証券会社で学生アルバイトをしていた時、CDOを販売していた。ハーバード大学の卒業論文で735のCDOを分析した。
12) CDOを販売したのは、special purpose entity (SPE)、またはstructured investment vehicle (SIV) であった。
13) 証券や商品先物などに派生した取引きで、実物取引は行われなかったので、取引きは「バケット（バケツ）」に入った。バケット・ショップ業者は、顧客に対して賭博場の役割を果たし、顧客の予想と反する株価の時に業者は大儲けできた。もし業者が大量の株を保持し、実際の株式市場で一挙に売れば、一時的に顧客の最低証拠金を大きく上回るような損失を出すことができ、顧客は投資金額全てを失った。
14) 想定元本とは、デリバティブ取引において実際に授受されるべき金額を算出するために便宜的に用いられる指標のこと。たとえば、債券先物市場で1億円相当の債券を取引きしようとした場合、1億円用意する必要はなく、数パーセント相当の証拠金を差し入れることで取引きができる。実際に取引きが成立した時に授受される金額を決めるために、便宜上の元本として想定されているもの。
15) 「為替リスクを回避するため」と勧誘され、輸出業者が被害にあった。顧客は為替予約の一種と理解するが、これは為替予約ではなく、通貨オプション取引を組み合わせて外貨を調達する金融商品であった。一定以上の円高になると多額の損失を出す仕組みになっていた。サブプライムローン危機の影響で、円相場は1ドル120円台から1ドル80円台に変動し、多額の損失を出した。
16) 為替デリバティブを顧客に販売した銀行は、みずほ銀行が最も多かった。他には三菱東京UFJ銀行、東京都民銀行、商工中金があった。
17) 1980年代に金利は上昇期から下降期に移り、それ以降、先進諸国ではディ

スインフレーションと呼ばれる低金利の時代が30年近く続いている。その間に所得の成長率は低く推移したが、資産の成長率はめざましかった。低インフレと低金利の組み合わせの中で、資産バブルが起きたのは偶然ではない。資本調達コストの安さにより、投資マネーが大量流入に資産に流れ、資産バブルを生んだためである。

18) 推測であるが、銀行はACORNのような地域の代表者との交渉で、ノンバンクを通しての融資で銀行の融資枠をクリアしたのかもしれない。

19) ファニーメイ（Federal National Mortgage Association）は1938年、大恐慌期にニューディール政策によって創設され、FHA（Federal Housing Administration）の保証する住宅ローン債権を主に購入していた。ファニーメイは1968年に政府の債務を削減する目的で、政府から分離され、株式上場企業となった。企業の目的はMBSの形式で証券化して第二次市場を拡大させ、住宅ローン市場を活性化することであった。しかし従来まで地域で住宅ローンを供給してきたＳ＆Ｌの衰退を招いた。

20) フレディマック（Federal Home Loan Mortgage Corporation）は1970年に創設された。ファニーメイと同様に、住宅ローン債権を第二次市場で購入・プールし、MBSを投資家に販売する。

21) 連邦住宅法人財政安定及び健全法（Federal Housing Enterprises Financial Safety and Soundness Act）が1992年に成立し、1993年1月から施行された。

22) ポンジー式投資詐欺術とは、1920年代の詐欺師チャールズ・ポンジーが始めた手口である。出資者を募り、利益を配当金などで出資者に還元すると約束しておきながら、実際には資産運用を行わず、後から参加した別の出資者から集めた資金を以前の出資者に配当金として渡す詐欺である。自転車操業的なのでいずれ破綻する。2008年12月に破綻した市場最大級の巨額詐欺事件の犯人として知られるバーナード・マドフ（元ナスダック会長）の投資会社も高利回りを謳っていたが、実態はポンジー式投資詐欺術であったので、株価の下落後に投資家から償還を求められて、不正を隠し続けることができなくなった。

第2章　アメリカの消費者金融
　　　　　ペイデイローンの空間的分布

はじめに

　アメリカでは1990年代から「ペイデイローン」と呼ばれる短期、無担保、高金利の消費者金融店舗が、特に低所得者マイノリティ居住地区で急増した。なぜなら、銀行が利潤率の低い貧困地区から撤退したからである。

　ペイデイローン（貸付—payday loansあるいはpayday lending）というのは、信用力が低くクレジットカードが利用できない消費者をターゲットとする現金貸付である。

　本来、ペイデイローンというのは、次の給料支払日に返済するローンのことである。標準的なケースは、貸付期間が2週間、貸付額が325ドル程度、手数料が52ドルというものである。このペイデイローン業者の手数料は、年利（APR）換算で平均450％、時には1,000％を超えることもあるすさまじいものである。そのため、返済期日に全額返済できず、繰り延べとなるケースが多く、「債務の罠」に陥り深刻な被害が続出した。

　ペイデイローンは消費者保護団体から「略奪的貸付（predatory lending）」と激しく非難されてきた。略奪的貸付という用語は、2000年前後からアメリカのマスコミに登場し、2004年までには日常的に使われるようになった。

　住宅価格の上昇期に、厳格な審査なしに、金融知識の乏しい低所得の黒人やヒスパニックなどのマイノリティを主なターゲットとしてサブプライムローンが盛んに貸し出された。2006年に住宅価格の上昇がピークを打つと、高金利のために返済不能となり、差し押さえられた住宅が大都市域の黒人人口率の高い地域で大量に発生した。住宅ローンであるサブプライムローンと同様、主に黒人やヒスパニックなど信用力が低い層がターゲットとなっている消費者金融のペイデイローンも、高金利の貸付けを行う略奪的貸付である。

本章は、ペイデイローン業者のビジネスモデルを概観した後、ペイデイローン業者の空間的な立地の特徴について、以下の3点から考察する。
　第一に、ペイデイローン業者が大都市において収益性を高めるために、黒人居住区にターゲットを絞って立地する戦略について考察する。銀行は、後述する伝統的なレッドライニングの延長線上で、すでに収益力が低い地域から撤退していた。こうした銀行立地の空白地域に、ペイデイローン業者が進出することで、高金利によって収奪される貧困地域が生まれている。まさに、都市において二極化が進行していた。
　第二に、軍人（黒人が圧倒的に多い）がペイデイローン業者のターゲットになっていたことについて、GISを利用した空間分析によって実証した研究を取り上げる。
　第三に、州別のペイデイローン業者の分布を考察する。州法でペイデイローン業者を閉めだしている州は、2010年時点で全米50州のうち14州にとどまっている。その他の州では、ペイデイローンを禁止する法規制の試みもあるが、業界の圧力も強く、なかなか法制化に至っていないというのが現状である。

I　ペイデイローン業界の拡大

1．金融規制緩和に伴う1990年代からの急増

　ペイデイローン業者は、1990年の初頭には、アメリカでは事実上存在しなかったが、その店舗は1990年代中頃から増加しはじめ、とくに2000年前後から急増してきた。ペイデイローン業者の出店の勢いは、同じく1990年代中頃から急激に店舗が増加したスターバックスコーヒーの出店の勢いと比較されるほど、顕著に拡大した。
　2005年には、全米でスターバックスは8,569店舗に達したが、ペイデイローン業者は2万2,000店舗にのぼった。2007年には、ペイデイローン業者の全米の出店総数は2万4,017店舗に増加した（Grave & Peter 2008）。
　その出店数はなんとマクドナルド、バーガーキング、J.C.ペニー、ターゲ

ットの店舗数の総計を優に超えている。州別で見ると、フロリダ州、テキサス州、カリフォルニア州では、ペイデイローン業者がマクドナルドの店舗数をはるかに超えている。

金融の規制緩和が進んだアメリカでは、ペイデイローン業者に有利な州法改正を迫る動きもあった。[1]アメリカの伝統的金利制限法の効力が弱体化するのに伴って、1990年代末頃から2000年代にかけて、ペイデイローン業者が、アメリカの住宅地に大量に入り込んだ。

2．ペイデイローンのビジネスモデル

ペイデイローンは、「据え置き貯蓄ローン（deferred deposit loans）」、あるいは「後日付小切手ローン（post-dated check loan）」とも呼ばれている。借り手は、銀行との取引きがあまりない顧客であるが、ペイデイローン業者から与信を受けるには、銀行に預金口座を開設しなければならない。借り手は、現金と引き替えに、ローン額と手数料を加えた合計額をペイデイローン業者に支払うことになるので、振出日を実際の振出しの日よりも後の日付にして小切手を作成する。業者は、後日付小切手を据え置くが、借り手は、返済期日までに現金を用意できれば、小切手を買い戻すことができる。

ところが、ほとんどのペイデイローンの借り手は、最初の返済期日に弁済することができない。彼らは病気や失業などで経済的に困難で、生活のために、200ドルから400ドル程度を借り入れなければならない。そのため、高金利を支払いながら、一挙に全額を返済できるような経済的余裕はない。

ペイデイローンは、借入期間がくると一括弁済（balloon payment）をしなければならない契約となっている。ほとんどの借り手が、たとえば借入期限である2週間後に一括弁済ができないので、再度、手数料を支払って、ローンを更新せざるを得ない。結局、多くのペイデイローンの債務者が、継続的に借り入れを続け、長期化するほど借金は増大する。

ペイデイローン業のビジネスモデルは、借り手が債務を繰り延べするように意図的に仕組まれている。ペイデイローン業者は、事実上の金利である手数料のほかに、延滞料金や不渡り小切手（bounced checks）料金などの別の

手数料を課すことで収益を増大させている。

　ペイデイローンを繰り延べできる期間を制限している州もあるが、多くの借り手がペイデイローンを何度も借り続けて繰り延べする。たとえば、フロリダ州のペイデイローン業者の顧客は、年間平均7.9回のローンを借り、しかも4人に1人は年間13回以上のローンを借りている（Grave & Peter 2008, p.643）。連邦預金保険公社（Federal Deposit Insurance Corporation—FDIC）の調査によれば、ある一時点のペイデイローンの46％は、過去の借り入れの繰り延べであるという。

　ペイデイローン業者の店頭での貸付けに至るプロセスはきわめて簡単かつ迅速である。クレジットカード会社の場合と違い、ペイデイローン業者は顧客の信用履歴を調査しない[2]。雇用を証明する書類、電話番号、運転免許証などの提示が求められるだけである。顧客は店頭で手続きを数分間で終え、すぐに数百ドルの現金を受け取ることができる。信用力のない低・中所得層に対する極めてリスクの高い与信であるので、金利も異常に高くなる傾向がある。ペイデイローンの店舗は24時間営業であり、顧客の居住地域に近接し、顧客の言語を使う（ヒスパニックにはスペイン語で対応する）。

　このビジネスモデルは、銀行とは対照的である。銀行は、営業時間が限定され、借り入れ手続きが煩雑で、銀行員は顧客に対して高慢で、彼らは冷遇されている、とペイデイローンの顧客は感じる。一方、ペイデイローン業者は「親切」であり、彼らのような顧客を「尊重する」接客態度を魅力的に感じる人も多いという（少なくとも債務返済不能になるまでは）（Martin 2010）。

　ペイデイローンの借り手の多くは、金融知識などがない。ペイデイローン業者の店舗の外で、店から出てくる顧客に「年利（APR）何パーセントか」とインタビューすると、正確に答えられる人はほとんどいない。

　大部分の人が100ドルを借りて、20ドルの手数料を払い、2週間後に返済すると、年利（APR）は20％だと思い込んでいる。手にしている契約書には、正確な年利（APR）が記載されているにもかかわらず、それを指摘すると何かの間違いだと反応する（Martin 2010）。

　ペイデイローンを利用する顧客は、金融知識を欠いており、その弱みや無

知につけ込まれてしまっている。

Ⅱ 大都市におけるレッドライニング

1．限界的金融機関の登場

　伝統的に銀行は、地図上で都市の黒人居住地域を赤い線で囲み、融資を除外する差別的な慣行を続けてきた。これが、レッドライニングと呼ばれるものである。この差別を解消するために、1968年に公共住居法（Fair Housing Act）、1974年に均等信用機会法（Equal Credit Opportunity Act）、1975年に住宅抵当貸付公開法（Home Mortgage Disclosure Act）、1977年に地域再投資法（Community Reinvestment Act）などが立法化された。さらに低所得地域への銀行融資を促進するため、1995年に地域再投資法が改正された。

　このように公民権運動以来、人種・エスニック集団による融資面での差別解消のための対策が採られてきたが、大都市圏の空間的な視点から見ると、逆に、金融機関の立地動向は、レッドライニングがより進行しているかのような様相を呈している。というのも、金融の規制緩和に伴って競争が激化し、銀行は、1970年代頃から従来の方法では収益率の低下が避けられなくなり[3]、店舗当たりの利益率の低い低所得層とマイノリティが集中するインナーシティ地区から徐々に撤退しはじめたからである。

　1980年代に入ると、金融の規制緩和がさらに進み、銀行は、収益が見込めない地区から本格的に撤退するようになった。90年代までに、インナーシティの低所得マイノリティ居住地区は銀行に見捨てられ、銀行の顧客サービス圏から排除された空隙が生じた。その空隙を埋めるように、新たに地域のニーズに対応したのが「限界的金融機関（fringe banks）[4]」と呼ばれるノンバンクであった。

2．チェック・キャッシング業とペイデイローン業

　1980年代の金融の規制緩和は、銀行業界に再編を迫ったばかりでなく、伝統的銀行業に代わる別種の「限界的金融業」の拡大を促進したのである。そ

の代表的な「限界的金融機関」はチェック・キャッシング業とペイデイローン業である[5]。

チェック・キャッシング業は、1970年代までは一部の都市に限られていたが、80年代から急速に全米で増加した。チェック・キャッシング業は、小切手の現金化や支払い・送金業務を行っている。銀行口座を持たない、あるいはあまり利用しない人が利用する。チェック・キャッシング店では、小切手の額面の2〜3％の手数料を取る。つまり、平均年収2万ドルの人は、この支払いサービスを利用するだけで、年間600ドルも支払うことになる。チェック・キャッシング店では、小切手の現金化だけではなく、電気・水道・ガス料金などの支払い、移民による本国送金などができるなど、銀行にはない便利な機能が顧客を引きつけている。この店舗も、インナーシティの低所得者地域、マイノリティの近隣地区に立地が集中している。

アメリカの世帯の4分の1は、銀行に口座がない世帯、あるいは銀行に口座があってもほとんど利用していない世帯であるという（Federal Deposit Insurance Corporation 2009）。両者を併せた割合は、黒人世帯では54％、ヒスパニック世帯では43％にも達している。しかも両者を併せた世帯の71％は、年間所得3万ドル以下の低所得世帯である。

図2－1は銀行口座がない、あるいはあってもあまり利用しない世帯割合の州別地図である。南部やメキシコと国境を接するテキサスやニューメキシコでは3割を超えている。

これらの世帯の多くは、限界的金融業であるペイデイローン、ノンバンク・マネーオーダー、チェック・キャッシングや他の高いコストで略奪的な金融サービスを利用せざるをえない。

銀行は、インナーシティの低所得者地区やマイノリティの近隣地区から撤退したので、彼らにとって経済的にも物理的にも銀行へのアクセスが困難になっただけではない。銀行は、貯蓄残高の少ない預金口座を維持するために高い料金を徴収するようになった。こうした変化によって、銀行口座を開設している人が減少しはじめたのは1980年代からのことである。とくに低所得者層で顕著であった。

第 2 章　アメリカの消費者金融ペイデイローンの空間的分布

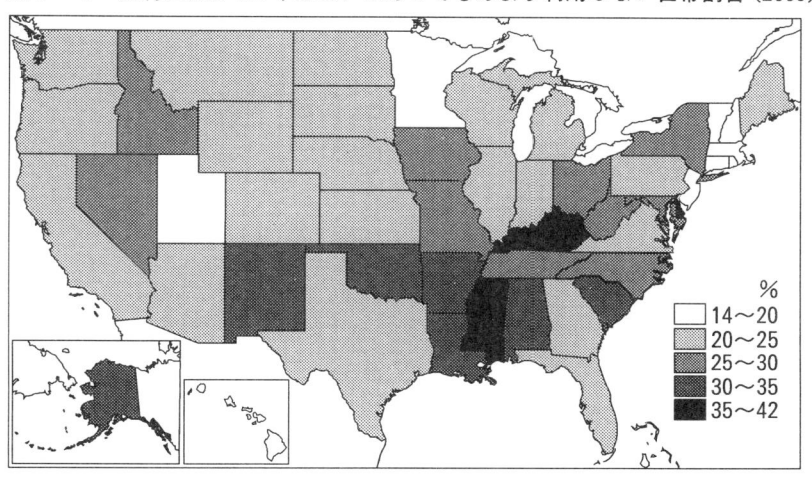

図 2 − 1　銀行口座がない、あるいはあってもあまり利用しない世帯割合（2009）

資料：National Survey of Unbanked and Underbanked Households：Use of Alternative Financial Services, Federal Deposit Insurance Corporation, 2010.

　Grave（2003）による大都市におけるペイデイローン店舗と銀行の研究は、GISを活用したペイデイローンの立地分析の嚆矢であった。
　ペイデイローン業者の分布図は、業者の住所リストをX、Y座標の地理的位置情報に変換し、GISソフトによって作成されたものである。地図という視覚に訴える方法で、いかにペイデイローン業者が特定の地域に入り込んでいるか、その実態を明らかにした。
　大都市における消費者金融の空間構造は、人種・エスニック集団や経済的階層によって居住地分離しているアメリカの都市構造を反映して、銀行店舗が郊外に普通に立地しているが、インナーシティの低所得者地域やマイノリティ（黒人）地区には、銀行店舗はなく、それに代わってペイデイローン業の店舗が集中的に立地していた。
　たとえば、シカゴの大都市圏で黒人の人口割合の高い地区に、ペイデイローン業者の立地が集中している実態が明らかにされた（Grave 2003）。同じくチェック・キャッシングも、低所得者・黒人地区に立地が集中していること

が地理学者によって実証された (Squires and O'Connor 1998)。

　銀行を利用することができる中間所得層と、限界的金融機関を利用せざるをえない低所得層とに分かれた「二層化された金融構造 (two-tiered financial system)」が今日のアメリカの消費者金融の特徴である。

　この二層化した金融構造を大都市空間構造に置き換えてみると、銀行を利用できる郊外に対して、銀行が撤退し銀行サービスを利用できず、代替的な高金利の限界的金融機関が立地しているインナーシティの低所得・黒人近隣地区が対照的に存在している。

　かつて銀行の融資が手控えられたレッドライニングと違って、2000年代に深刻化したのは、融資額は増加したものの、略奪的で高金利の限界的金融機関の餌食になってしまう顧客が激増したことである。このような融資の逆転現象は、「リバース・レッドライニング (reverse redlining)」と呼ばれている。

Ⅲ　軍基地周辺に集中的に立地したペイデイローン業者

1．略奪的貸付けから軍人世帯を救済

　略奪的貸付をめぐる論争と時期を同じくして、ペイデイローン業者が経済的に脆弱な軍人世帯をターゲットにして深刻な被害をもたらしており、そのような略奪的貸付から軍人世帯を守る法律が必要であるという議論がメディアで盛んに行われるようになった。

　このような沸騰した論争に対して、正確なデータに基づいた論拠を提供したのは、地理学者のGraveと法学者のPetersonの共同研究である (Grave and Peterson 2005)。彼らの研究は、20州のペイデイローン業者の立地をGISによって分布図を描き、軍事施設周辺に集中する立地パターンを実証した。ペイデイローンの立地が禁止されている州もあるものの、法律的な相違もふまえて地域格差の実態を明らかにした。

　以下、その一部を紹介する。

2．コロラド州の事例

　たとえば、コロラド州では、州法により年率45％を超える金利の貸付は重罪となる。歴史的に州は行政指導で1,000ドル以下の少額貸付の金利は年36％に制限してきた。しかし、他の多くの州と同様、ペイデイローン業者は、コロラド州議員に圧力をかけ、金利制限法で重罪になることを免れる特例を認めさせた。

　コロラド据え置き貯蓄ローン法（Colorado Deferred Deposit Loan Act）は、初回の300ドルのローンで20％、300ドルを超過した場合はそれに7.5％上乗せすることができる権利を、免許が与えられたペイデイローン業者に認めた。2週間・300ドルの標準的なローンだと、年利換算で520％である。

　一度ローンを借り入れると、金利を取れるのはローンの取引日から40日だけと州法は規制している。しかし、その期間以上に繰り延べする場合は、新たにローンを借りたり、他の業者から借りたりすることは何も制限していない。

　コロラド州全体では、人口4,300万人、銀行1,390店舗に対し、ペイデイローン業は361店舗と、他州と比較してそれほどペイデイローン業者の密度が高いわけではない。しかし、コロラドの場合、軍事施設周辺にかなりペイデイローン業者の店舗の立地が集中する地区がある。

　とくにフォート・カールソン空軍基地周辺のプエブロ郡とエフパソ郡に州全体のペイデイローン業者の26％が集中していた。プエブロ郡では銀行が36店舗に対してペイデイローン業者は28店舗であった。ZIPコード（郵便番号）単位の分析でも、フォート・カールソン空軍基地周辺に人口一人当たりのペイデイローン業者が最も高密度に分布していることが確認された。

　フォート・カールソン空軍基地の北側は、コロラドスプリングスという有名な軍事都市と境界を接している。そしてコロラドスプリングス市に立地するペイデイローン店舗の立地も、フォート・カールソン空軍基地とピーターソン空軍基地に近接する地区に集中していた。

　国勢調査のデータからZIPコード地区ごとの軍人の人口割合のレイヤーも

重ねて地図に表現されているので、軍人人口とペイデイローン業の立地の相関は一目瞭然であった。

3．カリフォルニア州の事例

カリフォルニア州憲法は、生活資金としての融資の金利は年利10％に制限している。利息制限法は、他の目的の貸付の場合、金利上限を年利12％に制限している。

しかしながら、カリフォルニア据え置き貯蓄取引法 (California Deferred Deposit Transaction Act) によって、ペイデイローン業者に付与する免許を制度化することによって、ペイデイローン業者は、州の利息制限法を免れている。1つの小切手の額面に対して15％の手数料が許可されているが、この手数料は年利459％に相当する。その上、繰り延べや、他の業者からの借り換えは行政指導によって禁じられているが、法的拘束力はない。

カリフォルニア州は、1997年までは、ペイデイローン業者の流入を阻止していたが、その後2002年までに急テンポでペイデイローン業者は増加した。州人口3,400万人に対して、ペイデイローン業者数は2,294店舗なので、人口10万人当たり0.664店舗であり、他州と比較して低いが、カリフォルニア州の中で、例外として、軍事施設がいくつか立地している周辺で、ペイデイローン業者が集中的に立地している。たとえば、キャンプ・ペンドルトン海軍施設があるサンディエゴ郡では、とくにオーシャンサイドにペイデイローン業者が集中的に立地しており、軍事施設とペイデイローン業者の立地の密接な関係が見て取れる。

4．軍人貸付法の制定

国防総省も、2006年にペイデイローンの被害が軍人に多発していることを憂慮し、ペイデイローンが略奪的であると結論づける報告書を出した。

Grave & Peterson (2005) の研究は、連邦議会でも証言として取り上げられ、2006年には、軍人家族をペイデイローン被害から守るための法律が連邦議会を通過した。

2007年から、軍貸付法（Military Lending Act）と一般的には呼ばれる法律が施行されることになった。この法律は、現役軍人とその扶養家族を対象として、ペイデイローン、オート・タイトル・ローン、タックス・リファンド・ローンの金利上限を36％とするものである。

この場合のAPRの定義は、貸付誠実法（Truth in Lending Act）で適用されるAPRの定義よりも拡大された。この拡大されたAPRの定義は軍用APR（MAPR）と呼ばれ、すべての手数料を含めたコストが年利計算に加えられた。そのMAPRは36％の上限が設定されており、MAPR計算書の提出がないと、借り手の銀行口座からの引き落としを許可しないことになった。また、軍貸付法は、ローンの繰り延べを禁止し、同時に複数の業者から借りることを禁止した。

この軍貸付法は、2007年10月から施行され、軍人とその家族には効力があらわれている。年利36％では、ペイデイローン業者は利益が見込めないので、業者は軍人に対しての貸付けを止め、軍人へのペイデイローンの貸付けは2006年から2008年に9割減少した。サンディエゴのキャンプ・ペンドルトン周辺のペイデイローン業者も、かなりの数が廃業したと報告されている（Johnson 2012）。

軍人世帯は、このような効力のある法律によってペイデイローン被害から保護されるようになったが、軍人とは対照的に民間人の場合、依然としてペイデイローン被害は続出しており、むしろ状況は悪化している。

最近ではペイデイローン業者によるインターネットでのオンライン貸付の被害が増加している。銀行も事実上ペイデイローンと同様の高利貸付[6]の導入をはかるなど、新金融技術が考案されている。軍人世帯に対してペイデイローン貸付を禁止する法律が実現できたのだから、連邦政府は、民間人も保護する法律を制定することが可能なはずである。だが、これまでのところそのような法制化の動きはない。

Ⅳ 州別のペイデイローン業分布

1．州別の状況

　州別のペイデイローンに対する法体系は、大別すると高利のペイデイローン業者を禁止している州と、営業を許可している州の2つがある。

　1990年代から2007年末までに、ペイデイローン業者が営業可能な州は、1998年に20州、2001年に33州、2004年には37州と増加の一途を辿ってきた。2007年末には、ペイデイローン業者が営業可能な州は40州であるが、うち2州（アンカーソー州、オレゴン州）は、厳格な利息上限によって高利のペイデイローンを事実上禁止している。

　ペイデイローン業を禁止しているのは、コネティカット州、バーモント州、マサチューセッツ州、ニュージャージー州、ニューヨーク州、ペンシルバニア州、メリーランド州、ウェストバージニア州、ノースカロライナ州、ジョージア州の10州であった。

　ペイデイローンを禁止していた州は、東北部の諸州が圧倒的に多く、一部南部の州がある（図2－2）。[7]

2．ミシシッピ州の事例

　2007年に、全米50州の中で最もペイデイローン業者が集中していた州はミシシッピ州であった。ミシシッピ州は、人口280万人であるにもかかわらず、ペイデイローン業は1,069店舗、人口10万人当たりのペイデイローン業は3.83店舗であった。この数値は全米50州の中で第1位である。また、銀行店舗数は1,075店舗であり、銀行店舗数に対するペイデイローン業店舗数の比率も全米50州で第1位である。

　ミシシッピ州にも伝統的な低い利息制限法があり、また少額貸付の認可された業者には、年利の上限を36％としている。しかし、これらの制限は実際には効力がほとんどない。ミシシッピ州法は、ペイデイローン業者に小切手の額面の18％以上の手数料を徴収することを禁じている。これは、2週間の

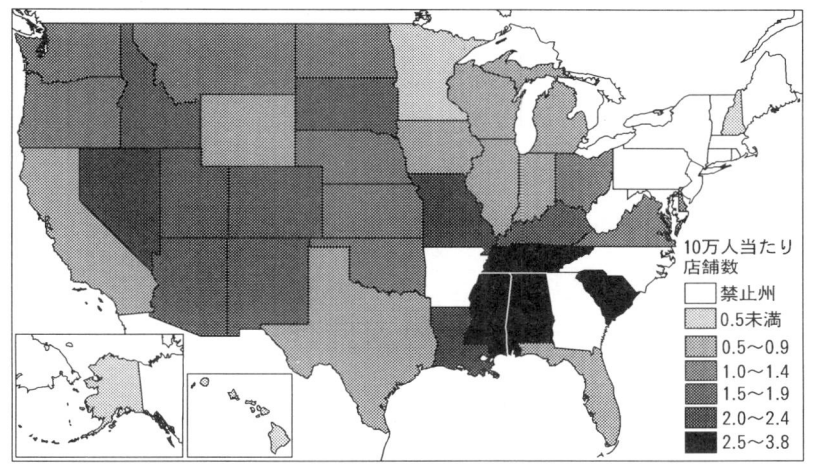

第2章 アメリカの消費者金融ペイデイローンの空間的分布

図2-2 ペイデイローン店舗の立地密度（2007）

資料：Grave and Peterson（2008, pp.696-697）

貸付けで、年利572％までの金利を許可していることになる。

ミシシッピ州は低所得の黒人が多い州である。黒人の多い地区では、とくにペイデイローン業者が多く立地しているのに対し、ゲリマンダー（政治的な目的で選挙区の範囲を設定する際に、黒人地区と白人地区を分断するために複雑で入り組んだ境界線を引くこと）として知られる白人が多数の地区では、相対的にペイデイローン業者が少ないことも実証された（Grave & Christoper 2008）。

3．ノースカロライナ州の事例

ノースカロライナ州では、他州と同様に利息制限法の規制緩和を要望する消費者金融業界からの圧力を受け、1997年、手数料を小切手の額面の15％に上限を設定して、ペイデイローン業に許可を与える法律を制定した。これは年利では約360％である。

ただし、ノースカロライナ州は、他州と違って、この法律を4年間の時限立法とした。この法律の施行後、ペイデイローン業者はノースカロライナ州になだれ込み、2000年には1,200店舗に達した。

州がその実態を調査して明らかになったことは、大部分の年利は460～805％であること、87％の債務者は初回の返済期限にローンを返済できず、繰り延べをせざるをえないこと、40％以上は借り換えを10回以上繰り返すことなどである。

　この事態の深刻さからノースカロライナ州は、時限立法を延長しないことを決定した。その後、業者の抵抗や訴訟が続いたが、ついに2006年にはペイデイローン業者の大手チェーンと合意に達し、高利で不当なペイデイローン業は州内から撤退した（Grave & Christopher 2008；高橋 2008）。

4．2007年以降の動向

　2007年以降、ペイデイローンの利息上限を設定することによってペイデイローン業者を閉めだす州が、わずかではあるが増えつつある。

　オレゴン州は、2007年にペイデイローンの金利を年36％の上限を制限した法律を施行した。1年間で75％のペイデイローン業者が、オレゴン州から撤退した。

　オハイオ州は、以前には年利391％まで許可していたが、2008年9月からペイデイローンの利息上限を28％とする法律を施行した。それに伴って、数百のペイデイローン業者が撤退した。

　ニューハンプシャー州は、2009年1月からペイデイローンの金利上限を年利36％とし、高利のペイデイローン業者を閉めだした。

　アリゾナ州は、2008年の選挙時の住民投票結果を反映して、ペイデイローンの認可を2010年7月までの時限立法とした（Plunkett & Hurtado 2011）。

むすび

　略奪的貸付は、不公正な貸付条件、とくに異常に高いコストの金利・手数料と、対象となる消費者の脆弱性ゆえにもたらされる情報の非対称性と消費者選択の制約によって特徴づけられる。

　黒人やヒスパニックのマイノリティは、与信を得るのに多くの困難が伴う。

彼らにとって便利な立地にあることもあり、ペイデイローンを利用する。社会的・経済的格差を反映して極端に居住地が分離している大都市空間構造のもとで、かつてレッドライニングにより融資が阻まれていた黒人街は、略奪的貸付のターゲット地域に変容している。

　高金利のペイデイローンを州から閉めだすために、立法化をはかる動きもあるが、アメリカの50州のうち約3分の2では依然としてペイデイローン業者の営業が続いている。

　連邦政府は、軍人貸付法によって軍人世帯に対するペイデイローンを禁止する措置を取ったように、全市民を対象とする同様な法律を制定することが期待されるものの、今のところ実現の見通しはない。

　2010年6月に成立したドッド＝フランク・ウォール・ストリート改革及び消費者保護法によって、消費者金融保護局（Consumer Financial Protection Bureau）が創設された。消費者保護のために、これまでにない権限が付与されている消費者金融保護局は、不当で濫用される恐れのある商品を即刻禁止することができる。消費者金融保護局は、悪質な貸金業を規制する権限を十分持っている。全米規模でのすべてのローンを記録するデータベースを構築し、貸金業者の行動を逐次監視することも可能である。ペイデイローン業者による不公正で詐欺的・略奪的貸付を規制する政策が期待されている。

註
1）コロラド州ではペイデイローンに関する州法改正が2000年に実施され、これを契機に州内のペイデイローン業者が一挙に増加する（Chessin 2005, p.398）。
2）ペイデイローン業者は顧客の返済履歴を報告する義務もない。
3）ミューチュアル・ファンドやMMAsなどに人気が出て、銀行やS＆Lから貯金を奪ってしまう（Baradaran 2012, p.28）。
4）fringe banksには、ペイデイローン、チェック・キャッシングのほかにも、自動車タイトルローン、質屋などがある。
5）チェック・キャッシングは、小切手の額面の1.5％から3.3％の手数料を取る。典型的な顧客は年収1万8,000ドルなので、年間の手数料は500ドル近くになる。

6）U.S.Bancorp, Wells Fargo, Fifth Third Bankの3銀行では"direct deposit advance"という名称で、事実上ペイデイローンと同様な貸付けを始めた。
7）ニューイングランドではニューハンプシャー州とロードアイランド州が例外的にペイデイローン業者に利息制限法を緩和し年利3桁の利息を許可した。

第3章 アメリカの量的規制緩和とその住宅市場への影響
―迫りくる債務危機をさぐる―

はじめに

　アメリカ連邦政府の財政赤字が拡大し続け、緊縮財政と財政再建が迫られる中で、アメリカの中央銀行に相当するFRBは債権を購入する大規模な量的緩和を2008年以降続けている。量的緩和（Quantitative Easing：以降QEと略す）は金融危機によってバランスシートの悪化した金融機関から国債やMBSを購入し、金利を下げて景気回復を目指すものであった。

　アメリカの住宅価格は2006年にピークに達し、2007年夏のサブプライムローン問題の発生以降急落する。下落していた住宅価格が2009年には下げ止まり、以降小刻みな変動はあるもののトレンドとしては横ばい状態が2012年頃まで続いた。その後住宅価格は上昇傾向が見られ、2015年には2004年頃の水準にまで回復してきている。その回復基調にある住宅価格の動向は、FRBのQE政策による住宅ローン金利の低下と密接に関連している。

　また、不動産市場において、サブプライムローン問題以降、銀行の根深い詐欺・不正体質が一層露呈した。2010年の後半にはロボ・サインのスキャンダルもメディアで大きく報道されるようになり、相次ぐ訴訟問題にも発展した。そして、住宅差し押さえの過程の長期化が進行していった。

　このような状況の中で、住宅市場における需要と供給のバランスが不可解な動きを示す。住宅価格は一早くデフレから回復したにもかかわらず、住宅ローンの債務不履行が2009年以降も続出した。シャドウ・インベントリーの実態は正確には捉えられないが、アメリカの住宅供給がかなり制約されている。QEが解除されて金利が上昇する今後の局面では、住宅価格が一挙に下落する危険性があると危ぶまれる。

本章では、住宅ローン債権の証券化の問題の一側面として、MBS（住宅ローン担保証券）のファンドを事例として論じてみたい。特にmREIT（Morgage Real Estate Investment Trust）と呼ばれるファンドは、2008年の金融危機の時期から急成長し、QEの金利政策の恩恵を被りながら規模を増大させた。mREITのビジネスモデルは、FRBのQEに依存して成長を遂げた。しかしやがてQEという非伝統的金融政策が終了し、新たな別の段階を迎える転換期が迫っている。mREITに注目し、いかにリスキーな投資を行っているかを明らかにし、金利上昇の影響を検討する。

　FRBの出口戦略はいかなるものなのか、それを十分に予見することはできないが、2008年の金融危機よりも何倍もショックが大きい債務危機が迫っているといえる。それはQEによって銀行のバランスシートの悪化が改善されたものの、住宅ローン担保証券などの根本的な債務問題が解決されないまま、低金利政策のもとでレバレッジの高いリスキーな投資を拡大させ、国債残高を増大させ、問題をより拡大して、次の悲惨なクラッシュを招くと考えられるからである。次のクラッシュの時は金利も上昇し、2008年の金融危機のように国債を大量発行して、将来に財政負担を強いるような救済は、もはや実施できなくなる。政府は金融機関の破綻処理戦略として「ベイルイン」と呼ばれる損失負担を検討し始めている。

　以上のように、本章では、FRBのQEの経過を、主に不動産市場との関係で概観し、FRBのゼロ金利政策がどのように住宅地価の回復に貢献したか、銀行が関与する住宅市場の実態と問題点、今後のゼロ金利政策の転換は住宅市場にどのような問題を生じさせるのか、また政府は次の債務危機の際に破綻処理をどのように実行しようとしているのか、などの点を以下でより具体的に考察する。

I　量的緩和政策

1．FRBのQEとゼロ金利政策

　中央銀行に相当するFRBは、2008年9月のリーマンショックを契機とす

第3章　アメリカの量的規制緩和とその住宅市場への影響─迫りくる債務危機をさぐる─

る世界金融危機に対処すべく、3次にわたる大規模資産購入（LASP）を実行してきた。ちなみに、LASPは、一般に量的金融緩和（QE）と呼ばれている。

FRBは、2008年11月に、5,000億ドルのMBS（住宅ローン担保証券）の購入を始め、12月には実質的なゼロ金利政策をしばらくの間、続けるとした。翌2009年3月にはMBS追加購入とともに長期国債の購入も開始した。QE 1 は2010年3月に終了した。FRBのバランスシートは金融危機の前の0.7兆ドルから2010年3月までに2.1兆ドルに増大した。

2010年3月のQE 1 の終了後も、依然として失業率が高止まりしていたこともあって、2010年11月に6,000億ドルの長期国債を翌2011年6月までに購入するQE 2 が開始された。2010年6月末にはFRBの証券保有額は2.6兆ドルの目標値に達した。

ただし、QE 1 とQE 2 が成功したかどうかの評価は難しい。というのは、2008年の金融危機以前、マネタリーベースとマネーサプライ（マネーストック）の伸びは連動していたが、危機以降、連動しなくなったからである。一般にQEは「紙幣を刷る」と表現され、マネーサプライを増加させ、インフレ懸念が強かった。しかし、金融機関は国債やMBSをFRBに売却し、資金はFRBの準備金として預金された。実質的にゼロ金利となったので、資金調達コストが安く、レバレッジの高い投資に向けられた。

QE 2 が終了すると8月に、FRBは異例の低金利を2013年半ばまで続けると表明した。9月には、短期国債の償還資金を長期国債の購入に充てて、保有国債の平均残存期間を長期化させ、長期金利を引き下げる「オペレーション・ツイスト」を導入した。

2012年1月には、2％のインフレ・ゴール（ターゲットではない）を設定した。ところが、景気の回復が思わしくないこともあって、2012年9月に、終了の時期を定めずに、MBSを毎月400億ドル購入することを発表した。ゼロ金利政策は、それまでの2014年の終盤から2015年半ばまで続けるとした。

2012年12月には、オペレーション・ツイストを毎月450億ドルの長期国債の購入に切り替えた。これが、MBSと長期国債を合わせて毎月850億ドル購入するQE 3 である。同年12月に、失業率が12.5％を上回り、1〜2年先の

インフレ率見通しが2.5%を下回る限り、ゼロ金利政策を続けるとした。

3次にわたるQEによって、数字上では失業率が低下し、株価や景気が回復してきたので、つぎはいつFRBが出口戦略をとるかが注目されるようになった。

2．出口戦略の遂行

2013年5月のQE3の縮小のうわさと、6月のQE3縮小を示唆する発表は市場にマイナスの反応を持って受け止められた。バーナンキFRB議長（当時）は、2013年6月の記者会見で、経済が順調に成長し、雇用が改善すれば、QE3を年内に縮小し、2014年半ばに終了すると述べた。この発表を受けて直後に株価は急落し、国債の金利は上昇した。

2013年6月の、このバーナンキ発言は、グローバルな金融変動ショックの波及を試す一種のストレス・テストになった（IMF 2013）。2009年以降、QEの低金利政策による過剰流動性が新興市場に資金が流れるグローバルな資金流動の変化を引き起こしていたが、QE縮小の発言は東アジア・南米などの新興市場におけるリスクを増大した。同時に、この発言により株価下落と長期国債の金利上昇も起きた。

9月にも縮小を示唆するバーナンキ議長の発言で、同様な市場の混乱が起こったが、市場の反応を受けて、FOMC（Federal Open Market Comittee：連邦公開市場委員会）はこの時期に縮小しないことを決定した。そして株価もより上昇した。

ついにFOMCは2013年12月には、翌14年1月から毎月の資産購入額を順次縮小して行く方針を発表した。ただし、その後の縮小については、毎回のFOMCで決定するとされた。同年12月に、失業率が6.5%を下回っても、かなりの期間、ゼロ金利を続けるとしたが、2014年3月には、失業率の目標そのものを削除した。6.5%を切ってもゼロ金利を止めるわけではないということである。

QE3は2014年に入ってから毎回のFOMCで100億ドルずつ削減されてきたので、2014年10月に終了した。8月で中央銀行の資産は4.3兆ドルに達し

た。2015年12月、イエレン議長はゼロ金利政策に終止符を打ち、金利を年0.25％引き上げた。

3．低金利政策から高金利政策への移行のリスク

　グリーンスパンは2001年9月以降、金融緩和政策を取り、金利を下げた。グリーンスパンはその後金利の引き上げをためらっていたが、2004年の中頃から少しずつ引き上げを開始し（「グリーンスパンの謎」とよばれた）、2006年中頃から2007年の初めまで高い水準を維持した。このように、FRBの金融引き締め政策がバブルを崩壊させたとも言えなくない。つまり、低金利政策によってバブルが発生し、そして高金利政策によってバブルが崩壊したと解釈できる。

　銀行危機は、銀行経営の過剰なリスク負担の増大によるモラルハザードによってもたらされる。その上に短期金利の上昇が、貯金の金利の上昇により銀行の損失をまねくとともに、実質短期金利の上昇は債務不履行を増大させ、資産価値を下落させ、銀行のバランスシートを悪化させる。

　歴史的に実質金利の上昇とインフレーションの2つが、過去の銀行危機の重要な決定要因であった（Demirguc-Kunt and Detragiache 1998）。銀行危機に至る前には過剰流動性のブームがあり、預金保険制度の存在がモラルハザードにより銀行のリスク負担の増大を高め、銀行危機の確率を高める。政府の財政支援によって一時的に銀行のバランスシートを改善させても、システミック・リスクをより増大させ、より完全な危機に帰結する。そうなると政府債務の肥大化によって、もはや財政支援の余地はない。

　アメリカのQEはゼロ金利政策のもとで、デフレを避けるために、流動性を高めた。FRBによる1.75兆ドルの大量資産購入は長期国債の金利を下げる効果があったが、ドルの為替相場は10年国債の金利低下を伴って低下した。QEの期間に増大した巨額の国債残高は今後、金利変動の不確実性を高め、いずれ実質長期金利を上昇させるであろう。

　今後、財政政策とのバランスを取ることが求められるが、長期国債金利は国内の短期金利よりも国際的な影響を受けやすく、中央銀行もコントロール

しにくい。インフレと実質金利の上昇のもたらすリスクをいかに回避できるかがFRBの課題である。

II　労働市場の悪化と経済格差の拡大

1．株価のバブルと労働市場

　2008年の金融危機以降、QE1とQE2の影響で、マネタリーベースとマネーサプライの成長パターンの乖離が生じた。これはマネタリーベースの成長がマネーサプライの成長をもたらしていないことを意味する。銀行は貸し渋り、準備金を貯蓄したため、信用拡大を阻み、結果としてマネーの増大につながらなかったのである。

　一方、アメリカの株価は2009年3月には底打ちし、以降上昇傾向が続いている。これまで3回のQEはFRBのバーナンキによる今後の実施と縮小などの方針のアナウンス効果に見られたように、QEは市場でプラスに受け止められてきた。株価は2009年3月以降、2014年9月現在まで、トレンドとして上昇し続けている。ウォーレン・バフェット指標[1]では2013年末には十分にバブルの域に達しており、いつバブルが弾けてもおかしくない危険なレベルを更新し続けている（2017年にトランプ大統領になってからも、株価上昇は続いている）。

　株価が上昇しても、アメリカの実体経済が回復していないことは、労働市場を見れば明らかである。確かに、公表される失業率は、2009年3月に株価が底打ちした時に8.5％であったが、失業率はその後も上昇し続け、2009年末には10％に達した。2012年11月の大統領選挙の前には、8％を下回り、2013年には6.5％に達し、2014年8月には6.1％に低下している。

　公表されている失業率は、サンプル調査の結果から推計された数字であり、失業者にカウントされるには調査時において過去4週間に積極的に求職活動をしていなければならない。したがって、求職活動を諦めてしまった人、長期失業者、やむを得ず低賃金のパートで働いている人たちは失業率に含まれていない。

労働統計局の資料によれば、2014年6月には、そのような限界的に労働市場に結びついている失業者は220万人にのぼり、それに加えて仕事が見つからないのでやむを得ずパートタイムで働いている人が750万人いる。この数字を合わせると、1,000万人余りの人が通常公表される失業率にはカウントされない実質的な失業者である。これを加えた失業率（U-6）は、12.6％に達している。

労働力率も急激に低下している。金融危機前は66％前後であったが、最近では62.1％まで低下している。ベビーブーム世代が労働市場からリタイアしている人口構造に由来する要因も関係しているが、それ以上に求職を諦めて労働市場から離脱していた人が多いことを物語っている。

2．所得格差の拡大

2009年から2011年までの期間に、平均実質家計所得は6.0％増加した。しかし、所得の増加は所得階層間で極めて不均等に配分されていた。最上位の1％の所得が31.4％増加したのに対し、残りの99％はわずか0.4％の増加にとどまった。換言すれば、2009年の景気の底から、最上位1％はほぼ回復しているにもかかわらず、残りの99％は2009年の景気の底にとどまったままである（Saez 2013）。つまり、QEの影響で恩恵を受けたのは最上位のみだったのである。しかも最上位1％は総所得額の約20％のシェアを占めている[2]（Alvaredo 2014）。

2011年の9月から11月にかけて盛んになった「ウォール街を占拠せよ（Occupy Wall Street）」と呼ばれる一連の抗議運動の政治的スローガンは「我々は99％」（We are the 99%）であった。この抗議運動では、2008～09年における大手金融機関の公的資金による債務救済や、金融危機を起こす原因となった金融の規制緩和などを背景として、主に政治的に影響力のあるウォール街の金融機関が批判のターゲットとなった。

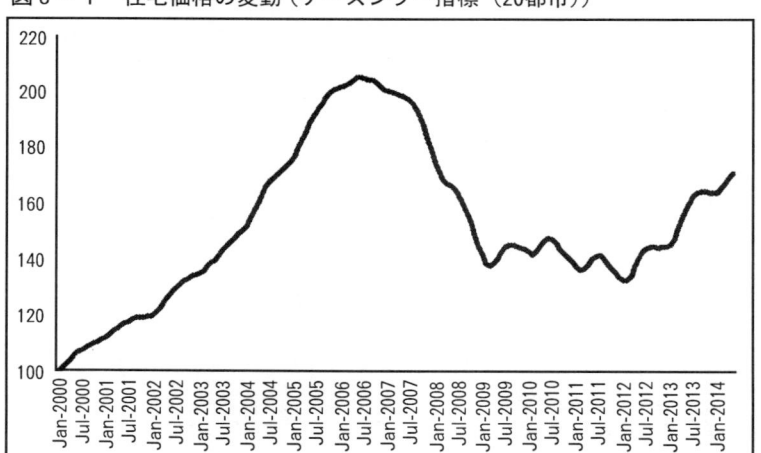

図3－1　住宅価格の変動（ケースシラー指標（20都市））

Ⅲ　2008年の金融危機後の住宅市場

1．住宅価格と住宅差し押さえ件数の増加

　アメリカの住宅価格の変動をケースシラー指標（20都市）でみると（図3－1）、住宅バブルで2006年にピークに達した住宅価格はその後急落していたが、2009年の3月頃に底打ちした。2009年2月にはオバマ大統領が雇用増大のために景気刺激策として7,870億ドルを投入する法律を成立させた。その法律の一部として、新規住宅購入のための減税（税控除）措置の予算も含まれていた。その減税措置は、2010年4月までの契約者が対象となった。中央銀行も3月には住宅ローン貸付けと住宅市場を維持するために、ゼロ金利政策を維持し、さらに追加的に7,500億ドルのMBSの購入を発表した。これらの景気刺激策が住宅市場の悪化を食い止めたと考えられる。

　住宅価格は2009年の春頃から季節的変動（夏には上昇傾向）が顕著になるが、トレンドとしては横ばいが2012年まで続いた。2012年末からやや回復傾向が見られる。この住宅価格の回復時期はQEによるMBSの購入の時期と重

第3章 アメリカの量的規制緩和とその住宅市場への影響—迫りくる債務危機をさぐる—

なっている。MBSの購入はQE2には実施されず、QE1とQE3の2つの時期にのみ実施された。以上のように、QE1の時期には急落し続けていた住宅価格が下げ止まり、QE3では横ばい状態の住宅価格が上昇していて、確かにQEの効果が確認できる。

このように住宅価格の回復ぶりは目覚ましいように見える。しかし、本当の回復とは言いがたい。新規住宅建設は回復していないし、住宅差し押さえ件数は住宅価格が下げ止まっても増加し続けた。不動産市場の実態はより深刻である。

新規住宅建設を新築住宅建築許可数の時系列データで見ると、2005年には年間200万戸を超えていたが、2009年には60万戸を下回り、2012年になって80万戸、2013年90万戸とやや増えているものの、金融危機の前の水準を大幅に下回ったままである。かつての不況期（例えば1975年、1982年、1991年）と比較しても、今回は落ち込みが激しく、しかも長引いている。したがって新規住宅建設の点からも不動産市場は回復したとは言いがたい。

住宅差し押さえ件数の動向を見ると、2010年にピークに達している。2010年の第1四半期は1年前に比べ銀行に差し押さえられる住宅が35％も増加した。サブプライムローンの問題が表面化してから、銀行に差し押さえられた住宅はこの年が最高になった。オバマ政権が成立してすぐに、滞納した住宅ローンの返済を支援するための政策を実施したが、あまり効果がないまま（多くの場合、差し押さえの完了時期が延期されただけにとどまり）、期待外れの政策に終わった。その結果、2010年の第1四半期に銀行差し押さえが急増し、この年、全米で年間100万戸を超える記録的な差し押さえ件数となった。

差し押さえになる確率が圧倒的に高い住宅ローンは、2005年から2008年までの間に契約した物件である。当時、サブプライムローンなどの高金利でデフォルトのリスクの高い住宅ローンが販売された。初期の返済が低く抑えられ、1年から3年後に返済額が急激に上昇するタイプの住宅ローンでは、数年後に返済不能になる確率が高まる。急激な住宅価格の下落により、エクイティが低下、あるいはマイナスに転じた結果、差し押さえ手続きに入った住宅戸数は、2009年（282万戸）、2010年（287万戸）の両年でピークに達した。

アメリカの住宅差し押さえ（foreclosure）は、3ヵ月住宅ローンの返済が滞ると自動的に差し押さえの手続きに入る。差し押さえの手続きに入ってもその期間中に返済できれば差し押さえは完了しない。そのため差し押さえ手続きに入った物件と最終的に差し押さえが完了した物件の戸数が違ってくる。差し押さえ手続きに入った物件は、2009年、2010年の両年が最高に多かったが、差し押さえ完了件数は2010年にピークとなった。

　住宅ローン貸付条件変更制度（Home Affordable Modification Program）は差し押さえの危険のある住宅所有者を支援する住宅ローン借り換え制度で、2009年2月オバマ大統領によって発表された。そのためTARP（Troubled Asset Relief Program）基金から500億ドルの予算を確保していたが、実際に支出したのは40億ドルほどであった。7,000億ドルの大規模予算のTARPは、大手金融機関を救済したが、住宅差し押さえにあった貧困層を救済する機能はほとんど果たさなかったのである。

　最近では差し押さえ件数が激減している。2006年の住宅バブルが弾ける前のレベルまで回復してきている。2009年以降に販売した審査基準を厳しくした良質の住宅ローンが、最近の差し押さえ率の大幅な低下に寄与していると考えられる。

　ここで大きな疑問となるのは、差し押さえ完了件数がピークになる2010年以降、銀行所有になった住宅が大量に市場にあふれれば、当然住宅価格はもっと下降するはずであるが、そうなっていないことである。

　つぎに、銀行の住宅ローンをめぐる2つの疑惑、シャドウ・インベントリーとロボ・サイン・スキャンダルの問題を取り上げ、住宅市場の歪みを考察する。

2．シャドウ・インベントリー

　差し押さえになって銀行が所有する住宅のうち、市場に出さないで影に隠された在庫、すなわちシャドウ・インベントリーの存在が、少なくとも2009年頃から一部のメディアで報道されるようになった。しかし、シャドウ・インベントリーの定義も明確には定まっていない。シャドウ・インベントリー

の中には、債務返済が滞ったまま、銀行が差し押さえの手続きの完了を遅延し、債務者が依然として住宅に住み続けるケースも2010年頃から増加している。シャドウ・インベントリーの正確なデータが公表されていないために、さまざまな憶測を呼んでいる。

　2011年第1四半期は、シャドウ・インベントリーの件数が最高の300万件を超えたという（Goodham 2012）。2010年にシャドウ・インベントリーは全米で300万戸あったが、2013年1月には220万戸に減少したと言われている（Oppennheim 2013）。つまり、全米には住宅ローン債務を抱える住宅は全部で5,500万戸あるので、その4～5％がシャドウ・インベントリーであったということになる。シャドウ・インベントリーの問題が報道された当初、大量のシャドウ・インベントリーが一挙に市場に氾濫し、不動産価格の回復を遅らせると危惧されていた。

　2008年から2009年の間に市場に出たのは、金融危機の際に差し押さえられた物件のわずか15～20％だったといわれている。その残りの80～85％は銀行が所有しているという[3]（Jacobs 2013）。住宅価格が下がらないのは、シャドウ・インベントリーを溜め込んで銀行が供給を制限しているからである。最近は住宅在庫が極端に少ない状態で、価格が上昇さえしている。

　住宅ローンの返済が滞納になると、通常は3ヵ月後に住宅差し押さえの手続き期間となる。しかし、差し押さえの通知が銀行から届くまでの期間が遅れてきている。2007年頃は平均5ヵ月であったものが、2011年の後半には平均15ヵ月にまで長期化していた。しかも差し押さえの手続きが開始してから完了するまでの期間も同様に長期化しており、2007年頃平均5ヵ月未満であったのにもかかわらず、2011年の後半には平均15ヵ月にまで延びている（Herkenhoff and Ohanian 2012）。このように差し押さえの手続きを遅延させ、完了させないことによってシャドウ・インベントリーが増加した。

3．ロボ・サイン・スキャンダル

　住宅差し押さえのプロセスが長期化している理由の1つには、2010年、ロボ・サイン・スキャンダルが表面化し、マスコミで盛んに報道されるように

なったことも関係している。ロボ・サイン・スキャンダルとは、多くの銀行が抵当の所有者であることを証明する貸付証書を提出することができず、偽のサインを使用して偽造貸付証書で差し押さえを行っていた実態がマスコミでも取り上げられるようになった。住宅差し押さえの際に、アメリカの法律では、抵当権（mortgage）と貸付証書（note）の２つが必要となる。ところが銀行が貸付証書の原本を提出せず、証書を偽造したため、訴訟件数が増加した。

住宅ローン債権をセカンド市場で売買する証券化が進んでいるアメリカでは、抵当権の登録も電子取引で行う。Mortgage Electronic Registration System、略してMERSという民間会社が抵当権の移動の記録を管理している。実はその記録自体も正確ではなく、本当の抵当権所有者を追跡することさえ困難になっている（Peterson 2011）。

2010年後半のロボ・サイン・スキャンダル問題の発覚で、住宅差し押さえ完了件数は一時的に減少した。2011年には回復するが、訴訟の増加に伴って住宅差し押さえのプロセスはより時間を要し長期化していった。

過去の歴史から銀行の欺術や不正が横行し、司法制度が適切に機能しなくなると、金融危機の確率が高まる傾向があった（Demirgüç-Kunt and Detragiache 1998）。アメリカ民衆の銀行に対する信頼が損なわれてきているので、この点からも銀行のリスクは高まっている。

4．2012年以降の第二のバブル

2012年2月、ロボ・サイン問題の裁判で和解となり、5銀行が250億ドルの和解金の支払いに応じた。2013年1月には、不適切な差し押さえをめぐる訴訟によって、10の銀行と住宅ローン会社が850億ドルの支払いで和解。2014年5月にも、別のロボ・サイン訴訟の和解が成立した。さらに、クレジットカードの債務不履行に対しても、銀行がロボ・サインを書いた偽造証書を用いている問題で、2012年頃から訴訟が増加している。いずれの場合も、銀行は単なるサービサー、あるいはトラスティーであり、債権者の代理業務をしているにすぎない。

第3章　アメリカの量的規制緩和とその住宅市場への影響―迫りくる債務危機をさぐる―

　アメリカの住宅差し押さえは、裁判所の判決による州と、裁判所を通じずに銀行が直接差し押さえる州と２つに区別される。司法により差し押さえる州、例えば、ニューヨーク州やフロリダ州では、ロボ・サイン問題の訴訟の増加に伴い、差し押さえ完了件数が緩慢に推移していたが、その後、訴訟が解決に向かい、差し押さえ完了件数が増加している。

　2012年末からの住宅価格上昇は第二のバブルとも呼ばれている。2012年末には年間の上昇率が４％を超えた。住宅需要を高めているのは、学資ローン債務で苦しみ、職が得られない若者や、退職期を迎え住宅をダウンサイズするベビーブーマーでもない。実際の住宅需要は、ヘッジ・ファンドやプライベート・エクイティなどのプロの投資家によって支えられている[4]（Lyster 2013）。第二のバブルはQEによる人為的な低金利と、それに伴う投機の産物であるようである。不安定な金利変動に伴うリスクによって、回復してきた住宅市場も今後の動向が危ぶまれる。

Ⅳ　住宅ローン担保証券MBSとmREITのビジネスモデル

１．MBSの規模と機関別保有額のシェア

　MBSはレポ市場で重要な役割を果たしている。レポ市場での短期融資は40％近くがMBS担保によっている（IMF 2013, p.11）。MBSの担保価値が低下すれば大打撃となり、レポの貸し手が資金を引き揚げかねない。結果として、他の高い債務比率の短期資本（レポ）の借り手に対してもネガティブな影響をもたらす。リスクの上昇に伴い、そのような高レバレッジの投資家がレポ市場から遮断される可能性が高くなる。

　非エージェンシーMBSと比較して、エージェンシーMBS市場は深く、流動性が高く、リスクは比較的低い。エージェンシーMBSの保有額合計はなんと7.6兆ドルに達している。その内訳を見ると、QE３でMBS保有を増大しているFRBも実は全体の14％にすぎない。それ以外は、銀行（26％）、ミューチュアル・ファンド（18％）、外国人（16％）、保険業（５％）、mREIT（５％）、

GSE（4％）、その他（9％）の割合になっている（IMF 2013, p.13）。

　GSEはファニーメイ、フレディマックなどの政府系企業である。GSEはエージェンシーMBSを2008年の金融危機の時期に1兆ドル近く保有していたが、QE1の実施より2009年には大幅に保有額を縮小し、0.4兆ドルになり、2013年の保有額は0.3兆ドルにすぎない。このように現在ではGSEよりもmREITの方がMBSの保有額が多い。

　mREITは、MBSの保有シェアが5％であるが、2008年の金融危機の時期から急上昇した分野である。金融危機の時期は担保市場と無担保市場との間のコスト優位性が拡大し、しかも長期ファイナンスが枯渇し利用できなくなった時でもあった。またこのビジネスモデルはQE政策に大きく依存しており、QE政策の転換に伴い、資金調達と流動性リスクにさらされ、金融市場に大きなインパクトを与えると予想される。

2．mREITのビジネスモデルのリスク

　mREITとはモーゲージ・リート（Mortgage Real Estate Investment Trust）の略である。これは不動産に投資するREITのなかでも住宅ローン担保証券（MBS）を第二市場で購入して利益を出すグループである。高収益が魅力的であるが、収益は国債市場に大きく左右される。つまり、mREITの収益は、住宅ローン金利が長期国債金利に連動するので、長期国債金利と短期国債金利の差（スプレッド）に比例する。QEによって低短期金利が保障されている限り、国債スプレッドは大きく、mREITに投資した人の配当も高い。2012年1月にバーナンキがFRBが2014年までの低金利を維持すると発言したので、2012年にmREITの人気が高まった。しかし、FRBが短期金利を上昇させれば、mREITは損失を被ることになる。

　また、住宅ローンの借り換えが増加するとmREITの収益を圧迫する。住宅ローンを借り換えによって完済すると、mREITはその債権からの金利収入が途絶えるからである。実際、2012年に住宅ローンの借り換えが増加し、一部のmREITでは収益が低下した。

　2012年第2四半期には、長期国債金利が低下したために、短期国債金利と

長期国債金利のスプレッドが縮まり、損失を出したmREITもあった (Foster 2012)。QE 3 はMBSを購入するので、長期国債金地と短期国債金利のスプレッドを大きいまま維持するが、借り換えを促進するマイナスの要素もある。

mREITファンドのレバレッジ比率（資産対資本）は、2013年の第 2 四半期のデータによると、ほとんどが 7 倍から11倍に達している（IMF 2013, p.11)。しかもアメリカでmREITの二大ファンドは、2013年にそれぞれレポの債務額は約1,000～1,200億ドルに達しており、そのうち30日未満の満期が約 3 分の 1 を占めている。2008年 9 月、リーマン・ブラザーズのレポ借入額は帳簿上1,500億ドルであったことを思えば、いかに大きなリスクを抱えているかがわかる（IMF 2013, p.11)。

mREITによるMBSの保有シェアが比較的低くても、このビジネスモデルはQEに大きく依存しており、QE政策の転換に伴い、金融市場に大きなインパクトを与えかねない。

FRBの非伝統的金融政策から決別し、より安定した金融システムへの穏やかな移行を達成するには住宅市場も含めて激しい変動の影響と不安定化したポートフォリオの調整を迫られ、シャドウ・バンキング・システムのシステミックリスクを随伴する構造的流動性の脆弱性に対処する政策が期待される。

V　銀行倒産処理としてのベイルイン

2013年 3 月、キプロスの銀行預金口座が凍結され、預金の一部が接収された。EUでは債務危機に陥っている一部の諸国の債務を、公的資金で救済することへの反発が強いためであった。アメリカでも2008年の金融危機で銀行などに対して政府によって資金が投入され、債権者が救済されたことが納税者の不満となった。債権者がリスクを無視して貸し付けた責任があるにもかかわらず、損失を救済によって免れたからである。そのため政府が国債を発行し財政的支援したり、中央銀行やIMFなどの公的機関が融資したりする「ベイルアウト（bailout）」（緊急援助）ではなく、投資家がリスク管理し損失

を逃れることができないような方法として、「ベイルイン（bail-in）」が注目されるようになった。

アメリカでも2010年に成立したドッド＝フランク法の法令Ⅱにおいて、金融コングロマリット間の紛争解決のための権限がFDIC（Federal Deposit Insurance Committee：連邦預金保険公社）に付与された。FDICはシングル・ポイント・オブ・エントリー（SPOE）戦略を採用し、法令Ⅱを実施するために、2013年12月に概要を公表した。SPOE戦略とは、FDICが中間に入って破綻持株会社の処理を進める清算型倒産手続きである（小立 2014；Sommer 2014）。グループ内で発生した損失の処理は、持株会社あるいは最終親会社が発行する無担保債務の元本削減またはエクイティ転換、つまりベイルインを通じて負担する。本来、FDICは預金保険を提供する機関だが、ドッド＝フランク法によって権限が付与され、銀行預金（無担保債務なので）をベイルインの対象として破綻処理する機関に変貌する。

世界のOTCデリバティブの想定元本合計は、BISのデータによれば、2013年12月現在で、710兆ドルにも達している。金利デリバティブは584兆ドルで、その70％を占める。今後、低金利レジームから通常の金利レジームに移行する際に、激しい変動を伴う金融市場の混乱が予想される。アメリカの大銀行はデリバティブに高いレバレッジを掛けている。システミックリスクを避けるためにも大銀行は救済されなければならないが、次の金融危機に備えては、ベイルイン計画が検討されているのである。

連邦破産法はデリバティブの債権者に特権を付与し、システミックリスクの引き金とならないように、デリバティブの債権者は他の債権者よりも優先される（Schwarcz 2014）。一方、銀行預金口座の預金者は、銀行にとって債権者であるが、担保を持たない債権者であるので、銀行が倒産するような危機に見舞われたときに、債権をエクイティに転換され、資産の一部を失うことになりかねない。預金保険制度の準備金ではとても高いレバレッジの銀行の損失をカバーすることはできないからである。

ベイルインは、2001年にアルゼンチンでも実施された。IMFの融資も受けていたが、アルゼンチンの国債は破綻し、2001年12月に銀行口座が凍結さ

れ、翌年、ドル預金はペソに交換され、ペソの為替相場の下落とインフレにより預金の実質価値は大幅に下がった。今後、ベイルインの実施を検討しているのは、アメリカだけでなく、イギリス、EU、オーストラリア、ニュージーランド、カナダなどである。しかも大銀行の支店はグローバルに展開しており、破綻処理はグローバルな協調と調整が必要である。

むすび

　FRBが2014年10月に最後の国債とMBSを購入し、QE3を終了した。その後、FRBは満期になった国債を買い足し、現在の国債保有額を維持した。2015年12月、イエレン議長はゼロ金利政策に終止符を打ち、金利を年0.25％に引き上げた。2017年12月までに彼女は5回の利上げをし、短期金利の指標であるフェデラルファンド（FF）金利の誘導目標を1.25～1.50％に引き上げた。

　インフレと実質金利の上昇は、過去の銀行危機の重要な決定要因であった。銀行の改善したバランスシートも、大幅な金利上昇で一気に悪化することが予測され、2008年の金融危機以上の危機が迫っている。金利が急上昇すれば、これ以上国債を増発し、財政的負担を増大するベイルアウトは困難になる。したがって、システミックリスクを避けるために、銀行のベイルインが実施されかねない。そうするとマネーサプライが大幅に縮小し、深刻なデフレとなる。一方、ドルの暴落によって、石油や食料品などの輸入品の価格が上昇するので、インフレが亢進する。失業率が高まり、物価は上昇し、深刻なスタグフレーションに襲われることになる。

　レインハートとロゴフは共著『今回は違う』（Reinhart and Rogoff 2009）で、世界のこれまでの債務危機の歴史を概観し、規制緩和→住宅・株のバブル→銀行危機→国債の発行増大→国債危機という共通する一連の過程を仮説化している。今回の先進諸国の流れも、規制緩和によって住宅バブルが起こり、住宅バブルからバブルがはじけ、銀行危機へ、そして銀行の救済や景気刺激のために国債を大量に発行し続け、最終的に国の債務危機に陥るという

図式を踏襲している。債務危機に陥った先進諸国は、これから痛みを伴う負担を強いられることになるであろう。

註
1）ウォレン・バフェット指標は、公的に取引きされる株式市場の資本総額を、経済の規模を表すGDPで割った比率である。この値の上昇傾向が続き、ついに異常に高くなった時点は、株価が過大評価されていることを意味し、バブル崩壊の兆しとみなされる。http://www.zerohedge.com/news/2014-02-06/why-warren-buffett-worried-about-stocks
2）2012年の上位集団の総所得の内に占めるシェアは、トップ10％（48.1％）、トップ5％（35.7％）、トップ1％（19.3％）、トップ0.1％（8.8％）となっている（Alvaredo 2014）。
3）現行制度では、銀行が所有する不動産については時価会計ではない。したがって、銀行はかつての高価格を帳簿に記載し続け、債務を支払い、不動産管理コストを支払っても、住宅を売却して損失計上するよりはましであると考えている（Jacobs 2013）。
4）ブラックストーンというグローバルな投資会社は、250億ドルを投資して16,000戸の一戸建て住宅を大量に購入した。これは賃貸住宅を管理するアメリカ最大の会社である。
5）出口戦略としての資産売却は、そのタイミングが広く予測されると効果が薄くなるので、適切な時に予測されないタイミングで、長期に引き延ばすのではなく、できる限り短期間で資産の売却をする方が望ましい、とするモデル分析もある（Wen 2014）。

第4章　製造業の衰退とラストベルト

はじめに

　アメリカの伝統的な製造業の中心地であった五大湖地域は、1970年代から衰退が顕著である。鉄鉱業のピッツバーグや自動車産業のデトロイトなどでは、工場が閉鎖された。工場が撤退した都市では、黒人が多く、失業率が高いため、サブプライムローンによる住宅差し押さえも多かった。
　製造業の衰退とともに労働組合組織率も低下し続けている。労働組合組織率の低下は世界的な傾向であるが、特にアメリカの場合著しい。
　失業保険制度もヨーロッパ諸国と比較してあまり充実していないなど、アメリカの市場原理を尊重する福祉国家レジームの特徴が現われている。
　本章は製造業の衰退による都市問題を、労働組合の地域差、失業保険の地域差も交えて考察する。

I　製造業の衰退とラストベルト

1．製造業の衰退と地域

　アメリカの労働者のうち製造業の雇用割合は、1970年に約25%であったが、2005年には10%を下回るほどに減少している。今日アメリカ労働者の約80%はサービス部門で雇用されている。1970年から2000年までは製造業従業者数自体は余り変化していなかったが、労働人口全体が増加したために、シェアは低下し続けた。2001年以降、製造業の被雇用者数の減少が顕著である。アメリカの製造業被雇用者数は1987年1,750万人、2000年1,730万人と横ばい状態であったが、2010年には1,170万人に減少した。つまり2000年から2007年までに20%減少し、さらに金融危機の影響で2010年までに15%減少した。

図4−1　ラストベルト

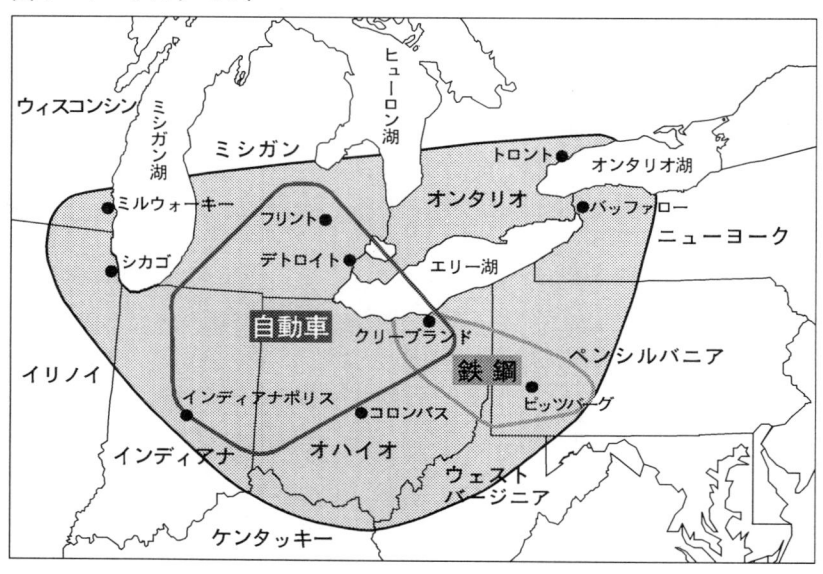

　ミシガン州の製造業被雇用数は2000年に90万人でピークを打ったが、その後激減し、2007年には60万人に低下し、2008年末には50万人を下回った。ただし、2014年には2007年のレベルまで回復しつつある。ミシガン州にはGM、フォード、クライスラーなどの自動車メーカの拠点がある。自動車産業の被雇用者数は2000年には10万人近かったが、2005年には6万人にまで減少し、さらに2008年の金融危機の影響で、3分の1にまで低下した。ミシガン州の製造業の被雇用者数と公務員の被雇用者数を比較すると、2005年には公務員の被雇用者数の方が凌駕するようになった。

　ラストベルト（Rust Belt）は、かつて製鉄業を中心に発展したアメリカの北東部、五大湖地域、中西部に広がる伝統的な工業地域である。製造業の衰退や人口減少が著しい地域であることから鉄錆をイメージしてラストベルトと呼ばれる（図4−1）。ラストベルトの州（とその典型的な都市）は、ニューヨーク州（バッファロー）、ペンシルバニア州（ピッツバーグ）、ウェスト

バージニア州、オハイオ州（クリーブランド、シンシナティ）、インディアナ州、ミシガン州（デトロイト）、イリノイ州（シカゴ）、ウィスコンシン州（ミルウォーキー）などである。

この地域に製鉄業が発達した立地要因は、原料産地と消費地（大都市）に距離的に近かったからである。石炭はアパラチア山脈、鉄鉱石はスペリオル湖周辺から輸送された。輸送手段として、五大湖や運河、そして発達した鉄道網も活用でき、輸送コストの点から有利な地点であった。

1970年代頃から、海外に生産拠点のシフトが盛んになると同時に、国内では南部などのサンベルトへ製造業が移転した。ラストベルトはスノーベルトとも呼ばれ、冬寒い地域である。一方、サンベルトと呼ばれる地域は、フロリダ州、テキサス州、カリフォルニア州などが典型的で、気温が高い。エアコンが普及することによって白人はスノーベルトからサンベルトへの移動が可能になった。それ以下のサンベルトへシフトした要因は、賃金、住宅コスト、税金などが安く、労働組合が弱いからであった。

2．デトロイト

デトロイト市は北はヒューロン湖、南はエリー湖に挟まれた地域で、南側にデトロイト川を境にカナダのオンタリオ州ウィンザー市に接する。1903年にヘンリー・フォードが量産型の自動車「T型フォード」の工場を建設した。「T型フォード」は爆発的に売れ、デトロイトは自動車産業の中心地として発展した。GMとクライスラーもここに拠点を置き、アメリカの自動車産業の象徴的な都市である。

20世紀の前半は主にヨーロッパからの移民が自動車産業で働くために流入し、1930年代頃からは南部の黒人の流入が増加していった。1940年、デトロイト市の人口の90％は白人であった。1940年代から1970年代にかけて、南部から北部の工業都市へ黒人の人口移動が激増した。デトロイト市では黒人居住地と白人居住地とが分離されていたが、1960年代後半頃から白人が郊外に脱出し、市外と市内との分離が顕著になった。これをホワイト・フライトと呼ぶ。

自動車産業の衰退とともに、デトロイト市も衰退していった。デトロイト市の人口は1950年にピークに達し、180万人[1]となったが、2010年には市の人口は60%以上減少し、71万人となった。郊外に人口が増加し、現在デトロイト大都市圏では430万人、さらに近接するフリントを合わせる広域都市圏では520万人の人口規模となっている。

　デトロイト市の人口減少とともに、黒人人口率は上昇し、2010年の市の黒人人口率は82.7%である。ダウンタウンにはGMのビルなど高層ビルが林立しているが、市内の労働者居住地域では空き家率が高く、固定資産税未納率も高い。工場が撤退したため、失業率が高く、低所得世帯が多い。市は固定資産税未納で空き家を差し押さえても、荒廃した住宅地なので売り物とならず、建物の撤去費の出費を強いられている。デトロイト市は税収の低下により財政難となり、2013年に連邦破産法第9条を申請した。

3．ラストベルトの人口減少率の高い都市

　1960年から2010年までの50年間において、人口減少率が高かった都市はラストベルトに集中している（図4－2）。第1位はオハイオ州のヤングスタウンで60%減少した。第2位はミズーリ州のセントルイスで54%減少した。

図4－2　全米上位100市の内1960年から2010年の人口減少率の高い市の順位

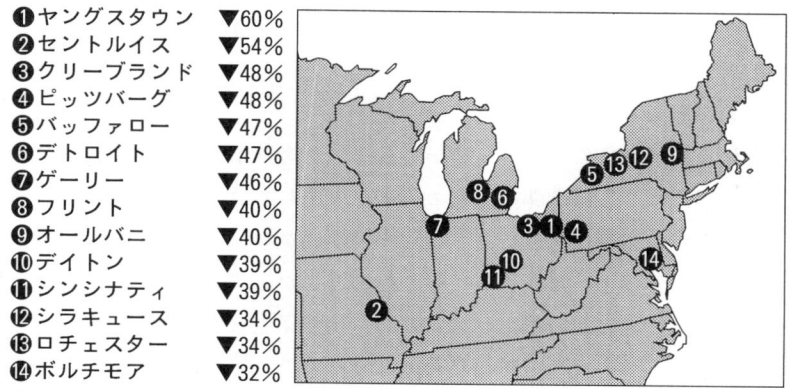

❶ヤングスタウン	▼60%	
❷セントルイス	▼54%	
❸クリーブランド	▼48%	
❹ピッツバーグ	▼48%	
❺バッファロー	▼47%	
❻デトロイト	▼47%	
❼ゲーリー	▼46%	
❽フリント	▼40%	
❾オールバニ	▼40%	
❿デイトン	▼39%	
⓫シンシナティ	▼39%	
⓬シラキュース	▼34%	
⓭ロチェスター	▼34%	
⓮ボルチモア	▼32%	

資料：Analysis of U.S. Census Bureau data.

第 3 位はクリーブランドで48％減少している。第 4 位以下、第14位までの都市を順に列挙すると、ピッツバーグ、バッファロー（ニューヨーク州）、デトロイト、ゲーリー（インディアナ州）、フリント（ミシガン州）、オールバニ（ニューヨーク州）、デイトン（オハイオ州）、シンシナティ（オハイオ州）、シラキュース（ニューヨーク州）、ロチェスター（ニューヨーク州）、ボルチモア（メリーランド州）となる。この減少率は、あくまで中心都市の人口に関するもので、周辺の郊外地域は含まれていない。大都市圏全体で考えると、郊外の発展が顕著である。伝統的な製造業は中心都市に立地していたので、中心都市の衰退が著しい。

II 労働組合の地域性

1．労働組合加入率の地域差

　アメリカの労働組合運動は伝統的に賃上げ闘争を中心とし、過激なストライキを行うのが特徴的である。ヨーロッパ諸国のような労働者の連帯による社会変革を目指す点では弱かった。1970年代から1980年代にかけて「非工業化（deindustrialization）」と英語では呼ばれ、日本語では「産業の空洞化」と呼ばれるグローバリゼーションに伴う国内製造業の撤退により、多くの工業の閉鎖が相次いだ（Bluestone & Harrison 1982）。1980年代には、製造業で多くのストライキが相次ぎ、しかもストライキの期間が数ヵ月にも及び、時には1年を超えるケースもあった。自動車産業のような多種多様の部品を用いて組み立てる産業では、1つの部品生産工場でストライキが発生したことで、すべての生産ラインが完全にストップしてしまうという経営者側にとって危機的な事態もしばしば発生した。

　労働組合加入率は1950年代中頃に35％であったが、その後激減し続け、1983年には20.1％になり、2014年には11.1％に低下した。公務員（公立学校の教員を含む）では労働組合加入率が35.7％に対し、民間セクターでは6.6％にすぎない。

　図4－3に、州別の労働組合加入率を示した。伝統的にはラストベルトで

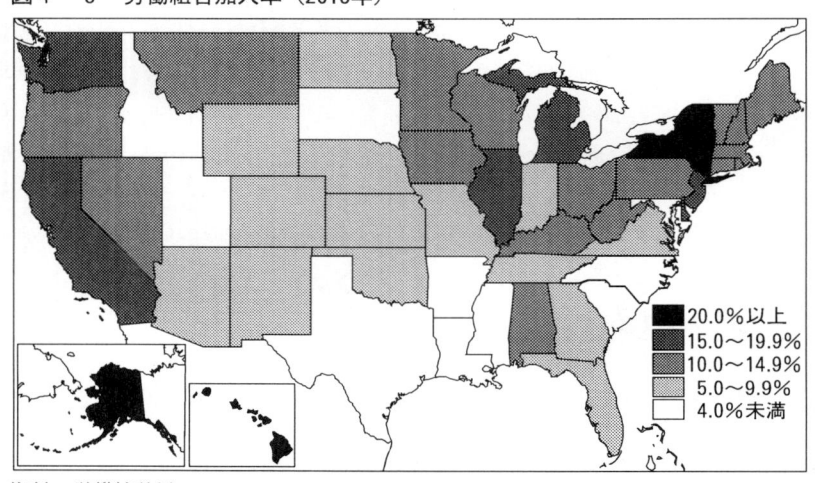

図4-3　労働組合加入率（2013年）

凡例：
- 20.0％以上
- 15.0～19.9％
- 10.0～14.9％
- 5.0～9.9％
- 4.0％未満

資料：労働統計局

高かったが、最近では低下している。ラストベルトの共和党の州知事は労働組合の弱体化に尽力した。2010年の選挙で当選したウィスコンシン州のスコット・ウォーカー知事は、公務員の団体交渉権を剥奪し物議を醸したが、2012年のリコール選挙での勝利後、労働組合の権限を制限してからは州の労働組合加入率は低下した。労働組合の資金を枯渇させ、労働組合の弱体化をもたらすのが目的であった。2013年にミシガン州では労働権法が施行され、労働者は組合加入するか、しないかを選択できるようになり、1年後、ミシガン州の労働組合加入率は7.6％減少し、16.3％から14.5％に低下した。

2014年州別の労働組合加入率で最も高い州は、ニューヨーク州で24.6％、最も低いのはノースカロライナ州で1.9％であった。労働組合加入率の高い州ほど、公務員が多い傾向があり、労働組合は民主党候補者に献金するため、民主党が優勢な州となりやすい。

2．労働権法の施行州

ユニオンショップ協定では、雇用条件として組合加入と組合費の支払いを

強制されるが、アメリカでは州政府が労働権法（right-to-work law）を施行することが認められている。労働権法を施行する州では、被雇用者が労働組合に加入することを強制されない（日本における「労働権」の意味とかなり異なるので注意）。労働組合が組織されている企業で働いていても、組合員にならないばかりでなく、組合費も支払わないで、団体交渉によるメリットを享受できるので、労働組合側からはフリーライダーだと批判される。

　一方、自由主義的な論者は、労働組合が企業経営を圧迫すると主張する。労働組合の団体交渉によって、全体として賃金が上昇し、それによって企業内では研究開発費が削減され、消費者にとっては価格に転嫁されるために不利益を被る。賃金が平等原則に則り再配分されるので、本来低い報酬であるべき人には良いが、有能な人材の場合に能力に見合った報酬を得ることができないため、労働組合は有能な人材を排除することになり、企業の成長のためにもマイナスであると論じられている。

　1935年に成立したワグナー法（Wagner Law）は労働者の権利を保護する目的で制定された。この法律によって労働組合運動が大きく発展したが、1946年には記録的なストライキの波がアメリカを襲った。労働組合の力が強くなりすぎたのでこれを抑制するために、1947年のタフト・ハートレイ法が成立し、労働権法を州で制定できる権限を認めた。その前後の時期から南部や西部の諸州で労働権法を制定するようになる。1980年代後半には20州が労働権法を制定していた。2001年にはオクラホマ州が労働権法を制定し、労働権法を制定しているのは合計21州となった（図4-4）。

　労働権法の施行州は歴史的に経済発展が遅れてきた南部や西部の州が、労働権法によって企業を積極的に誘致する目的で施行されたが、2011年以降伝統的に労働組合が強いラストベルトの州でも共和党の知事の下で労働権法を制定する動きが始まり、2012年にはインディアナ州、2013年にミシガン州、2015年ウィスコンシン州が労働権法を施行する州に転じた（図4-4）。あまりにも製造業の衰退が著しいことが背景にあり、産業を誘致するための苦肉の策として、従来では考えられないような自由主義的な政策を採用するようになった。2016年にウェストバージニア州、2017年にケンタッキー州とミズ

図4-4 労働権法施行州

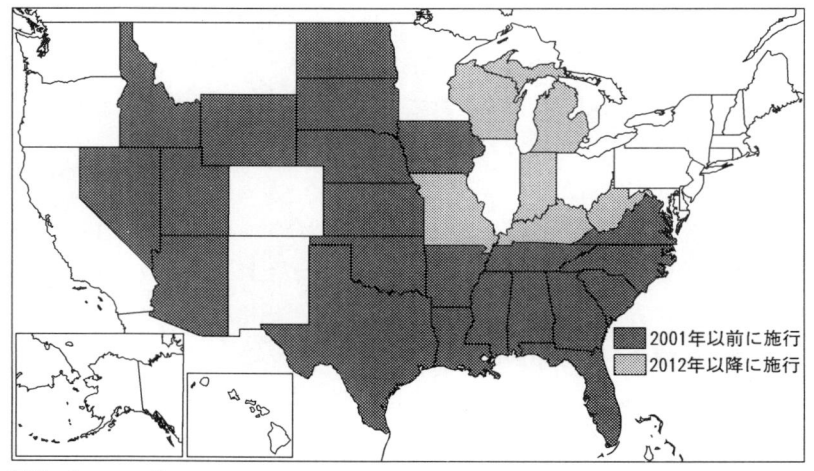

凡例：
- 2001年以前に施行
- 2012年以降に施行

資料：host.madison.com

ーリ州が労働権州に加わった。

　一般に労働権州では、非労働権州よりも経営者側から見ると魅力的である。労働権州では、非労働権州と比較して、雇用の点では成長している傾向があるものの、労働組合の団体交渉による利益を労働者が享受できないために、賃金、雇用主提供型健康保険加入率、雇用主提供型年金加入率などの点では相対的に低い傾向があることは否めない。

Ⅲ　低下する失業率とアメリカの失業保険の特質

1．失業率

　2008年の金融危機によってアメリカの失業率は2009年に10％まで上昇したが、2013年末には7％を切り、2015年6月には5.3％にまで低下している。失業率を見る限り、アメリカ経済は順調に回復しているかのように見えるものの、景気の実態を反映していない面がある。公式の失業率は「U3失業率」と呼ばれるもので、その計算方法は世帯調査（サンプル調査）に基づく。失業

者の定義は、仕事がなく、かつ求職活動を積極的にしている者と定義されている。U3失業率の算出において、事実上失業していても、週に数時間でも臨時収入を得たら雇用されているとみなされるため、失業率は低く推計され、必ずしも実態を反映していない。

　米労働省が発表する失業率のうち最も広義の失業率は、U6失業率と呼ばれるもである。U6失業率は仕事がなく求職活動している者（U3失業率）に加え、現在は求職活動を行っていないが、過去1年には求職活動をしたことがある求職活動を断念した周辺的労働者（marginally attached workers）と、経済的理由で正社員として働くことを望んでいながらパートタイムで働いている者を含めた失業率である。アメリカでは失業保険の給付期間が西ヨーロッパ諸国と比較して短いので、十分な求職期間がないため、やむをえずパートタイムとして一時的に働く労働者が多くなる。U6失業率は失業の実態をより反映した失業率と考えられる。

　アメリカのU6失業率は2009年末には17％に達した。2011年から漸次低下傾向にあるが、2015年6月でも10.5％と依然として高く、景気回復を遂げているとは言い難い状況である。

　隠れた失業率として、障害者保険受給者の増加がある。2012年に約880万人の障害者保険受給者がおり、この数字は1995年以来倍増した。アメリカの場合、失業率と連動して障害者保険受給申請が増減する傾向が認められている。

　アメリカの25～54歳の労働参加率は、1960年から1999年まで上昇傾向にあった。女性の労働市場参加の上昇によって、これまで労働参加率は上昇し続け、1999年に84％でピークに達した。しかし2014年の労働参加率は81％であり、1985年頃のレベルにまで低下している。男女別に見ると、女性の労働参加率は2000年代末から低下し、特に2008年以降低下傾向が続いている。男性の労働参加率は1990年ごろから低下傾向があるが、2008年以降は低下が顕著である。

　このような労働参加率の低下の背景には、構造的な要因が関係している。アメリカの製造業の就業者数は1987年に1,750万人、2000年には1,730万人と

横ばいで推移したが、2001年以降、製造業就業者の減少傾向が始まり、特に2001年の不況や2008年の金融危機の直後に就業者数は激減した。2010年には1,170万人に減少し、2000年代に製造業の約3分の1の就業者が失われた。中国などとの競争激化によって海外に工業が移転したことが製造業の衰退理由であるが、それに加えて2000年代の製造業労働者数が減少した理由は、製造業の生産性が上昇したこと、具体的にはロボットやコンピューターなどの利用が1987年以降6倍に増大し、労働者がハイテクの設備に取って代わられるようになったことが関係している (Sherk 2010)。この技術革新は少ない労働力で生産性を高めることに主眼をおいているため、高卒や高校をドロップアウトした非熟練労働力の雇用は2000年代に激減し、代わって大学院卒レベルの高度な技能を持った技術者の雇用が増加した。したがって2000年以降、製造業の就業者数の大幅な減少にもかかわらず、製造業の生産額は比較的安定的に推移している。

2．失業保険の地域差

アメリカの失業保険給付は、従前給与支給額の40～50％の給付額となる。失業保険給付は、連邦政府と州政府が雇用主に課す給与税（payroll tax）を財源とし、州政府から給付される。

失業保険給付の標準的期間は6ヵ月である。経済的不況時には給付期間が延長されることがある。いったん6ヵ月の給付期間が経過してしまうと、他の社会的セイフティ・ネットは慈善活動などを除き、ほとんど残されていない。しかも、失業してから数ヵ月後には、雇用主の健康保険の資格を失う。

この状況は西ヨーロッパ諸国の手厚い失業保険と対比される。西ヨーロッパ諸国では給与の60～80％を失業保険として給付する。スウェーデン、ドイツなどでは、失業保険給付は事実上継続して受けることができ、余裕をもって求職活動を行うことができる。健康保険も国民皆保険である。

労働市場への公的支出額（2006年）を対GDP比で国際比較すると、ドイツ、オランダ、フランス、スウェーデンなどは2.3～3.0％の比率であるが、アメリカはわずか0.3％にすぎなかった。労働者のセイフティ・ネットのために、

労働コストに占める雇用主と被雇用者の税負担総額の割合は、ドイツは52.2%をトップに、フランス（49.2%）、スウェーデン（45.2%）、オランダ（44.0%）であるのに対して、アメリカは30.0%と著しく低い。

5年以上の長期失業の場合に、従前実質所得に対する所得代替率をOECD諸国の中で比較してみよう。2人の子どもと1人稼ぎ手のカップルの場合、2009年の時点で、所得代替率が60%以上の諸国がアイルランド、オーストリア、ベルギー、デンマーク、オーストラリア、ニュージーランド、ドイツの7カ国あった。EUの平均所得代替率は39%であったが、アメリカではわずか15%であった。2013年には所得代替率が60%以上の諸国が4カ国となり、EU平均も33%、アメリカは10%になり、全体的にやや低下した。このように長期失業者に対する所得補償は、アメリカの場合、極端に貧弱である。

アメリカの失業保険給付期間は原則26週であるが、手続きを取り給付期間を延長することもできる。2008年11月の失業保険手当の給付を延長した場合の最長期間は、州によって差があった。40週が30州、59週が19州、83週が1州（ロードアイランド州）であった。つまり、ラストベルトの典型的な州、南部のいくつかの州、西海岸のいくつかの州などで失業保険の最長給付期間が1年2ヵ月弱であったが、5分の3の州では最長給付期間は9ヵ月余りにすぎなかった。

2009年2月に成立したアメリカ回復及び再投資法によって、2009年11月には最長給付期間が延長されたが、99週に延長されたのは全州のうちほぼ半数であった。99週、つまり1年11ヵ月弱の給付期間に延長された州は、ラストベルトを中心に、ニューイングランドや東岸の諸州、南部の多くの州、西海岸諸州やそれに接する州であった。それ以外の州では93週、86週、83週、73週、60週の違いがあった。最低の60週、つまり1年2ヵ月弱の最長給付期間の州は、ノースダコタ、サウスダコタ、ネブラスカの3州であった。次に最長給付期間が短い73週、つまり1年5ヵ月弱の州は、モンタナ、ワイオミング、ユタ、アイオワ、オクラホマ、アーカンソー、ルイジアナ、メリーランド、ハワイであった。このようにサブプライムローン危機による経済的打撃が比較的少なかった州で失業保険給付期間の延長が少なく、経済的打撃が深

刻であった州で給付期間を延長する傾向が見られた。

　失業保険給付期間の延長も2012年末で終了し、約200万人が失業手当を打ち切られた。

むすび

　アメリカの製造業の衰退に伴って、産業の配置のシフトが起こり、かつての製造業の中心地の衰退が顕著となった。デトロイト市はその典型的な事例で、労働者階級、特に黒人の人口率が高く、失業率、住宅ローン債権のデフォルト率、空き家率も高い地区となっている。市の財政は破綻し、住宅地の街灯、ゴミ収集、警察官の人数削減など、公共サービスが削減され、ますます住民にとって住みにくい都市となっている。当然、犯罪率も高い。

　アメリカの福祉国家レジームは自由主義的かつ残余主義的な特徴を持ち、失業保険の給付期間も短く、ヨーロッパの福祉国家と比較するとセイフティ・ネットは脆弱である。失業率の低下を表面的に捉えるだけでは、現在進行中のアメリカの経済実態を正確に捉えることはできない。製造業が賃金の低い諸国へ移転した結果、製造業の技術革新によって生産性の向上は認められるものの、雇用面での打撃は大きく、しかも労働組合の力も弱体化しているため、中産階級の所得基盤が揺らいでいる。ラストベルトの諸州において、労働権法の制定の動きが広がっており、労働組合組織率のさらなる低下を阻止できそうもない。

　2017年、トランプ大統領は税制改革によって、海外に進出した企業が国内に回帰するように図っている。どの程度製造業の雇用が回復していくか、注目される。

註
　1）市電が1950年までには撤去され、デトロイト周辺は公共交通がない、モータリゼーションが進んだ都市圏として発達していく。1950年、ミシガン州の人口の3分の1がデトロイト市に居住していたが、最近は10分の1未満

にシェアが低下している。
2) ゲーリーはシカゴの南東約50kmに位置する工業都市。マイケル・ジャクソンの出身地として知られている。黒人人口率は8割以上である。USスチール社の工場があり、製鉄業の衰退と共に都市も衰退し、失業、財政問題、犯罪といった都市問題を抱えている。
3) フリントはデトロイトから北西に約100kmにある都市。GMの工場があったが、1980年代末に工場が閉鎖され3万人が失業した。フリントのGM工場で働いていた父親を持つアイルランド系のマイケル・ムーアは、1989年"Roger & Me"というフリントを舞台としたドキュメンタリー映画を製作した。1978年8万人いたGMの労働者は、2010年にはその10分の1以下に減少した。現在のフリントは、失業率も高く、犯罪率が高い都市となっている。
4) deindustrializationの本来の意味は（戦争などによって）製造業が破壊されることであり、これと似た用語として、post-industrial societyがある。後者は工業中心の社会の次に来る情報・知識・サービスなどを扱う第三次産業の占める割合が高まった社会のことを指して「脱工業化社会」と訳されるが、前者も「脱工業化」と訳されることがある。
5) 2012年の時点で、アメリカの約の半分の州において、公的セクター労働組合との契約は、雇用条件として組合費の支払いを要件としていた。多くの州や地方自治体の公務員の給与支払いは、自動的に労働組合費が差し引かれている。公共セクターで労働組合加入が強制されている州は以下の州である。ME, NH, VT, MA, CT, RI, NY, PA, NJ, DE, MD, MI, OH, WI, IL, MN, MT, NM, WA, OR, CA, AK, HI.
6) OECD資料（www.oecd.org/els/social/workincentives）による。平均収入の67～100％の世帯の平均。そのうち住宅扶助及び社会的扶助の受給資格を有しない世帯の場合のデータを使用した。
7) 59週の最長受給期間の州はCT, MI, OH, IN, IL, MN, ND, MO, KY, TN, NC, SC, GA, FL, MS, OR, CA, NV, AKとD.C.である。
8) 99週の最長受給期間の州はME, MA, RI, NJ, NY, PA, MI, OH, IN, IL, WI, MO, KY, WV, NC, SC, TN, GA, AL, FL, WA, OR, CA, NV, AZ, IDとD.C.である。

第5章　アメリカの政治文化地域

はじめに

　本章ではアメリカの大統領選挙制度を概説し、アメリカのブルー州（民主党が強い傾向）とレッド州（共和党が強い傾向）の時代的な変化と最近の対立の様相を考察する。2008年の金融危機後、オバマ大統領（任期2009年1月～2017年1月）の政治は、地域的な対立をより鮮明にした。2010年の中間選挙では、オバマの政治に対する批判の高まりから、共和党が圧勝し、下院では共和党が過半数を占めるようになった。

　ブルー州とレッド州に分化した地域差を説明する1つの仮説として、エラザーの政治文化地域仮説を紹介する。この仮説には限界もあるものの、アメリカの政治文化の地域的分化は、性格の違う集団がフロンティアへ移動することによってもたらされたという基本的な枠組みは、現代アメリカの政治文化の地域性を考える上で示唆に富むものである。

I　アメリカの大統領選挙と支配政党

1．アメリカの大統領選挙

　まずアメリカの大統領選挙制度について簡単に説明する。
　アメリカの大統領選挙は4年毎、閏年に、夏季オリンピック開催年の11月に実施される。当選者は翌年1月に大統領に就任する。選挙日は11月の月曜日から始まる第1週の火曜日と決まっている。
　アメリカの大統領選挙は実質的に直接選挙とほとんど変わりないが、形式的には各州の選挙人が投票する間接選挙となっている。各州の選挙人の数は「上院議員数＋下院議員数」である。10年に1度実施される国勢調査結果に

基づき、各州の人口比率によって、下院議員数が割り当てられ、上院議員数はどの州でも2名ずつ割り当てられている。したがって、人口規模の大きい州ほど多く割り振られる。

州の住民の投票結果によって選出された候補者が、その州の選挙人全員の票を獲得する。この選挙制度によって得票数が最も多い候補者が最終的に大統領に選ばれる。

連邦議会選挙も大統領選挙あるいは中間選挙の時に同時に実施される。下院（House）は435議席（人口比で州の議席数が変わる）あり、下院議員の任期は2年である。上院（Senate）は100議席（各州から2名選出）あり、上院議員の任期は6年である。

中間選挙は各大統領選挙の中間の時期に実施される選挙である。下院議員の全員改選、上院議員の3分の1の改選の他、大統領選挙年と同様に州知事や州下院・上院議員選挙、また州の住民投票なども同時に行われる。

2．2008年及び2012年の選挙結果

人口変化に応じて州の選挙人の数が変化する。図5－1のように、2012年の大統領選挙では、選挙人の最大州は、カリフォルニア州で55人、第2位がテキサス州で38人、第3位がニューヨーク州とフロリダ州で29人、第5位がイリノイ州とペンシルバニア州で20人であった。2008年の大統領選挙の時の選挙人の数と比較すると、テキサス州は4人増加、フロリダ州は2人増加したのに対し、ニューヨーク州とオハイオ州は2人減少した。スノーベルトの多くの州で選挙人が減り、サンベルトのいくつかの州で選挙人が増えている。

アメリカの大統領選挙選は、大抵の場合、2つの政党間で争われるので、双方の支持率が半々に近い接戦州が激戦州となる。激戦州は二大政党制のもとでわずかなパーセントの得票数の変動が選挙結果に影響を与えるので、スウィング・ステート（swing states）と呼ばれる。

大統領選挙に勝利するためには、選挙人が少なく、しかも共和党が優勢な州において、対抗候補者は選挙運動をしてもあまり意味がない。たとえば、ノースダコタ州、サウスダコタ州、モンタナ州、ワイオミング州などは共和

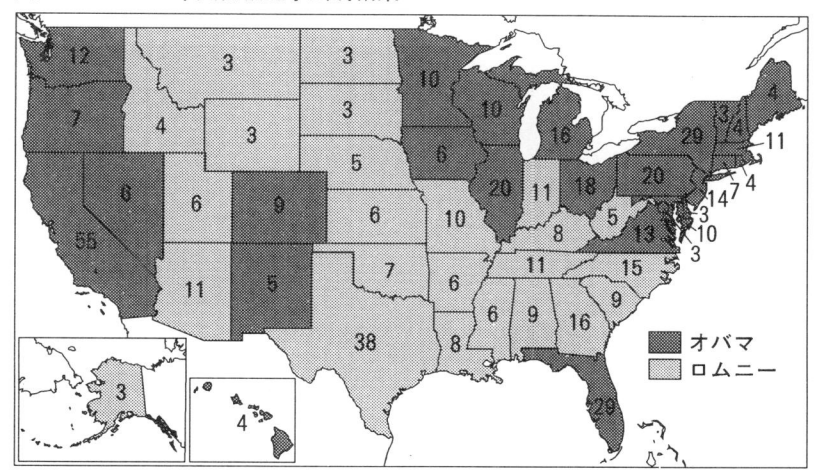

図5－1　2012年大統領選挙州別結果

注：数字は選挙人の数

党支持率が高く、しかも選挙人が少ないので、選挙運動の効果があまり得票に結びつかない。接戦でしかも選挙人が多いスウィング・ステートで重点的に選挙運動をすることが合理的である。2012年の選挙のスウィング・ステートは、コロラド、フロリダ、アイオワ、ネバダ、ニューハンプシャー、ノースカロライナ、オハイオ、バージニア、ウィスコンシンの9州であった。ウィスコンシン州、フロリダ州、バージニア州、オハイオ州、アイオワ州では2008年の選挙でオバマが勝利したにもかかわらず、2010年のティーパーティ運動（後述）の影響で共和党知事が誕生していた。選挙日までロムニーが優勢と伝えられるなどオバマ側としては予断が許されなかったが、結果は9州のすべてでオバマは勝利し再選を果たした。

3．2000年以降の政党政治

2000年からの政党政治の流れを簡単にまとめると表5－1のようになる。
2000年の大統領選挙では選挙結果が出るまでもたついたが、ジョージ・W・ブッシュが勝利宣言した。2001年の9・11事件を契機に2002年にイラク

表 5-1　大統領と議会の支配政党

	大統領	下院	上院
2002　中間選挙 ＊共和党の歴史的大勝利	ブッシュ（共和党）	共和党	共和党
2004　大統領選挙	ブッシュ（共和党）	共和党	共和党
2006　中間選挙	ブッシュ（共和党）	民主党	民主党
2008　大統領選挙	オバマ（民主党）	民主党	民主党
2010　中間選挙 ＊ティーパーティの躍進	オバマ（民主党）	共和党	民主党
2012　大統領選挙	オバマ（民主党）	共和党	民主党
2014　中間選挙	オバマ（民主党）	共和党	共和党
2016　大統領選挙	トランプ（共和党）	共和党	共和党

　攻撃の国連決議に至る戦争ムードの中、2002年の中間選挙は一挙に共和党が圧勝し、共和党の大統領のもと、上院・下院とも共和党が過半数を占める歴史的な快挙となった。2004年の大統領選挙でもブッシュは再選を果した。

　2006年の中間選挙ではイラク攻撃の膨大な戦費が批判され、両院とも民主党が過半数を占めた。2008年の9月には深刻な金融危機に陥り、11月に民主党のバラック・フセイン・オバマが大統領に選ばれた。2008年の選挙により、今度は一転して、大統領、上院、下院の3つとも民主党の支配下となり、オバマ大統領の政策が容易に議会を通過しやすい状況となった。

　オバマ大統領の医療保険改革や金融危機に対応する政策が、連邦債務と国民負担をより増大させると批判が高まり、ティーパーティ運動も展開され、共和党支持率が上昇した。2010年の中間選挙は民主党が打撃を受け、州知事・議会選挙で共和党が勝利する州が増えた。連邦議会では下院は共和党が過半数を占めたが、上院は民主党が過半数を割ることはなかった。2012年にオバマ大統領は再選された。下院では共和党が過半数を占め続けたが、上院は依然として民主党が過半数を占めた。2014年の中間選挙では、共和党が勝利し、上院でも共和党が過半数を占めた。

2016年の大統領選挙では、ドナルド・ジョーン・トランプが勝利し、両院とも共和党が過半数を占めている。

4．ティーパーティ運動

2009年にティーパーティの草の根運動が本格的に始まる。この運動は特に白人中産階級が中心となり、財政支出増大、財政赤字拡大路線、金融機関の公的資金による救済、医療保険改革、増税などに反対した。彼らは、建国の理念を尊重する憲法擁護の立場をとった。憲法では宗教・言論・報道・集会の自由が認められているものの、9・11事件後の愛国法制定以来、個人情報が政府に管理される恐れが出てきており、憲法の自由と民主主義を守ることを要求した。憲法修正第2条では人民が銃を保持・携帯を認めていることから、オバマ政権下の銃規制強化路線に反対した。オバマ大統領は不法移民の合法化を進める方針をとったため、それに反対した。環境問題ではクリーンエネルギー法案に反対した。そしてオバマ政権を「社会主義・独裁政権」と批判した。

アメリカ憲法に1791年の憲法修正により人民憲章が加えられた。宗教・言論・報道・集会の自由、武器携帯の自由、正当な許可のない捜査からの自由、陪審制などが特徴で、これらの人民憲章は、ヨーロッパにおいて宗教的・政治的に迫害された人々が、植民地の独立を勝ち取り、ヨーロッパで体験した専制君主の横暴から人民を守るために起草されたものである。人民が武器を保有して戦うことも、イギリスから独立したアメリカでは憲法で認められた権利である。陪審制は他の諸国よりもアメリカで最も発達した制度である。憲法修正条項はその後も追加されている。[1]

Ⅱ　アメリカの二大政党制とその地域性

1．「リベラル」と保守の対立

アメリカでは二大政党政治による保守とリベラルの二極対立の構図を示す。アメリカの政治で「リベラル」という用語が使われる場合、その意味するところが、古典的な意味での「リベラル」とはかなり異なり、むしろそれとは

反対の意味で使われるのが一般的となっている。

　リベラル（liberal）とは本来「自由な」という意味で、個人の自由を重んじる思想全般を指す。経済理論としては自由主義的であり、自由主義者は市場原理を信奉し、市場は「見えざる手」によって自己調整されるので、市場に委ねるのが最善であると考える。19世紀の古典的リベラリズムは、自由貿易や政府の介入を最低限に制限するレッセ・フェール（自由放任）経済政策を支持した。政治的にはリベラルとは、改革と進歩を好む一面があり、市民の自由（liberties）の保護に賛同する。リベラルは気前よく、惜しみなく物を与え、偏見にとらわれないで、寛大な見方をするという特徴をもつ。

　歴史的には1880年代ごろからイギリス自由党政府の下で公的年金や公的保険制度などの嚆矢となる制度の導入が始まり、福祉国家の黎明期とみなされるリベラルな改革が実施され、社会リベラリズム（social liberalism）の導入が始まった。労働運動が激化し、労働者階級が福祉改革を要求するなかで、リベラルの意味が逆転していったのである。

　アメリカ政治では、「リベラル」とは保守の反対を意味する。特に1980年代のレーガン政権以降、保守派の立場からは、福祉を過度に重視する民主党政治を批判的に「リベラル」と言う場合が多かった。

2．民主党の地域的ねじれ現象

　大統領選挙の州別の結果はレッドとブルーで塗り分けるのが慣例となっている。レッド（共和党）州は南部や西部に多く、ブルー（民主党）州はニューイングランドや北東部、五大湖地域、太平洋岸に多い（図5－2）。

　このような地域的なパターンは、歴史的に大きく変化してきた。そもそも1860年にアブラハム・リンカーンが大統領に選ばれた時の選挙では、北部が共和党支持、南部が民主党支持で、北部と南部が対立していた。それは最近の地域的なパターンとは逆転していた。南部は1960年代から1970年代にかけて、（特に大統領選挙では）民主党から共和党の地盤へと変化した。なぜならば、公民権運動の高まりなどによって、民主党が推進するリベラルな政策に南部は反発したからである。

　南部の民主党は伝統的な南部色を維持し、北部の民主党はリベラルな特徴

第5章 アメリカの政治文化地域

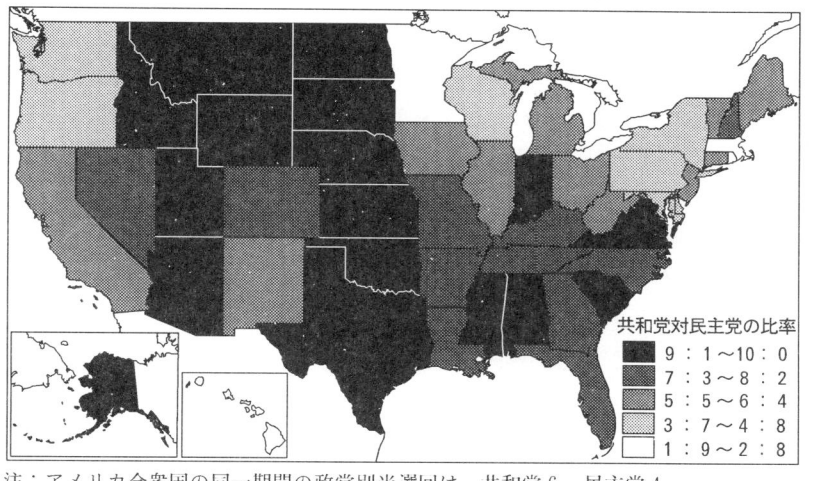

図5-2 政党別大統領選挙結果（1972～2008年の10回分）

共和党対民主党の比率
- 9：1～10：0
- 7：3～8：2
- 5：5～6：4
- 3：7～4：8
- 1：9～2：8

注：アメリカ合衆国の同一期間の政党別当選回は、共和党6、民主党4。

を持ち、民主党のなかでも南部と北部では支持する政策が違っていた。1960年の選挙で大統領に選ばれたジョン・F・ケネディは、イデオロギー的にはニューイングランド出身の民主党の特徴を示していた。彼が南部の民主党の勢力圏であるテキサス州ダラスで暗殺されたことも、民主党内の政策的対立が背景にあったと言われている。

Ⅲ エラザーの政治文化地域仮説

1．アメリカの政治文化と3つの特徴

　ダニエル・エラザー（Elazar 1966, 1994）の政治文化地域仮説は、アメリカの人口移動のパターンが西へ移動して同質の農村コミュニティを増殖していったという基本的なパターンから、アメリカの政治文化地域の形成とその特徴を説明しようとするものである。東部13州が1776年に独立を宣言し、東海岸から漸次西へフロンティアが移動していき、その西漸運動はやがて太平洋岸に到達し、1890年頃にはフロンティアが消滅する。その頃まで農業移民

としてヨーロッパから移民が流入するとともに、開拓民が東岸地域から西へ移動していき、同質なコミュニティを形成していった。

エラザーはアメリカの政治文化地域の特徴として、個人主義的（Individualistic）、道徳主義的（Moralistic）、伝統主義的（Traditional）の3つを挙げている（図5－3－1、図5－3－2、図5－3－3）。

第1の特徴は個人主義である。個人主義的政治文化は、政府の干渉を嫌い、「小さい」政府を理想とする。経済的には市場原理主義を信奉し、政府による過度な規制を望まない。独立不羈の精神により、自己責任が基本で、プライバシーを尊重する。その上、コスモポリタン的で、多元主義的文化が特徴である。この政治文化は地域的には、ニューヨーク州、ペンシルバニア州、メリーランド州などからほぼ同緯度の西方へ人口が移動し、オハイオ州、インディアナ州、イリノイ州へと伝播していった。

第2の特徴は道徳主義である。道徳主義的政治文化では、公共善（common good）のために政府は積極的な役割を果たすことが期待される。政府は他者に関することでも、全体にとって良いことならばプライベートな分野にも介

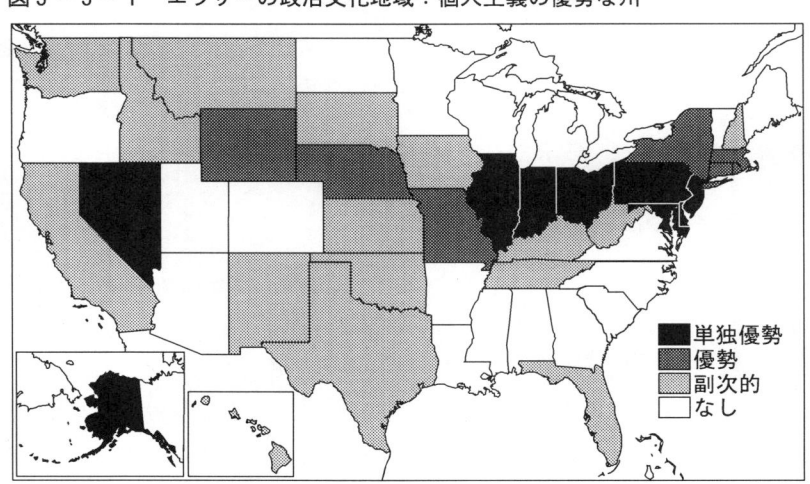

図5－3－1　エラザーの政治文化地域：個人主義の優勢な州

資料：Elazar（1984, p.135）

第5章 アメリカの政治文化地域

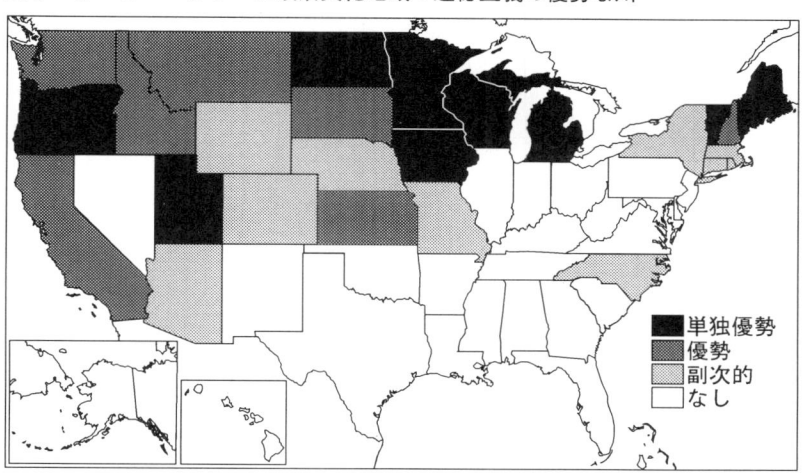

図5-3-2 エラザーの政治文化地域：道徳主義の優勢な州

凡例：単独優勢／優勢／副次的／なし

資料：Elazar（1984, p.135）

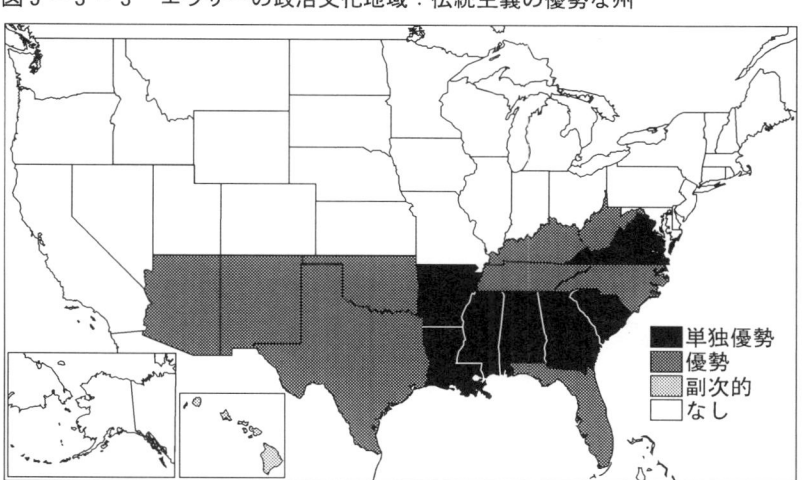

図5-3-3 エラザーの政治文化地域：伝統主義の優勢な州

凡例：単独優勢／優勢／副次的／なし

資料：Elazar（1984, p.135）

入するべきであると考える。歴史的に禁酒法や奴隷制反対の運動が盛んだった地域でもあった。福祉政策に手厚く、結果として「大きな政府」となる。しかも一部の特権階級の利益になるような独裁的政府の支配を拒否し、あくまで国民全体の利益になるように、政治的な決定にあたっては民主主義的で公正な過程を尊重する。ピューリタンが民主主義的なプロセスを通して理想的な地域コミュニティを建設しようとしたニューイングランドでこの政治文化は発達した。のちに西方への人口移動によりミシガン州、ウィスコンシン州、ミネソタ州へと伝播していった。

　第3の特徴は伝統主義である。伝統主義的政治文化は、旧大陸から新大陸へ持ち込まれたパターナリズム（父親的温情主義）による上からの干渉主義である。それはまた、権威主義的であり、大衆には統治能力はないとみなされ、エリート支配によるピラミッド型の階級社会である。奴隷によるプランテーション経営が広く行われた南部では、ヨーロッパから伝統主義的な階級社会がもたらされた。

　これらの3つの政治文化の特質は融合一致するものではなく、むしろそれぞれ相矛盾し、対立関係にあるものである。たとえば、個人主義と道徳主義の間では、国家の役割をめぐって対立する。個人主義では小さい政府を理想とし、道徳主義では大きい政府を理想とするからである。たとえば、禁酒法を制定し、世の退廃を正すべきだとする立場と、酒に酔っ払うことを個人の問題として政府は関与すべきでないと考える立場とは対立する。

　道徳主義と伝統主義も対立関係にあり、道徳主義は現実主義的でリベラルであるが、伝統主義は理想主義的で保守的である。たとえば、生活保護の問題に寛容に政府の支援を増大させようとする道徳主義の立場と、生活保護の支給拡大に反対する伝統主義的な階級社会を維持する立場とが対立する。最近では、人工妊娠中絶問題に対して、道徳主義的政治文化では個人の選択に寛容に対応するが、伝統主義的な政治文化では、理想主義的で保守的であるので人工妊娠中絶に反対する。またLGBTなどの性的マイノリティの問題に関してもリベラルな立場と、保守的な立場とでは対立する。

　個人主義と伝統主義との間の対立も生じる。個人主義的な政治文化では、

個人の労働条件を労働組合によって団体交渉することに積極的である。1880年代以降、五大湖周辺地域の製造業が発展した都市へ、ヨーロッパの後進的な地域からカトリックや東方正教の人々が流入していった。労働組合運動は賃金交渉を中心に雇用主と激しく対立した。一方、南部の伝統主義的な地域では、労働組合運動は弱く、労働者の権利をめぐる受け止め方に相違があった。

2．3つの政治文化地域

これらの3つの政治文化的要素は相互に対立しつつも、それぞれアメリカの政治文化の特質を表している。エラザーの政治文化地域仮説によれば、この最初に形成された政治文化地域の特質が、西漸運動と呼ばれる国内人口移動と、ヨーロッパからの移民の入植に補強されて、ほぼ同質な地域コミュニティが形成されていったとしている。ただし、西方に移動するほど、やや西方への移動からずれる動きも加わるので、3つの要素が混合していった。

（1）ニューイングランド

ニューイングランドのピューリタンとその子孫のヤンキー（Yankee）[2]は、道徳主義的なコミュニティを形成した。ヤンキーは西のニューヨーク州へ移動し、ペンシルバニア州の北方を通過し、オハイオ州の3分の1の北部、ミシガン州、ウィスコンシン州、ミネソタ州、アイオワ州、そしてイリノイ州の北部にニューイングランドを複製しようとした。19世紀の中頃、ヤンキーはスカンジナビアからの移民と合流し、その宗教的な伝統も共通性のある移民によって、ヤンキー文化を補強しつつ政治文化を確立していった。たとえば、ミネソタ州にはスウェーデン人などの北欧系が多く移民したが、彼らは道徳主義的な政治文化と似た特質をもった人々であった。ユタ州はモルモン教徒が集中していて、道徳主義的である。

ヤンキーは同様に西海岸のオレゴン州やワシントン州にも移動し、さらにカリフォルニア州にも入植した。奴隷反対論者としてカンザス州にも入植し、またコロラド州やモンタナ州にも入植してコミュニティを形成し、アリゾナ州北部にも移動した。これらの州では北欧からの移民も流入し、道徳主義的

な政治文化を確立した。

　ピューリタンは、ニューイングランドに会衆派 (Congregational) 教会を中心に独立したタウンミーティングによる民主主義的な地域コミュニティを形成した。中西部など他地域に移住したヤンキーは強いコミュニティ意識と使命感を持ち、ニューイングランドの制度とともに、価値観とモラルをフロンティアに移植した。会衆派とその伝統は、1800年以降、奴隷制廃止、禁酒法、女性の参政権などの実現に向けての社会改革運動に重要な役割を果たした。

（2）大西洋岸中部地域

　ニューヨーク州、ペンシルバニア州、メリーランド州などは民族的にも宗教的にも多様な背景を持つ人々が混ざった地域である。イングランドとドイツからの出身者が多いが、この多様性が大西洋岸中部諸州の特徴となり、アメリカの典型的な地域となった。またこの地域で話される英語がアメリカの標準英語となった。ピューリタンが地域共同体的な目標を掲げたのに対し、中部諸州の定住者は個人的な目標の達成に主眼を置き、個人的な目標を達成するために個人の自由を保障する多様性のある社会を発達させていった。

　政治家は報酬を目的としたプロフェッショナルな職業となったため、経営者組織に支援された「汚い」政治になりがちで、政党間対立が激しいのが特徴となった。

　19世紀後半には五大湖地域に製造業が発展し、1880年代以降ヨーロッパからカトリックや東方正教などのプロテスタント以外のキリスト教徒も多く工業都市に流入し、個人主義に基づく文化的多様性・多元性のある社会を発展させた。

　この個人主義的な政治文化は、オハイオ州とインディアナ州の南の3分の2や、イリノイ州の中部に伝播し、ミズーリ州、カンザス州、サウスダコタ州、ネブラスカ州、テキサス州にも広がり、さらにワイオミング州、コロラド州、ワシントン州、カリフォルニア州北部などにも流入した。西部や太平洋沿岸では3つの要素が共に流入し、入り混じる傾向が顕著である（Elazar 1994 pp.242-243）。

（3）南部諸州

　南部ではイギリスからの貴族などが移住し、奴隷制と結びついた大規模経

営(プランテーション)を発達させ、伝統的な階級社会を維持した。独立戦争で中心的な政治家を輩出したバージニア州はイギリス国教会の影響が強かった。独立したバージニア州、ノースカロライナ州、サウスカロライナ州、ジョージア州の南部諸州から、19世紀にプランテーション農業が西へと漸次広がっていった。そして南部からテキサス州、ニューメキシコ州、アリゾナ州、カリフォルニア州南部へ南部政治文化が伝播した。

政党政治は発達せず、エリートによる派閥の対立が政治的なダイナミズムを生むだけで、1つの政党が交代せずに支配し続ける構造が維持された。南部は南北戦争から1960～70年代ごろまで、民主党が優勢であったが、民主党の政策がリベラルに転じたのに伴い、南部は支持政党を共和党に転換させた。しかし支持政党が転換しても南部の政治文化の本質的な部分は変化していない。

1つの州でもこの3つの要素が混入していることがよくある。たとえば、イリノイ州では、最初に1820年代までに南側の州境から入植したのは、南部からの人々であったので、州の南部に伝統主義的なコミュニティが形成された。1830年代には中部諸州からの移民が流入し、イリノイ州の中部を中心に個人主義的なコミュニティが形成された。ついでニューイングランドからの移民が北の方から流入し、道徳主義的なコミュニティを形成した(Elazar 1994 pp.33-35)。同様に、オハイオ州、インディアナ州においても、北側の端に帯状にヤンキーが入植した道徳主義的なコミュニティがあり、現在でも郡別の選挙結果の地図には、民主党の投票率の高い地域が北の端に帯状に現われる。

カリフォルニア州において、南部では道徳主義が卓越し、北部は個人主義が卓越し、中部では伝統主義の影響があり、3つの文化が混在していた。後の人口流入でサンフランシスコ湾周辺地域ではさらに個人主義的な文化が強まり、ロサンゼルス地域では伝統主義的な文化が残る傾向があった。カリフォルニア州は進歩主義的時代には二分され激しく対立したことがあったことも、このような歴史的な背景が1つの要因となっている。

マサチューセッツ州は1840代頃からカトリックのアイルランド人が多く流入するようになり、道徳主義的なヤンキーと個人主義的なアイルランド人とが政治的文化をめぐって激しく対立するようになったが、同時に相互に影響

を与え合うこともあった。マサチューセッツ州出身のジョン・F・ケネディ大統領は、アイルランド系マフィアの家系でありながら、政治理念はヤンキー文化を体現する政治家であった。

　エラザーの政治文化仮説は、フロンティアの形成に3つの文化が移植されたことにより、地域の政治文化の基礎をつくったという基本的な枠組みになっている。確かに初期の農村的集落の定住者の影響が政治文化を形成した部分も否定できないが、時代的な変化、特に大都市の発達によりその地域的影響が薄れてきたことも否めない。また白人以外の海外からの移民が増加する中で、3つの文化だけで地域文化を説明するのには限界もある。

むすび

　エラザーの政治文化地域仮説によって、ブルー州とレッド州の分布がある程度説明できる。しかしこの仮説だけでは十分ではない。エラザーの仮説が有効なのは特に農村地域である。農村地域では初期の地域コミュニティがどこの地域の出身者によって形成されたかで、現在もその初期の文化的特質が残存している傾向がみられる。しかし大都市が形成されていく時代になると、農村とは違った政治文化の特徴が現われる。最近の人口移動と政治文化との関係は第10章でさらに論じていく。

註
1) 1865年に奴隷制の廃止、1920年に婦人参政権、1971年に18歳以上の年齢差別の禁止などの改正が行われた。年齢差別が禁止されているので、公募条件で年齢制限を付けられない。また退職年齢を強制することもできない。
2) ヤンキーとは米国外ではアメリカ人をさすが、米国内では（南北戦争の時）南部の人は北部の人を（侮蔑的に）こう呼んだ。狭義にはニューヨークを含むニューイングランドの住民のことをいう。ここではニューイングランドの初期のイギリス系定住者の子孫をさす。

第6章　ニューイングランドの政治文化
　　　―トクヴィルを読む―

はじめに

　アメリカは他の諸国と比較して、「例外的（exceptional）」であるといわれる。これに対し、ある国がユニークである、たとえば、日本がユニークな国、フランスがユニークな国というように、多くの国はそれぞれ個性があり独自な特色があるといえる。しかしアメリカの場合は、「例外的」な国と表現されている。

　アメリカとヨーロッパは似ている点がある。キリスト教文化を有し、人種的には白人が主であり、さらに産業革命が起こり経済的に発展したなど、日本人から見ると共通性があり、あまり両者を区別することができないが、ヨーロッパから見るとアメリカは例外的な国なのである。

　「アメリカ例外主義（American Exceptionalism）」は、1980年代にはネオコン（neo-conservative：新保守主義）の外国に対する抑圧的・独善的な新植民地的支配を正当化するスローガンとして使われるようになっていくが、本来アメリカを例外的と認識したのはトクヴィルの『アメリカの民主政治』が最初であった。

　さらに1920年代にアメリカ共産党は、「なぜアメリカに共産主義が根付かないのか」という根本的疑問に直面した。アメリカは資源も豊かで産業が繁栄し厳格な階級社会でないので、共産主義革命が起こらないとし、アメリカは例外的であるとみなす見解に対して、共産党内部で議論が沸き起こった。その論争において、「アメリカ例外主義」という用語が使われた。

　本章では、トクヴィルの『アメリカの民主政治』で論じられているアメリカ観を考察するとともに、ピューリタンの建設した理想の「丘の上の都市」であるニューイングランドにおける地域共同体の民主主義の特徴を論ずる。

ニューイングランドも、今ではたいぶ変容しているが、歴史的な原点を理解することは、アメリカの例外主義の議論を深めるために重要である。

I トクヴィルの時代と彼の民主政治の見解

1．1830年代の状況

フランス人のアレクシス・ド・トクヴィル Alexis de Tocqueville（1805～1859）は、1831～32年にアメリカを調査旅行し[1]、アメリカの民主主義の発展ぶりを現地でつぶさに見て感動し『アメリカの民主政治』という書物を著した。フランス語原典のタイトルは "De la Démocratie en Améique" である。第1巻は1835年に出版されたが、その反響は大きく、ヨーロッパでたちまち話題の本となった。第2巻は1840年に出版された。

『アメリカの民主政治』の英語版のタイトルは "Democracy in America" であり、現在ではアメリカ政治・文化を論ずる上で、最も重要な基礎的文献のひとつとなっており、この本を読むことなくしてアメリカを論ずることはできないほどになっている。

彼の見たアメリカは、アメリカの独立戦争から60年ほど経過しており、南北戦争よりも30年ほど前の時代であった。つまり本格的に鉄道建設や工業化する以前のアメリカであった。彼の主な移動手段も、馬車や蒸気船であった。調査は時には乗船した船が座礁するなど危険を伴う旅行であった。トクヴィルは本格的な産業資本主義が発展する前の段階の、ある意味で原初的で牧歌的なアメリカを体験し、アメリカに根付いた民主政治に感動しつつ、克明にアメリカを観察して考察している。

当時のフランスは、フランス革命後の混乱が続いていた。革命を経過したけれども、旧体制＝アンシャン・レジーム（貴族政）と萌芽的なデモクラシーとの混在する不安定な政治で、一般民衆レベルまで本来のデモクラシーを実現するには至っていなかった。

2．トクヴィルの民主主義の認識

　トクヴィルは「神の前にすべての人間は平等である」と信じていた。キリスト教徒は法の前ですべての国民が平等であることを否定しない。プロテスタントはすべての人々が平等に天の道を見出すことを信じ、地位の平等化は神の摂理であると断言している。実際、彼の時代にはキリスト教国において歴史的に平等化が進展していた。キリスト教的諸民族にあっていまや彼らを熱狂させる平等化への前進運動はすでに抗し難い強力さを持って進行していると彼は確信し、すべての出来事が民主主義に貢献していると解釈した。すべての人々は、時には自らの意志に反して、あるいは自覚なしに、神の御手のなかの盲目な道具として民主主義に向かって協力しているという彼の認識は、神の意志と民主主義の発展の一致をまったく疑っていない。

　自由と宗教の関係についてトクヴィルは、伝統的宗教の問題点を指摘している。自由を追求する人々も宗教の助力なくして自由を獲得できないというのがトクヴィルの認識である。なぜかというと、道徳の支配なくして自由を打ちたてることはできないし、信仰なくして道徳に根を張らすこともできないからである。当時の自由を求める者は、宗教的権威に対抗するあまり、宗教をも敵とみなしてしまう誤謬を犯していると指摘している。

　トクヴィルは「私がアメリカ滞在中に注目した新しいものごとのうちで、地位の平等ほどに私の目を引いたものはない」（序論の最初の文章）と述べているように、アメリカの民主主義の発展による自由と平等の横溢を賞賛している。

II　ニューイングランドと南部の植民地の比較

1．ニューイングランドの植民地

　ニューイングランドはハドソン川の東側の地域である。ニューイングランド諸州はコネティカット州、ロードアイランド州、マサチューセッツ州、バーモント州、ニューハンプシャー州、メイン州である。ハドソン川の西側に

はバージニア州、メリーランド州、ペンシルバニア州などがある。

　トクヴィルによれば、2種類の異なったタイプのイギリス人が地域的に分かれて植民地に入植した。ハドソン川の東側のニューイングランドではピューリタン（清教徒）が入植し、ハドソン川の西南部に位置する州には大地主や下層階級が入植し、南部の特徴をもつこととなった。その背景には奴隷制を可能とする土地生産性があるかどうかという点に相違があった。ニューイングランドの地は気候的にも厳しく荒涼とした岩や石がごつごつした生産性の低い土地で、奴隷を使うほどの生産性がなく[2]、独立自営農のみが可能であった。南部では土地の生産性が高く、奴隷を使用した経営が可能であった。

　ハドソン川の南にあるバージニアに1609年、イギリス移民が入植した。彼らは金の探求者であり、資力もなく品性も良くなかった。のちに企業家や農耕者がやってきたが、彼らもイギリスの下層階級に属するものたちで、高潔な思想も精神的な結びつきも指導力も持ち合わせていなかった。バージニアに植民地が創設されるやいなや奴隷制が導入された。

　ニューイングランドに移民したピューリタンたちは、裕福な階級に属し、非常に進歩的な教育を受けていた。ピューリタニズムは単なる宗教的教義でなく、民主的あるいは共和的な政治的理論も含んでいた。ピューリタンはカトリックの残滓が濃厚な英国教会を「清める（purify）」目的から過激な改革意識をもっていた。そのような過激思想をもつピューリタンは母国では激しい迫害にあった。故国に保障された社会的地位と生活手段を残し、彼らの純粋な宗教的使命感から、あえて異郷に赴き艱難辛苦に身をさらした。彼らはニューイングランドの荒涼とした海岸に着岸することを余儀なくされたものの、神が慈愛によって選民をその聖地であるニューイングランドに導き給うたと感謝し、理想的なコミュニティを建設していった。

　イギリスのチャールズ1世の統治時代（1625～1649年）、階級制度に反対する宗教的また政治的革命の情熱から、多くのピューリタンが新大陸に渡った。イギリス政府は移民を送り出すことによって革命的な芽を摘むことができたことで満足し、全力を傾けてピューリタンを送り出すために尽力した。イギリス植民地は他の諸国の植民地に比べ、一層大いなる内部的自由と政治的自

由を享受できたことがイギリスの植民地の繁栄の主たる要因であるが、この自由の原則をニューイングランドほど完全に適用されたところはなかった。

ニューイングランドでは、共同体的自治が発達した。1620年、メイフラワー号に乗ってプリマスに到着したピルグリム・ファーザーズは、「神の栄光のためキリスト教の発展のため植民地を建設することを企てる。神の御前で自治を行い、我々の目的を遂行するために政治的社会の団結を結成する」と誓約し、地域共同体において民主的で活気のあふれた直接民主主義を発達させていった。

地域共同体はあらゆる種類の公職にあるものを選挙で選出し、また課税・徴収する権限を持っていた。広場に集まって市民の全体会議による直接民主主義が行われ、議員による代表制は採用されていなかった。ニューイングランドでは貧者の生活は保障されていた。道路は公的に維持管理されていた。地域共同体の全体会議の結果の公的記録や市民の出生・結婚・死亡の公的記録が管理されていた。世襲財産の上限を監視する役人もいた。

「サタンは人類の無知を最大の武器とする」と信じていたので、子どもには公教育が義務付けられた。親が子どもを学校に通わせない場合は、罰金刑を科す権利を地域共同体が持ち、反抗が続く場合は、社会が家族に代わって子どもを引き取った。ピューリタンは知識に導くものは神であると信じていた。

このような1650年代のニューイングランドと比較して、当時のヨーロッパでは戦争が絶えず、自由が失われ荒廃し、寡頭制的かつ封建的な絶対王朝が成立していた。ヨーロッパでは民衆は政治生活とは縁がなかった。ヨーロッパ諸国では政治は社会の上部から始まり、徐々に階級社会の下の層に伝わっていくが、アメリカでは歴史的に地域共同体が郡以前に、郡は州以前に、州は連邦政府以前に形成され、下から民主主義の基盤が構築されていったことがヨーロッパとは異なっている。

2．相続法の改正と平等化

ハドソン川の西南部の諸州では、イギリスの大地主たちが定着するように

なった。そこではイギリスの貴族的法律とそれに伴うイギリスの相続法（長子権に基づく単独相続が原則）が取り入れられた。南部では１人の人間でも奴隷を使用して広大な土地を耕作できた。したがって、南部では富裕な地主層が形成された。大地主は上層階級を形成し、政治活動をその階級内に集中させた。ただしアメリカではヨーロッパのような強力な貴族制は確立されなかった。彼らは何の特権も持っていなかったし、奴隷に対し封建的土地保有者の身分（奴隷に対する保護者の地位）を持っていなかった。アメリカ革命（独立戦争1775～1783年）では最も偉大な人物たち（たとえば、ジョージ・ワシントン）がこの上層階級の出身である。

　長子権に基づく相続法を有する諸民族では土地財産は分割されることなく、世代から世代に受け継がれていく。その結果、家族精神が土地に物質化される。

　相続法が平等な分割を確立すると、土地保有と家族精神の間にある密接な関係が弱体化する。土地財産は絶えず細分化され続け、やがて取るに足らないものとなる。土地所有者は土地を所有し続けようとするインセンティブを失い、売却し現金化して彼らの一時的な情熱を満足させようとし、平等な財産の分割は家族ならびに財産を急速に消滅させる。

　財産譲渡に関するイギリス的法制度は、アメリカ連邦ではアメリカ革命時代にほとんどすべての州で廃止された。その結果、土地は分割され始め、ほとんど60年を経過したトクヴィルの見たアメリカでは社会は見違えるばかりに変貌していた。かつて非常に多くの大土地所有者が存在していたニューヨークにおいても、現在では２人の大土地所有者が辛うじて延命しているにすぎず、相続法はいたるところで人々を平準化している、とトクヴィルは記している。

　アメリカで平等なのは財産だけでなく、教育にも拡大している。初等教育が誰でも受けられるようになっているが、高等教育を受ける機会はかなり限定されているのがアメリカの特徴であった。アメリカほど文盲と有識者が少ない国は他にない。当時のアメリカ人はほとんど15歳で職に就いた。人々は学問から現実の効用をもたらす応用だけを取り入れようとした。アメリカの

富者はほとんどが貧乏人から出発しており、底辺の社会的階級から上位に上り詰めることができ、だれでも「アメリカン・ドリーム」を体現できると信じることができた。アメリカにはヨーロッパのように知的労働を栄誉あるものとする階級は存在しなかった。

III ニューイングランドの民主政治

1．主権在民の概念

　主権つまり領土の統治権は絶対主義時代では国王に属していたが、民主主義の発達によって主権が人民に属する平等な社会に変化した。主権在民の原理はアメリカのイギリス系植民地の大部分が初めから生み出した原理である。植民地は宗主国に対する手前、この原理を法律に明示することはできなかったものの、この原理はタウンミーティング、特に地域共同体において隠され、密かに拡大した。アメリカ革命が勃発したとき、主権在民のドグマは地域共同体から出て行って政権を勝ち取り、この原理がすべての法律を支配した。貴族制が根を下ろしている南部の諸州でも、民主的な変革に対抗することができず、大領主によって創設されたメリーランド州は真っ先に普通選挙を宣言し、その政治に民主的な形態を取り入れた。

　すべての自由のうち共同体の自由がきわめて確立されにくく、また共同体の自由は権力や強力な政府によって侵害されやすい。共同体の自由を守るためには諸制度が確立されて発展を遂げ、人々の観念や慣習にまでその精神が不可分に溶け込んでいなければならない。当時ヨーロッパの国民のうちで共同体の自由を知っているものは1つもなかった、とトクヴィルは述べている。

2．行政委員と共同体の公務

　ニューイングランドにおける一地域共同体（township）の住民は2〜3千人位である。マサチューセッツ州の地域共同体の数は1830年で305、地域共同体の平均人口は約2千人であった（おそらく時代を超えて直接民主主義の適正規模は2〜3千人程度なのであろうと考えられ、現代日本の地域コミュニティ

論の観点から見ても示唆に富む）。
　ニューイングランドの地域共同体では人民に主権があった。共同体の公務は非常に多く、行政権は毎年選出される行政委員（selectmen）と呼ばれる小数の人々の手に集中した。行政委員たちは共同体的権力に委ねられているすべての事柄に関して人民の意志の執行者である。それはフランスにおいて市長が市議会の議決の執行者であるのと似ている。行政委員は決定されたことを執行するが、新たな企画を実現しようとする場合には、人民に諮らなければならなかった。たとえば、1つの小学校を設立する場合、行政委員は選挙人全員を招集し、自らの企画について、手段、費用、敷地等を説明する。会議においてすべての事柄に関して質問・議論され、原案を採決し敷地や税金等を決定する。行政委員がタウンミーティングを召集する権限を持っているが、人民もこれを要求することができた。このような社会的慣習はフランスにはなかった。
　行政委員は毎年4月か5月に選出される。地域共同体の集会において、他の多くの役人が選出される。課税評価官、徴税官、警官、記録官、会計官、貧民監視官、教育委員（公立学校）、道路監視官、教区委員（教会の礼拝の費用を規制する）、収穫監視官、火災監視官などである。
　地域共同体には全部で19の主要公務があり、住民はこれらの公務を引き受ける義務を負っており、引き受けない場合は罰金を科せられる。これらの公務はおのおのの奉仕に見合った報酬が支払われた。報酬は貧乏人が損害を受けることなく公務を遂行することができるために必要であった。
　州政府は原則を命ずるだけであって、実行するのは地域共同体である。州税は州議会によって決定されるが、これを割り当て徴税するのは地域共同体である（フランスでは国の収税官が地域共同体の税金を徴収する）。学校の設立は州から命じられるが、資金を集め、建設し、運営するのは地域共同体である（学校設立も中央集権的な国では地方に予算を配分する）。
　ニューイングランドの市民はその強力で独立した地域共同体を愛し、地域共同体を統治するために支払う労苦に値するだけの自由で強力な団結をこの中に見出している。共同体的精神は公共の秩序と平和を維持するための最大

の要件である。ニューイングランド方式は権力を多くの者に分散させるばかりでなく、共同体的義務を増やすことを恐れていない。地域共同体は日々、義務の遂行と権利の行使で維持されている。

　南部に下っていくにしたがって、地域共同体的生活は不活発になっていく。地域共同体では役人の数が少なくなって、権利と義務の数も減少する。民衆は地域共同体で公務にあまり直接的な影響力を行使していない。地域共同体的集会の開催数も減少し、議事も少なくなる。被選挙人の権力が拡大し、選挙人の権力は弱体化する。

Ⅳ　ニューイングランドの旧約聖書的厳罰主義

　コネティカット州で1650年に制定された法典は、刑法に重点を置いており、至るところに聖書からの引用が見られた。たとえば、「天の父以外の神を崇拝したものは死刑に処せられる」という条文があった。その他に、神を冒瀆すること、魔法、姦通、強姦、親に対する子の暴行は死刑に処せられた。未婚者の交情も厳禁とされており、裁判官は違反者には罰金、むち打ち、結婚のいずれかを科す権限を持っていた。怠惰と酒酔は厳罰、単純な虚言でも被害が生ずるときは罰金あるいはむち打ち、礼拝に規定どおり出席しなければ罰金、決められた礼拝方式以外で礼拝するキリスト教徒には厳罰、タバコの使用を禁止するなどの厳格な法律が定められていた。

　マサチューセッツ州では、1656年に再洗礼派（アナバプティスト[3]）を追放刑に処し、1656年にクエーカー教徒[4]を異端とみなし、クエーカー教徒を連れてくる船長に極めて重い罰金刑を科した。クエーカー教徒はむち打たれ、牢獄に入れられ、労役に服せしめられた。さらに「魔女狩り」が行われたことも知られている。魔女でもない女性が冤罪で処刑されたと言われている。

　コネティカットでは選挙民は最初からすべての市民から構成された。この時期コネティカット州ではすべての執行権を有する職は州知事に至るまで選挙で選ばれた。17歳以上の市民は武器を携えるように義務付けられ、いつでも進軍できる人民軍を組織した。

むすび

　1620年にメイフラワー号に乗ってアメリカに渡ったピルグルム・ファザーズがニューイングランドに理想的な社会を建設し始めてから約200年後、トクヴィルはヨーロッパに見られないニューイングランドの地域共同体に代表されるアメリカの民主政治に圧倒された。この点においてアメリカは先進国の中でも例外的な国である。資源の豊かさや産業の発展、誰でもアメリカン・ドリームを体現できると信じられる機会の平等などの背景には、宗教改革のカルビニズムの影響を受けたピューリタンによる地域共同体内の宗教的な献身があったのである。

　現代のニューイングランドでは、日曜日に教会に礼拝する人口割合がかなり低下し、南部のバイブルベルトに比べると、キリスト教の影響はかなり薄れている。より知的でリベラルな政治的理念が主流となっている。ピューリタニズムは現代アメリカを説明する上でほんの歴史的な一要素にすぎないかもしれないが、過去のアメリカの建国の礎石を振り返り、アメリカ国民の独自な政治意識の発展を説明する上では重要である。

　アメリカの民主主義が発達した背景にはプロテスタンティズムがあったし、世界の諸国を見ても、カトリックやイスラム教の国よりもプロテスタントの国の方が民主主義が発達し、経済も発展しているという因果関係を否定できない。

　アメリカが最も「小さな政府」を理想とする自由主義的理念の国家であること、つまり「大きい政府」に対する恐れは、やはりヨーロッパで宗教的権威と国家が結びつき、宗教的・政治的に迫害を受けたプロテスタントの移民を多く受け入れてきた記憶が残っていたからでもあろう。その意味でもアメリカはヨーロッパとは違い、やはり「例外的な国」なのである。

註

1）アメリカの刑務所制度の調査がトクヴィルの渡米目的であった。当時アメリカは第二次大覚醒（Second Great Awakening）の時代であった。英米の歴史において大きな信仰のリバイバルが何回か繰り返され、第一次大覚醒は1730年代から1750年代に起きた。第二次大覚醒は1800年代から1830年代にかけて起こり、中西部のフロンティアではキャンプ・ミーティング（野営天幕集会）が行われた。この福音主義の広がりは、後に刑務所改革、禁酒、女性参政権、奴隷制撤廃などの運動に至った。

2）ニューイングランドの冷涼な地域では、白人は健康を維持できたが、黒人の死亡率が高かったことが、黒人奴隷を使用しなかった理由という説もある（Fischer 1989, p.805）。

3）アナバプテストは宗教改革時代に生まれた一教派。過激な運動からカトリックからもまた他のプロテスタント勢力からも迫害を受け、多くの人が処刑された。今日のメノナイトやアーミッシュはアナバプテストの流れを汲む。

4）クエーカーは「キリスト友会」の一般的呼称である。17世紀のイギリスで、創始者ジョージ・フォックスがイギリス国教会から分離し、牧師の取次ぎがなくても神はすべての人に現れ臨在すると信じ、会合で信者は内なる聖霊の声を聞き、体を震わせたことから「クエーカー（揺れる人）」と呼ばれた。平等主義と平和主義が特徴である。

第7章　南部の政治文化

はじめに

　南部を舞台とする映画や文学で有名なものをいくつか挙げてみる。映画『風と共に去りぬ』は1939年に公開された。原作はマーガレット・ミッチェル (1936) で、南北戦争時代のジョージア州アトランタを舞台とし、アイルランド系の農場主の娘がヒロインの物語である。その続編『スカーレット』(1991) は父の故郷のアイルランドを彼女が訪問する物語であり、1994年にテレビドラマ化された。

　『アンクル・トムの小屋』(1852) は黒人奴隷トムの半生を描き[1]、ミシシッピ川、ケンタッキー州やニューオリンズなどが舞台となっている。ハリエット・ビーチャー・ストウによって書かれた小説は、黒人差別問題を扱って大きな反響を呼び、奴隷解放の世論を喚起し、南北戦争にまで影響を与えたと言われている。

　ジョン・F・ケネディ大統領がテキサス州ダラスで暗殺された背景は諸説あり、未だに闇に隠されている部分が多いが、映画『J. F. K』(1991) は民主党のなかでもニューイングランド出身のケネディと南部の民主党の間にある対立を軸に描かれたものである。

　南部といえば、黒人奴隷と綿花のプランテーション、そして南北戦争などが思い起こされる。南部低地には、バージニアや西インド諸島でのプランテーション経営者とその子孫が黒人奴隷を使ったプランテーションを発達させ、南部高地では、スコッチ・アイリッシュと呼ばれる北アイルランドからのプロテスタントの移民とその子孫が定住し、独特の文化を形成した。

　本章では既述したエラザーの政治文化仮説やトクヴィルのニューイングランドの民主政治と関連させながら、南部文化の特質をフィッシャー仮説を取

り上げることで、南部政治文化の特質を浮き彫りにする。また黒人とその地域移動による北部の工業都市における都市内のゲットーの形成と居住地分離の問題を論じる。

I 南部の地理的範囲

1. 南部の地理的境界

　どこからが南部なのか、地理的な範囲は必ずしもはっきりと定まっていない。南部の北部との間の代表的な境界線はメイソン・ディクソン・ラインである[2]。この境界はペンシルバニア州とデラウェア州を北部、メリーランド州とウェストバージニア州を南部とする。これが一般に南部と北部を隔てる境界線と認識されている。メイソン・ディクソン・ラインから西に進むと、オハイオ川が奴隷州と自由州の自然の境界となる。
　別の南部の地理的範囲は、南北戦争の時にアメリカ連合国（Confederate States of America）（1861～1865年）として合衆国から分離独立を宣言した11州に限定するものである。分離独立したのはバージニア州、ノースカロライナ州、サウスカロライナ州、ジョージア州、フロリダ州、テネシー州、アラバマ州、ミシシッピ州、ルイジアナ州、アーカンソー州、テキサス州の11州である。これらの州は奴隷州のうちでも奴隷に依存した経済基盤で成り立っており、奴隷制の維持を望んだ。
　一方、奴隷州でありながら連邦から分離せずに南北戦争の時代に中立を保った境界州は、デラウェア州、メリーランド州、ウェストバージニア州、ケンタッキー州、ミズーリ州であった。これらの州はアメリカ連合国に属した諸州よりも奴隷の数が比較的少なかった。しかし、これらの諸州も南部的な色彩を帯びている。
　さらにディープサウス（Deep South：「深南部」とも訳される）と呼ばれる地域は、アメリカ連合国の11州の中でも最も南部的な地域であり、通常ジョージア州、アラバマ州、ミシシッピ州、ルイジアナ州の4州を指し、時にはその周辺の州をも含めることもある。アッパーサウスと言われるバージニア

第 7 章　南部の政治文化

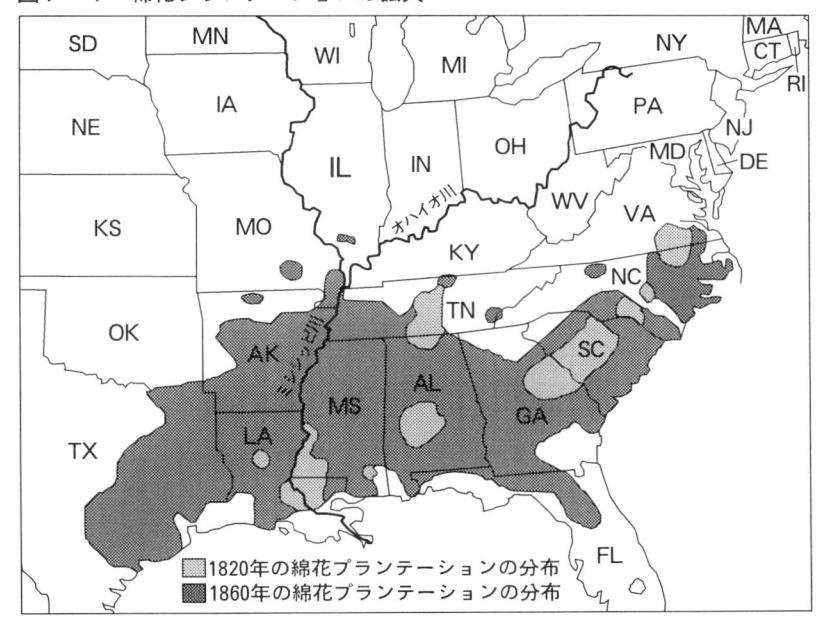

図 7 - 1　綿花プランテーションの拡大

州、テネシー州、ノースカロライナ州、アーカンソー州などとは区別される地域である。

　ディープサウスでは、19世紀初期から中頃にかけて100人以上の黒人奴隷を使い、広大な土地で綿花などのプランテーションを発達させた。1790年代にサウスカロライナ州の沿岸平野で綿花のプランテーションが始まり、1860年までには、北はノースカロライナ州、バージニア州の一部まで拡大し、西はジョージア州、アラバマ州、ミシシッピ州にかけて、肥沃な黒土が帯状に広がる三日月型の地帯（沿岸平野の沿岸部からやや離れた地帯）に広がり、さらに、ルイジアナ州、アーカンソー州南部のミシシッピ川沿岸、テネシー州、ケンタッキー州の一部の地域まで拡大した（図 7 - 1）。1860年にはアメリカ合衆国の輸出の57％は綿花が占めるようになるほど、綿花栽培はこの国にとって重要な産業となっていた。

ディープサウスを中心として、南部的な文化が発達した。カントリー・ミュージックの拠点はテネシー州ナッシュビルが有名である。ブルースはミシシッピ川のデルタ地帯で発達し、ジャズはニューオリンズで発達した。また「バイブル・ベルト」と言われ、バプティスト教会が多く、公立学校での聖書に基づく祈りを復活させることを理想とし、家族の価値を重視し、軍事的には愛国的・戦闘的な価値観を持ち、銃規制には反対する反連邦政府意識の強い地域である。

2. 地形的な特徴と瀑線都市

南部の大西洋岸沿いには海岸平野が広がっている。海岸平野は太古には海底であった砂地からなる平地である。沿岸部には湿地が多く、地形的に港には適さなかった。初期の植民地の開発は海岸沿いからより内陸へと進んでいったが、船が河川で上流へ航行できなくなる瀑線（fall line）が自然の障壁となり、瀑線を越えてのフロンティアの開発は止まっていた。瀑線ではその先に広がるピードモント台地の基岩（bed rock）が地表に露出している。ピードモント台地はなだらかな丘陵地帯であり、ピードモントはフランス語で「山のふもと」という意味である。ピードモント台地の西縁にはアパラチア山脈がそびえる。

海岸平野から入植が進み、河川交通の限界点である瀑線上に港ができて発展した都市を瀑線都市（fall line cities）と呼ぶ。フィラデルフィア（PA）、ボルチモア（MD）[3]、ワシントンD.C.、リッチモンド（VA）[4]、ローリー（NC）[5]、コロンビア（SC）、オーガスタ（GA）などがある。たとえば、サウスカロライナ州では、海岸線にほぼ並行して、州の真ん中を北から南へ横断して瀑線が延びている。この線まで船が航行できたため、この瀑線沿いに、コロンビアのような港町が発達した。ちなみに、瀑線都市の発達はニューイングランドにも見られ、かつては水力を利用した繊維産業も栄えた。

瀑線に近い地域で、黒人奴隷を使ったプランテーションが発達した（図7-1）。ところが、プランテーション農業は、海岸平野の沿岸部ではあまり発達しなかった。沿岸部では港町のある瀑線まで距離が離れており、交通が不

便で、輸出・輸入には不便であったからである。

II 南部のプランテーションと奴隷制

1．奴隷貿易

　18世紀にイギリスはアフリカの主に象牙海岸から黒人奴隷を船で新大陸に輸出する奴隷貿易を行っていた。イギリスは銃器などをアフリカに輸出し、黒人奴隷を西インド諸島で売却し、砂糖などをヨーロッパに持ち帰る、いわゆる三角貿易を行った。またマンチェスターで綿工業が起こり、新大陸からの綿花が大西洋を渡ってイギリスへ輸出された。奴隷貿易船の船内の状況は過酷で、航海中での黒人奴隷の死亡率が高かった。

　大西洋を渡った黒人奴隷の輸出先を割合で示すと、西インド諸島が42％、ブラジルが38％で、この2つが圧倒的に多かった。他にはギアナが6％、スペイン領南アメリカが6％、メキシコと中央アメリカがそれぞれ2％、そして現在の米国は4％にすぎなかった。西インド諸島に売られた黒人奴隷は過酷な気候条件とサトウキビなどのプランテーションでの過酷な労働により死亡率が高かった。南米に渡った黒人奴隷はポルトガル系・スペイン系との人種的な混血が比較的進んだが、アングロアメリカでは白人は黒人との混血を嫌い、黒人に対して差別的であった。

2．奴隷解放運動

　北米では奴隷貿易によって流入した黒人の割合は低かったものの、黒人奴隷の人口増加率は高かった。イギリスでは18世紀末にクエーカー教徒や福音主義の牧師による奴隷貿易廃止の運動が起こり[6]、ついに奴隷貿易は1807年に廃止された。しかしアメリカ国内ではイギリスの奴隷貿易廃止後も奴隷市場での取引きは続いた。

　南北戦争までに黒人を解放するための「地下鉄道（underground railroad）」の活動が盛んになった。これは地下に建設されたものでもなければ、鉄道でもなかった。これは黒人奴隷を奴隷州からカナダなどの自由な地に逃がすた

めに支援した非公式な秘密組織であった。黒人奴隷だけで所有者から逃れるのは難しかったので、奴隷制廃止論者のクェーカー教徒やメソジスト教徒などが中心となって「地下鉄道」を組織し、黒人奴隷に交通手段や食事等を提供し、ルート上にある「駅」の家まで隠れて移動するのを助け、保護し安全に宿泊させ、次の「駅」までの移動を支援するネットワークを形成し、奴隷を安全に自由な地、主にカナダに輸送する運動を展開した。ミシシッピ川を上流に向かうルートや、オハイオ川を通過してインディアナ州やオハイオ州に入って更に北に向かうルート、大西洋岸の船のルートなどがあった。オハイオ川はケンタッキー州やバージニア州などの奴隷州から自由州に移る分岐点になっていた。

3．南北戦争の原因と対立

　南部では黒人奴隷労働に依存したプランテーションで綿花栽培が行われ、綿花をヨーロッパに輸出した。1860年11月、共和党のアブラハム・リンカーンが大統領選挙で当選すると、連邦からの脱退を宣言する南部の州が相つぎ、南北戦争（1861～1865年）が勃発する。北部は工業化や鉄道網の整備が進み、まだ国際的な競争力が弱い黎明期の工業を保護・育成するため関税を高める保護貿易を望んだが、南部は自由貿易を支持した。北部で奴隷制廃止運動が盛んとなり、奴隷制をめぐって奴隷州と自由州の対立となった。

　南北戦争の時までに、北部は工業地域として発達し、都市化が進み、奴隷は禁止され、大規模なトウモロコシや小麦栽培農業が発展していた。南部、特に深南部では黒人奴隷を使ったプランテーション農業が中心であったが、白人の貧しい自給自足的な農業も併存していた。北部の工業化は初期段階で、ヨーロッパの成熟した段階の工業に対して競争力が弱かったため、北部では自国の工業を保護するために高い関税を課す保護貿易主義を支持していた。南部では綿花をヨーロッパに輸出していたので自由貿易を支持していた。南部から選出された議員の影響力が強かった議会の民主党は関税を下げる傾向があったため、1860年の大統領選挙では共和党は自国の工業を発展させるため関税引き上げを要求した。南北戦争は奴隷制が争点であったと思われがち

であるが、自由貿易か、保護貿易か、の争いでもあった。南北戦争の結果、アメリカの関税は引き上げられ、アメリカの工業は大発展していく。

　アメリカが自由貿易を推進する国というイメージは、歴史的に見ると比較的最近のことで、南北戦争後のアメリカは保護貿易政策により揺籃期の工業段階から産業資本主義段階まで発展した。その成功に刺激されて、19世紀末頃まで発展が遅れていたドイツ、ロシア、日本など諸国がアメリカに倣って保護貿易政策によって工業化を推進する政策を取ったのである。

4．南北戦争後の南部の経済的停滞

　1861年に始まった南北戦争は1865年に終結した。1865年、南部の諸州からの代表がいないまま連邦議会両院において、憲法で奴隷制が禁止される修正条項第13条が3分の2以上の賛成票を獲得して通過した。南軍は北軍に敗退し、連合国は崩壊し、南部では再建が始まる。合衆国軍は経済基盤の再建や黒人の経済・社会的地位の向上を図ったが成功せずに、むしろ1870年代後半からは南部の黒人の政治的・社会的な権利は抑圧され、ジム・クロウ法など差別を合法化する法律が多く制定され、黒人への法的な人種差別は1960年代まで続いた。

　黒人は奴隷の地位から解放されたものの、労働力以外の生産手段を持っていないので、分益小作人（sharecropper）として白人の農場主から土地、種子、道具などを借り、収穫物の3分の1から3分の2を小作料として地主に納める分益小作制のもとで搾取され続けた。居住地、学校、食堂、バスなど公共の場で白人と黒人の分離が制度化された。

　また南北戦争に負けた結果、北部がより発展していくのに比べ、南部の交通網の整備や工業や都市の発達は遅れ、経済は停滞的なままで、経済の南北格差は拡大した。南部の経済が発展し所得が相対的に上昇し始めるのは、1960年代からである。1960年代には綿花収穫の機械化が進展し、黒人労働力を大量に必要としなくなり、多くの黒人が北部の工業都市などに移動していった。またエアコンが普及したことにより、白人が南部に移転することができるようになった。

Ⅲ 黒人の国内人口移動と都市におけるゲットー形成

1．南部からの黒人の流出と黒人ゲットー形成

　南部からの黒人が北部の都市に流入するのは南北戦争後から始まる。Rose (1969) は黒人の人口移動によって南部以外の地域の都市に黒人ゲットーが形成されていく空間的拡散過程を、第1世代 (1860〜1920年)、第2世代 (1920〜1950年)、第3世代 (1950年〜) の3つに都市を分類した。彼は都市の黒人人口が2万5千人の限界を超えると、黒人ゲットーが形成されたと判断した。

　第1世代、すなわち1860年から1920年までの黒人の移動は、主にバージニア州、ノースカロライナ州、サウスカロライナ州の農村から流出し、主にボルチモア、ワシントン、フィラデルフィア、ニューヨークなどの大西洋沿岸の諸都市への流入であった。またミシシッピ川を遡ってセントルイスにも黒人ゲットーが形成された。第1世代の黒人ゲットーが形成された都市はこれらの5つである。大西洋沿岸の都市では、距離的に近いボルチモア (MD) やワシントンの方が、フィラデルフィア (PA) やニューヨーク (NY) よりも黒人人口が多かった。1920年はアメリカの都市人口が農村人口よりも多くなる時期である。1920年までに、第1世代の黒人のコミュニティが形成された。

　第2世代、すなわち1920年から1950年までの黒人の移動によって、ゲットーが形成された都市が空間的に新たに拡散し増大し始める。黒人が本格的に北部の都市に流入しゲットーを形成していくのは1930年代からである。7つの都市に新たに黒人ゲットーが形成された。五大湖地域のデトロイト (MI)、クリーブランド (OH)、シンシナティ (OH)、インディアナポリス (IN) は、第二次世界大戦による好景気に刺激され、大量の労働力の需要があった。五大湖地域以外では、ロサンゼルス (CA)、ニューアーク (NJ)[7] に黒人ゲットーが形成された。

　この時期の南部からの大量の黒人国内移動は、海外からの移民流入の減少

を代替するものであった。海外からの移民を制限する法律が1921年及び1924年に成立し、ヨーロッパからの移民が激減したからである。1920年代までのアメリカにおいて海外移民受け入れの原則は自由放任主義（レッセフェール）であったが、移民制限を導入することによってその原則が崩れた。もちろん、日本人や中国人の移民も制限された。この北部の工業都市への労働力需要を充足したのは南部からの黒人労働力だった。この大量の黒人人口移動の波は古いゲットーの空間的拡大と新しいゲットーの急速な空間的拡散をもたらした。北部の工業都市では社会的、経済的に差別された黒人が集中するゲットー地区が形成され、他のエスニックグループとの競合を経験しながら空間的に拡大した。

　第3世代は1950年以降、南部から黒人がさらに流入し、これまでのゲットーを空間的に拡大するとともに、新たにゲットーが生まれた都市がさらに追加された。それらはミルウォーキー（WI）、デンバー（CO）、シアトル（WA）、ボストン（MA）、サンディエゴ（CA）[8]などであった。

2．南部の黒人人口集中地区

　かつての綿花のプランテーションが分布していた南部の農村地域には、現在でも黒人人口率が高い地域が残っている（図7−2）。黒人の90％以上は民主党支持なので、共和党支持率の高い南部にあって、例外的に民主党の投票率が高い地域が分布している。最近の大統領選挙の結果を郡単位で地図上に可視化すると、民主党の得票率が高い「ブラック・ベルト」が現れる。これは地質学的にはミシシッピ州、アラバマ州、ジョージア州の3州にまたがる三日月型の黒土地帯の分布とほぼ一致する。かつて綿花のプランテーションがこの土壌条件の良い黒土地帯に集中して発達したからである（Dutch 2002, McClain 2012）。ただし、サウスカロライナ州に至るとその相関はやや不明瞭になる。

　アラバマ州モンゴメリーは州都であり、このブラック・ベルト上に位置する都市である。1955年12月にモンゴメリーにおいて市営バスに乗車したローザ・パークスは白人優先席に座り、逮捕された。若きバプティスト教会牧師

図7-2　黒人人口の割合（2010年）(%)

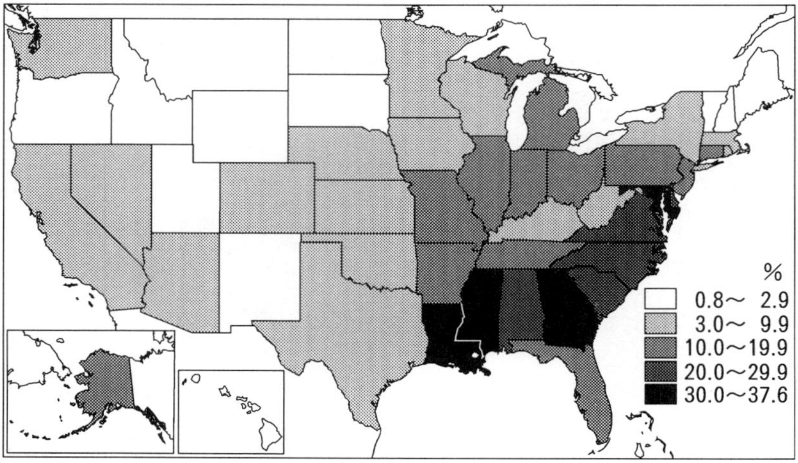

資料：アメリカ合衆国センサス局

のマーティン・ルーサー・キング・ジュニアらはバス乗車ボイコット運動を組織した。1956年11月、連邦最高裁はバス車内の人種隔離政策に対して違憲判決を下した。その後、公民権運動が激しく展開し、1963年、ワシントン大行進でのキング牧師の"I have a dream"の演説は有名である。非暴力主義のキング牧師は、黒人と白人が融和する平和な社会を夢見ていた。1964年に公民権法が制定されたが、キング牧師は1968年にテネシー州メンフィスで"I've been to the mountaintop"を演説した後、暗殺された。

Ⅳ　南部文化の起源

1. フィッシャー仮説：イギリスからの4つの文化地域の移植

　イギリスからのアメリカ植民地への移民は主に4つの地域的なグループから構成され、それが「アルビオン（イギリス島）の種子」としてアメリカの4つの文化的地域の分化をもたらしたというデビット・ハケット・フィッシャーの仮説（Fischer 1989）は、現代のアメリカの文化地域区分においても

第7章　南部の政治文化

有効である。Woodard（2011）はフィッシャーの仮説を取り入れつつ、南部をバージニアを中心とした地域、アパラチアとその影響圏、深南部の3つに地域区分した。他方で、既述したエラザーの政治地域区分は南部を2つの地域に分けずに単独の政治文化圏としている。

　アメリカがイギリスの植民地であった時代に「アルビオン」から英語を母語とする4つのタイプの移民の波があった。第1波は、1629年から1640年までで、イングランドの東部からマサチューセッツにピューリタンの移民の波があった。第2の波は1642年から1675年頃までで、少数の国王擁護派の貴族と大量の年季契約移民がイングランドの南部と西部からバージニアに流入した。第3の波は1675年から1725年頃までで、イングランドのノース・ミッドランドとウェールズからデラウェア渓谷に流入した。第4の波は1718年から1775年頃までで、イングランドとスコットランドの境界地域や北アイルランドから英語を母語とする人々、アメリカではスコッチ・アイリッシュ（Scotch Irish）あるいはスコッツ・アイリッシュ（Scots Irish）と呼ばれる人々が、アパラチア山脈の奥地に流入した。

　この4つのグループは英語を話すプロテスタントであったという共通性を持っているが、イギリスの別々の地域の独自の民衆文化をアメリカ大陸にもたらした。この4つの文化は、アメリカの独立戦争までには、アメリカ植民地に根をおろした。英語の独特な方言、独特な住宅様式、独特な生活様式[9]と共に、社会・経済・政治・宗教の面でも異なった文化をアメリカにもたらした。現代のアメリカは多民族国家であり、イギリス系の人口は20％を下回っているが、アメリカの地域の社会・政治・文化の基礎を形成する上で影響力があった。今日のアメリカ英語の地域差においてもこの影響が色濃く残っている。政治文化の上でも、また政治的な地域間の対立の点からも、このようなイギリスの民衆文化の影響が依然として強力で根深い源泉となっていることは否定できない（Fisher 1989）。

　以下、ニューイングランドを除く、3つの文化地域の特徴を述べる。南部には属さないが、メイソン・ディクソン・ラインで境界を接しているクエーカー教徒が初期に開発した、デラウェアとペンシルバニアの文化地域を加え

ておく。

2．バージニア

　バージニアにはイギリスの清教徒革命時、チャールズ1世を支持した王党派の貴族が移民した。彼らは英国国教会に所属していた。バージニアのエリート層では血縁の繋がりが強固であった。そのような一部の上流階級とともに、同時に、貧しい年季契約奴隷労働（indentured servitude）の移民も大量に流入した。彼らはイギリスの南部、特にロンドンやブリストルを中心とする地域からの出身者が多かった（イングランド南部は8～9世紀に奴隷制が強固であった）。バージニアの宗教は儀礼的、階層的で、ニューイングランドのピューリタンの比較的平等で民主的な社会とは違っていた。ピューリタンの主な出身地であるイングランド東部（エセックス、サフォーク、ノーフォークなど）は比較的格差の少ない社会で、社会経済的に当時最も発展していた地域であった。

　バージニアでは息子の名前は戦士、騎士、王の名前[10]にちなんでつけられることが多く、聖書に現れる聖人の名前がマサチューセッツでは好まれたのとは対照的であった。バージニアでは男の子を育てる上で、強い意志と荒々しさの発達が要求された。ピューリタンやクエーカーのコミュニティではダンスは禁止されるか、少なくとも好まれなかったが、バージニアではダンスの練習が強要された。ダンスは17世紀後半のバージニアでは社会化の過程で重要な一部であった。

3．デラウェアとペンシルバニア

　デラウェアには、1682年にイギリスのノース・ミッドランドからウィリアム・ペンと共にクエーカー教徒が移民し、1750年までにアメリカのクエーカー教徒は、会衆派（Congregationalists）、英国国教会（Anglicans）の次に多い第3の教派となっていた。デラウェア渓谷、つまりペンシルバニアの東部、ウェスト・ジャージー、デラウェアの北部、メリーランドの北東部などの地域には、クエーカー教徒が集中していた。

クエーカーの教義は誰の魂にも宿る「内なる光」を強調し、限定された選民だけが救済されるとするカルビン主義を否定し、すべての人類が救済されると信じる。「内なる光」に集中し霊の働きを強調するので集会が沈黙で終わることもあった。戦争に従事しない平和主義も特徴的である。クエーカーは階級的ではなく、平等主義で、雇われ牧師を否定した。17世紀のイギリスでは社会的上位者に対する伝統的な儀礼である帽子を取り、ひざまづき、敬礼する習慣があったが、クエーカー教徒はその敬礼を拒否し、上下関係なく誰とでも握手する習慣に変えた。ピューリタンや英国国教会では女性が男性の前で説教することは禁じられていたが、クエーカー教徒は女性が説教することも許容した。

ウィリアム・ペンはオランダやドイツからもクエーカー教徒や敬虔主義者を移民させ、ウィリアム・ペンはすべてのクリスチャンのための居住地を提供することを考えた。アメリカ文化の民族的な多元主義的原理がこの植民地から芽生えた。

クエーカー教徒はイギリスで差別されており、政治家にはなれなかったため、工業に従事し、成功する者も多かった。ペンシルバニアやニュージャージーでも勤労精神を持ったクエーカー教徒によって工業が発展していった。政治的には政府の悪に対抗する神聖な義務があると信じ、論争好きで自由をめぐってウィッグ党内のイデオロギー的対立から2つの政党がペンシルバニアで生まれた。また当時のペンシルバニアの税率も低く、「小さな政府」が理想とされ、議会で通過させた法律の数も少なかった。

のちに、クエーカーが創設したペンシルバニアに根づいた「小さな政府」や民族的多元主義原理などの政治文化が西の同緯度地帯に伝播することになる。また、この地域の方言が標準的なアメリカ英語となった。

4．スコッチ・アイリッシュの流入とアパラチア

アイルランド北部（アルスター）からアメリカに移民したスコッチ・アイリッシュと呼ばれる人々は、長老派に属するプロテスタントが多く、ケルト語ではなく英語を喋る人々であった。アイルランドに移住する前にはスコッ

トランド南部の低地や、スコットランドと接するイングランド北部に居住していた。もともとこのイングランドとスコットランドの境界地域は歴史的に戦闘が長く続いていたことから彼らは戦闘的な人々である。彼らはアイルランドのカトリック教徒から土地を奪ったイングランドの地主のもとで土地を耕作し、英国国教会からは、長老派である彼らは迫害されていた。アメリカ独立戦争の前の10年間にアイルランド北部からアメリカに移民したスコッチ・アイリッシュは人数が多く、もともとイギリス支配層に反感を持っていた彼らの多くは率先して独立戦争でイギリスと戦った。

　アイルランドはイギリスの植民地支配に陥り、アイルランドのカトリック教徒は抑圧されてきた歴史がある。アイルランドのカトリック教徒のアメリカへの移民は1840年代に起きた馬鈴薯飢饉によって急増するが、アイルランド北部からのプロテスタントのアメリカへの移民はアメリカの独立以前に起こった。

　スコッチ・アイリッシュはペンシルバニアに入植したが、クエーカー教徒はスコッチ・アイリッシュを嫌い、彼らをインディアンとの緩衝地域である奥地に追いやった。やがて彼らはペンシルバニアからメリーランド、バージニア、ノースカロライナ、サウスカロライナなどの西部、つまりピードモント台地やアパラチア山脈の高地に移動した。南部では沿岸低地に疫病が蔓延しやすく、高地の風土の方が白人にとっては健康的であった。さらに、彼らはジョージア、ケンタッキー、テネシーにも広がっていった。彼らは移動しながら、インディアンとの戦闘は19世紀の初頭まで続いた。彼らの人口移動は19世紀にはミシシッピ川を渡り、アーカンソー、ミズーリ、オクラホマ、テキサスまで延びた。20世紀には西部のニューメキシコ、アリゾナ、カリフォルニアの南部までに広がった。

　スコッチ・アイリッシュはアンドリュー・ジャクソン大統領（1829～1837年）をはじめとして歴代の大統領を多く輩出した。アメリカの歴代大統領の3分の2以上の先祖はアルスターの血脈と繋がると言われているほど、アメリカの政治に影響力を持つ集団である。

　彼らはイギリスでは政治的な境界地域に居住していたので、戦闘的で頑固

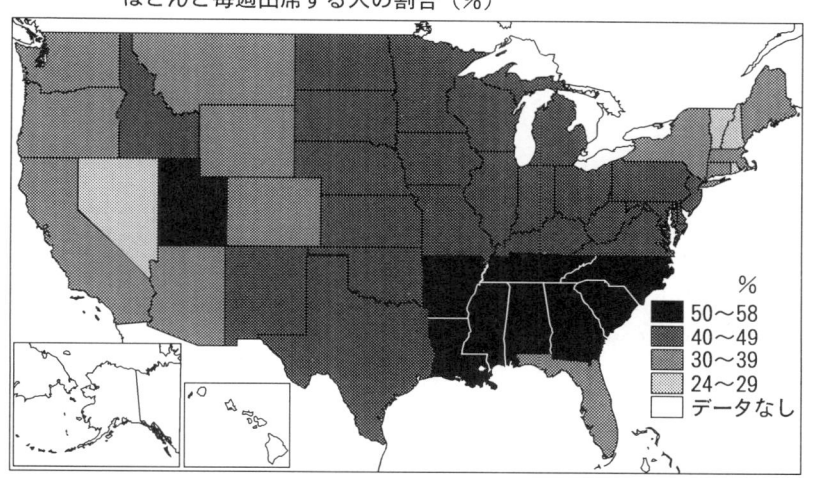

図7-3 教会（シナゴーグを含む）に毎週あるいは
　　　　ほとんど毎週出席する人の割合（％）

資料：2006年のギャロップ調査

なプライドが特徴だった。宗教改革の影響を受け、既成の宗教的権威には反感を持っていた。アメリカで広まった野外伝道集会はアメリカのフロンティアで始まったと考える歴史家もいるが、実は北イングランドやスコットランドに野外キャンプ集会の伝統があり、それが新大陸にもたらされたと考える方が自然である。彼らは長老派であったが、19世紀初頭までにはバプティストやメソジストに属するようになり、バイブル・ベルトの中心的な勢力になった（図7-3）。

　スコッチ・アイリッシュの英語は南部高地の英語方言として残り、カントリー・ウェスタン歌手や映画のカウボーイの英語として知られている。この地域ではバラードや民話が代々伝承された。アメリカのフロンティア時代に作られた丸太小屋も、地主からの貸借期間だけの仮住まいの小屋がスコッチ・アイリッシュの出身地である北イギリスでは一般的であり、材質は石から木に変わったが、間取りや配置などは基本的に変わっていない。

　彼らは一族の結びつきが強く、名誉と恥の文化があり、一人の女性が被害

に遭えば、一族の男性全員が辱めを受けたとして、家族を守るための仇討ちは、イングランドとスコットランドの境界地域時代からの伝統であった。決闘が好まれる戦士倫理が発達し、男性優位の社会で、略奪婚の伝統もあった。結婚年齢が若く、婚前妊娠や婚外子も多く、ピューリタンやクェーカーの社会では厳罰に処されるようなことが許容されていた。

　スコットランド低地、北イングランド、そして北アイルランドは、富が一部に集中する極端な格差社会であった。1％から2％の人口割合の地主がほとんどの土地を所有し、自作農は事実上存在しなかった。彼らはこの搾取的な制度をアメリカに移植した。18世紀にノースカロライナの西部では富の配分が著しく不平等であった。1850年におけるテネシー州の部分抽出された地域分析では、すべての成人男性の半分以上は土地を所有しておらず、上位20％の者が、開墾した土地の82％と、奴隷の99％を所有していた。アパラチアは貧しい地域として知られているが、実は少数の地主に土地所有が集中しているのである。

5．エスニシティと英語の方言地域

　現代アメリカ人の先祖であるエスニック・グループは多民族国家を反映して多様であるが、イギリス系はもはや1位ではない。2000年の国勢調査では第1位がドイツ系15.1％、第2位アフリカ系12.9％、第3位アイルランド系10.9％、第4位イギリス系8.7％、第5位メキシコ系7.3％であった。イギリス系の割合が低下し続けているが、「アメリカ人」と回答する人々が8％程度おり、郡別の一番多いエスニシティの地図では南部にアフリカ系の郡以外の地域に集中している。スコッチ・アイリッシュが「アメリカ人」と回答していると考えられる。

　それに対してペンシルバニア州から西のオハイオ川以北の地帯やウィスコンシン州、アイオワ州、ミネソタ州南部などの中西部、ノースダコタ州からカンザス州に至る小麦地帯ではドイツ系が多い。ドイツ系移民は1848年の革命の失敗や1880年代の政治的動乱などの理由によって移民してきた。アメリカではドイツ語の新聞があり、ドイツ語の学校があり、ルター派の教会では

ドイツ語のメッセージが語られていたが、第1次世界大戦を契機にドイツ語をやめ英語に転じた。

メキシコとの国境沿いはメキシコ系が多い。ニューイングランドにはアイルランド系、イタリア系、イギリス系が多い。ユタ州はイギリス系が多い。ミネソタ州にはスウェーデン系が集中している。

宗教的には南部にはバイブル・ベルトがあり、教派別ではバプティストが多い。デラウェアとペンシルバニアの西の同緯度地帯にはメソジスト[11]が多い。ドイツ系が多い中西部にはルター派、ユタ州にはモルモン教が集中している。プロテスタントは多くの教派に分裂しているので、郡別で最も所属率が高いのはカトリックという郡が多い。

アメリカ英語の方言の地域的な分布は、フィッシャー仮説の4つの移民の波により追跡することができる。4つの主要な方言の地域は、特にミシシッピ川以東ではっきりと区分できる。

「北部方言地域」は、ニューイングランドからニューヨーク州の北部、オハイオ州とインディアナ州の北部、ミシガン州とウィスコンシン州のほとんどの地域である。つまり北部方言地域はピューリタンとその子孫のヤンキーの分布している地域である。

「ミッドランド方言地域」はデラウェア渓谷から西に、ペンシルバニア州、オハイオ州、インディアナ州、イリノイ州などの中緯度地帯に延び、ミシシッピ川以西では一帯に広がっている。

「南部高地方言」はアパラチアからテネシー州、ケンタッキー州、ミズーリ州、アーカンソー州、テキサス州に広がっている。つまり南部高地方言はスコッチ・アイリッシュが分布している地域である。

「南部沿岸方言」はバージニアから大西洋岸沿いをジョージア州やフロリダ州まで南下し、さらに西へ向いメキシコ湾岸沿いをアラバマ州、ミシシッピ州、ルイジアナ州、テキサス州東部まで分布している。つまり南部沿岸方言は奴隷制が発達した地域を中心としている（Fisher 1989, pp.833-834）。

Ⅴ　ミシシッピ川流域の諸都市

　ミシシッピ川は河川交通上の重要なルートであった。河口のニューオリンズも農産物の輸出港として栄えた。セントルイスもかつては繁栄していたが、製造業の衰退とともに人口が減少している。セントルイスは一般に南部とは考えられていないが、南部と北部の境界地帯としてかつても現在も問題が顕在化しやすい地域なのかもれない。ここで、2014年にセントルイス郊外のファーガソン市で発生した黒人暴動の背景を考察する。

1．ニューオリンズ

　ミシシッピ川沿いのルイジアナ州などにはフランス語で命名された地名が見られる。1803年にヨーロッパ大陸での戦費を得るためナポレオンが仏領ルイジアナをアメリカに売却したためである（ルイジアナ購入）。仏領ルイジアナはミシシッピ川流域の広大な領土で、現在のルイジアナ州だけではなく、北はミネソタ州まで、西の範囲はモンタナ州、ワイオミング州、コロラド州、ニューメキシコ州の北東部などを含み、15州にまたがる広大な土地であった。このルイジアナ買収によって大西洋沿岸からミシシッピ川までであったアメリカの領土は一挙に2倍に拡大した。

　ミシシッピ川河口の港湾都市ニューオリンズは、ミシシッピ川流域からの穀物や綿花などの農産物の輸出港として発展した。

　2005年8月ニューオリンズはハリケーン・カトリーナによって被害を受け、市内の陸地の8割が水没した。避難するにも黒人の貧困層には自動車も持たない人々も多く、悲惨であった。多くの黒人はこの都市から移転することを余儀なくされ、貧困層のための集合住宅は取り壊され、より所得の高い白人のための高層住宅に建て替えられた。

2．セントルイス

　ミズーリ州セントルイスは、ミズーリ川、イリノイ川、ミシシッピ川が合

流する地点に近い水上交通の要衝として発展した商工業都市である。対岸にはイリノイ州イーストセントルイスがある。1840年代後半〜1850年代にはカトリックのドイツ人とアイルランド人が移民として流入した[12]。

　ミズーリ州は中西部に属すると考えるのが一般的であるが、南部的な要素もあり、事実、南北戦争の時には州内での分裂・対立が生じていた。ミズーリ州は南部からの入植者も多く、1821年のミズーリ協定で奴隷州と認められていた。ミズーリ州は南北戦争の時には境界州で中立を保っていたが、北軍は南部のアメリカ連合国に進軍するために物資補給の基地としてセントルイスを確保することが必須であったことから、1861年、北軍がミズーリ州の民兵や市民に対して発砲して暴動が勃発し、暴動はミズーリ州の市民を二分し、両陣営の間での対立・抗争が激化した。やがて北軍はミシシッピ川沿いを南下し、1862年5月にはニューオリンズを陥落させた。

　セントルイスは五大湖沿岸の工業都市のように、1960年代から工場の閉鎖が相次ぎ、製造業が衰退した。セントルイス市の人口は当時100万人近かったが、最近では30万人を切った。この期間の人口減少率ではピッツバーク市やデトロイト市を上回った。シカゴ、デトロイト、セントルイスなどの都市では現在でも黒人と白人の居住地分離が続いている。セントルイスでは市の南部に白人、北部に黒人の居住地分離が形成された。セントルイス市内の再開発が進展するに伴って、黒人居住地のスラムが解体され、黒人はセントルイス市外に移転を余儀なくされた。

3．ファーガソンでの暴動

　2014年8月、ミズーリ州セントルイス郊外のファーガソン市において、黒人少年が白人の警察官に射殺されたことをきっかけに抗議デモが発生した。ファーガソン市の人口の約3分の2は黒人だが、警察官のほとんどは白人であった。この事件の背景を考察してみたい。

　ファーガソン市はセントルイス市と近接している。セントルイス市とその大都市圏の歴史的な都市計画は、黒人居住地を白人居住地と分離する差別的な政策を採用してきた（Gordon 2008）[13]。セントルイス市南部は白人居住地、

北部は黒人居住地に分離され、1950年代ごろから白人は中心都市の北部から郊外へ移動し始め、黒人の居住地域はその人口圧力によってセントルイス市の北部から延長線上の郊外の内帯に広がっていった。郊外の内帯に黒人が増え始めると、白人はより郊外の外帯へと脱出していった。かつてはレッドライニングのような差別的な金融・不動産業界の慣行もあったが、最近では地区のゾーニングや建築条例などを通して経済的な要因によって結果的に人種的な居住地分離が空間的に拡大再生産されている。

ファーガソン市の人口は、1970年に99％は白人、1％が黒人であったが、黒人割合が1980年には14％となり、2000年には52％に増加した。ついに2010年には黒人が67％を占める自治体に変貌したのである。市では白人が脱出したため、税収が減り、居住環境は悪化した。しかし市長や市議会議員は白人、警察官も白人のままで、黒人の政治的な影響力が弱い現状ではこのような対立・抗争の原因が解消されない。財政難の市では白人の警察官が黒人だけを排他的に呼び止め、尋問し、罰金を科する、あるいは逮捕するなどが日常的で、制度的なレイシズムが正当化されていた（Gordon 2008）。

ファーガソンでは投資家が差し押さえにあった住宅を購入し、貧困層に住宅を貸す。現在では持ち家率は50％以下、連邦貧困線以下の人口割合が約4分の1である。低所得者のための住宅賃貸料補助バウチャーの受給者も増加した。主にセントルイス市とそれに近接する郊外に立地していた自動車産業などの多くの工場が閉鎖され、失業率も上昇した。最近、雇用が増加している地域はダウンタウンから遠く離れており、黒人にとって居住と雇用の空間的なミスマッチが大きな課題となっている。

セントルイス郡には90もの自治体が存在し、政治的地域がひどく細分化されている。ファーガソンも人口2万程度の小規模都市である。セントルイス周辺に小規模自治体が多いのは、歴史的に租税面で白人が黒人を排除しようとした意図の表れでもあった。セントルイス大都市圏は、ある意味で南部よりも黒人に対して差別的な自治体の細分化と居住地分離という形態が複合し、黒人の居住環境と経済的地位の悪化を招いている。

第7章 南部の政治文化

むすび

　南部の政治文化は、北部の政治文化と南北戦争で奴隷制をめぐって対立したが、その構図は時代を超えて基本的には変化していない。南部は土地所有制度を見ても一部の大地主に集中する傾向が歴史的にあり、一般大衆には政治的な統治能力がないと考えるエリート支配の政治構造が特色であった。
　最近ではアラバマに自動車産業が発展するなど、製造業の立地も見られる。貧困層に対する福祉政策においてはニューイングランドのような手厚さはない。オバマの医療保険改革、LGBTの結婚、人工妊娠中絶、銃規制に反対し、学校での祈りの時間の義務付けを理想とする保守的な地域である。アメリカの政治的なダイナミズムを理解するためにも、南部的な政治文化の特徴を理解することは重要である。

註
1) 黒人奴隷トムは平和な暮らしをしていた家が、経済苦のために売られていくことなる。トムは途中の船のなかで出逢った白人少女を救い、その父からも愛されるが、悪辣な農場主に売られてしまい、残虐な扱いを受け、最後に暴行されて死亡する。神を信じたトムの受難の物語はキリスト教的な色彩が強い。
2) 1763～67年にペンシルバニア植民地とメリーランド植民地はペン家とカバート家の領主同士が領土争いをしていたため、メイソンとディクソンの2人が測量を行い、境界を確定した。
3) ボルチモアには天然の良港がある。それはメリーランドの植民地の港湾として1729年に建設され、カリブ諸島のサトウキビを生産する植民地との交易で急速に発展した。1830年代以降、1880年代ごろまでに内陸部と沿岸部との鉄道網の発達によって、ボルチモアはアパラチアの石炭を利用した工業が盛んとなる。
4) リッチモンドはバージニア州の州都である。ジェームズ川に沿ってピードモント台地東縁に位置している。かつてはタバコの集散地として栄えた。南北戦争の時代にはアメリカ連合国の首都がリッチモンドに置かれ激戦地となった。最近ではバイオテクノロジーの先端研究基地として成長している。

5）ローリーはノースカロライナ州の州都である。南北戦争で激戦地となり壊滅的な被害を受け、経済的にも衰退したが、近年成長がめざましい都市の1つである。1959年からノースカロライナのリサーチ・トライアングル・パークが開発され、ハイテクとバイオテク研究が盛んな地域である。

6）賛美歌Amazing Graceを作詞したのは、かつて奴隷貿易船の船長であったジョン・ニュートンであった。彼は悔い改め、1755年に船を降り、後に牧師となり、奴隷貿易反対運動にもたずさわった。ジョン・ニュートンはリバプールでジョージ・ホイットフィールドに会い強い影響を受けた。ホイットフィールドはアメリカの第1次覚醒運動で伝道したメソジストの説教者である。

7）ニューアークはニューヨークのマンハッタンから西へ約13キロのところにある都市。国際空港、港湾、鉄道のハブがある。黒人人口率が50％を超え、貧困率も高く、犯罪率も高い。

8）サンディエゴはカリフォルニア州の南端でメキシコとの国境をはさんだ太平洋沿岸の都市である。海軍や海兵隊の基地がある。もともとはスペイン領であったため、スペイン語に由来する地名である。

9）イギリスの地域ごとに異なる4つのタイプの様式が、アメリカの4つの地域にもたらされた。それは生活文化の多様な項目に及んでいる。具体的には、住宅様式、結婚や家族の結びつき、ジェンダー、子どもの育て方、名前のつけ方、死者の弔い方、宗教的な様式、教育、料理法、装い、スポーツ、レジャー、富の分配、社会的階層、権威に対する態度、自由の考え方などである。

10）William, Robert, Richard, Edward, George, Charlesなど。

11）メソジストは、18世紀、英国でジョン・ウェスレーによって始まった信仰覚醒運動から発展したプロテスタントの教派。

12）1840年代後半にアイルランド人は飢饉のため、ドイツ人は革命の暴動から逃れるため流入した。

13）第2次世界大戦中に南部から黒人が移動したが、セントルイスでは黒人が居住する住宅の売却、賃貸などの強い規制があり、市内の南部には居住できず、市内北部に住まざるを得なかった。このような差別的な規制に対して、1948年に連邦最高裁判決で違憲判決が出てから、市内から白人の脱出が始まった。

第8章　アメリカの貧困の罠と
　　　　高い暗黙の限界税率

はじめに

　エスピン・アンデルセンは、資本主義世界における福祉レジーム理論を提起した（Esping-Andersen 1990）。「脱商品化」という概念によって、社会民主主義、保守主義、自由主義の3つの福祉レジームを析出したのである。脱商品化とは、労働者が労働力を市場で商品化する過程に対して、市場関係に依拠することなく一定水準の生活を維持することができることを意味し、疾病、失業、高齢などのリスクに対して国家が社会保障としてセイフティネットをどの程度提供できるかにかかっている。

　社会民主主義福祉レジームは、北欧諸国において、労働者階級が労働組合や左翼政党を通して政治的権力を掌握し平等的で再配分的な福祉国家を実現した。税率は高いが、再配分により所得格差の低下効果が大きい。労働組合加入率が高く、左派政権が成立した時期が長く、福祉の手厚さの指数も高く、脱商品化の程度が高位である。

　保守主義福祉レジームは、コーポラティズム（協調組合主義）的福祉レジームとも呼ばれ、ドイツなどの大陸ヨーロッパがそれに当たる。社会保険は職域ごとに著しく分化し、公務員の特権的地位が特徴的である。一元化されていない細分化された社会保険制度により再配分効果が薄い。絶対主義の歴史があり、宗教的にはカトリック教会、そして政治的にはキリスト教民主党の影響力が強い。伝統的な家族制度の維持が基本で、家族が提供できない場合のみ国家が介入する補完性原理に依拠している。脱商品化の程度は中位である。

　自由主義福祉レジームは、アメリカ、カナダ、オーストラリアなどの英語圏の諸国で、国家は市場が機能しない時にのみ責任を引き受ける福祉国家レ

ジームである。貧困層を対象とする所得調査付きの扶助は差別的なスティグマが付きまとう。労働組合加入率も低く、純粋な左派政権の成立も稀である。脱商品化の程度は低位で、階級的には二重構造となる。アメリカはこのレジームの最も典型的な国である。

ちなみに彼の「脱商品化」はフェミニストから男性中心の理論化であると批判され、後に「脱家族化」という概念による福祉レジームの理論化に転じた。女性の就業や保育の国際比較においてもエスピン・アンデルセンの3つのレジーム理論は適用可能である（田中　2008）。

アメリカは、年金、医療、住宅など広義の社会政策において、もっとも国家の介入が少ない。アメリカ人は元来、個人主義的であり、ときとして暴君になりうる為政者による恣意的な支配を厭い、また国家を維持するための重い税負担をきらい、「小さな国家」を理想としてきたからである。

市場原理がすべての所得階層で機能すればよいが、現実には市場原理が機能しない「市場の失敗」の部分が残されてしまう。アメリカの福祉国家としての特徴は、その市場の失敗の部分である貧困層に対して、ターゲットをしぼって国家が介入する。いわば「残りかす（残余）」を対象として政府が福祉政策を展開するので、アメリカの自由主義福祉国家は「残余主義的」とも表現される。

福祉政策にどっぷりつかる貧困層に対して、所得制限を超えているので福祉プログラムの資格が得られないワーキングプアも含め、中間所得層は市場にゆだねられているという、二重構造になっている。財政的に再配分を受けることができる貧困層と、受けることができない所得層との間での利害の対立は、感情的かつ政治的対立をも生み出している。

福祉プログラムとして展開されているのは、食糧スタンプ、メディケイド（低所得者向け医療保険）、保育費補助、住宅補助、公立学校での無料給食などがある。これらの福祉プログラムにはすべて所得制限があり、一定の所得以下の貧困層のみが対象となっている。しかも、所得制限は、家族の人数によって枠が異なるので、子ども複数人を養育するシングルマザー世帯が優先的にこれらの福祉プログラムの受給者となりやすい（田中　2008）。

これらの各種の福祉プログラムの受給を金額に換算すると、福祉に依存する貧困世帯が、額に汗をして長時間働いて所得が上昇しても、福祉プログラムの受給資格を失なう経済的損失を加味すると、メリットがなくなり勤労意欲を低下させてしまう効果をもっている、と報告されている。
　アメリカの子ども世帯の貧困率は、先進諸国のなかでもっとも高い。アメリカはもともと貧富の格差が開いていた国であったが、1980年代以降、所得格差の拡大傾向がつづいている。
　アメリカでは最低賃金制度があり、また「貧困線（poverty line）」という毎年更新される貧困を定義する所得水準が公表されている。その貧困の基準にてらして、福祉プログラムの受給対象者が決定される。
　本章では、貧困層に対してのみ選択的に福祉政策の対象として、各種プログラムをとおして財政的支出している残余主義的な福祉国家の特徴をふまえ、「貧困の罠」とよばれる貧困層の勤労意欲を低下させる制度的欠陥を検討する。

I　最低賃金と連邦貧困ライン

1．最低賃金

　連邦最低賃金は、1997年以来10年もの長い間、物価は上昇しているのにもかかわらず、5ドル15セントに据え置かれていた。
　2006年の中間選挙で勝利をおさめた民主党は、公約どおり議会において最低賃金を引き上げる法案を通過させた。しかし、当初の法案は、イラク撤退のタイムテーブルと抱き合わせで提出された法案だったため、当時のブッシュ大統領は拒否権を発動した。
　再度提出された連邦最低賃金の引き上げ法案は、イラクへの軍事費配分を容認するというブッシュ政権に妥協した法案と抱き合わせで、成立にいたった。この法律によって2007年から3年にわたって段階的に連邦最低賃金は引き上げられた。しかし、インフレ率で調整すると、最低賃金の実質レベルが高かった時代の水準にまでは回復していない（図8-1）。

図8-1 連邦最低賃金の変動

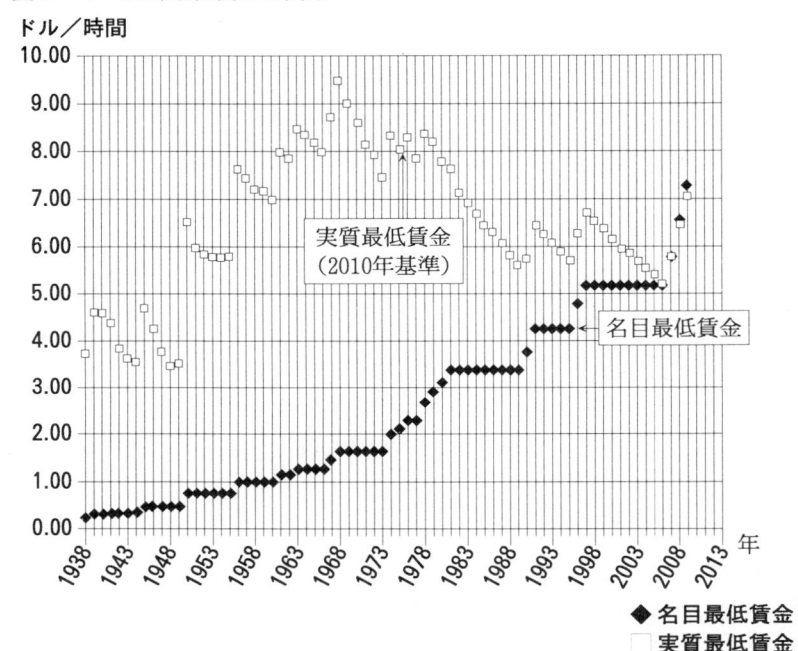

資料：http://oregonstate.edu/instruct/anth484/minwage.html

　2009年6月に連邦最低賃金が7.25ドルに引き上げられてから、2017年12月現在でも7.25ドルのまま据え置かれている。
　しかも、デフレートするための消費者物価指数（CPI）の計算方法が、クリントンが大統領になったばかりの1993年に変更されたことを勘案するとより深刻である。この変更により、以前よりもCPIが低い値で計算されるようになったことを加味すると、据え置かれ、より実質的に低下している最低賃金レベルは、図8-1の推計された実質値よりもさらに下方に修正されなければならない。
　最低賃金で働く労働者は、典型的には若い独身者で、女性が多く、しばしば黒人やヒスパニックである。最低賃金で働きながら、子どもを養育する若い、低学歴、非熟練労働力のシングルマザーの生活は、より困窮化すること

になる。

2．連邦貧困線

　貧困線とは、等価可処分所得（世帯の可処分所得を世帯人員の平方根で割って調整した額）の中央値の半分の額を言う。アメリカでは、公的に毎年連邦貧困線とよばれる世帯の年間所得を示し、それ以下を貧困と定義している。

　大人・子どもなどの年齢構成や、就業者・非就業者にかかわらず、たんに世帯構成人数別に貧困線が定められている。たとえば、2009年の連邦貧困線は、単独世帯1万830ドル、2人世帯1万4,570ドル、3人世帯1万8,310ドル、4人世帯2万,2050ドル、5人世帯2万5,790ドルであった。

　健康福祉省（Department of Health and Human Services）は、各種の連邦政府福祉プログラムの受給資格を決定するために、行政目的で貧困ガイドライン（poverty guideline）を提示している。

　一方、国勢調査局は、毎年「貧困上限（poverty threshold）」を計算し、統計目的でアメリカの貧困人口のデータを公表している。その計算結果にもとづき、健康福祉省は貧困ガイドラインを提示している。厳密にはちがいがあるが、両者はともに連邦貧困線として、一般的に通用している。

　そのうち、低所得シングルマザー世帯が受給することが多い代表的な所得調査付きプログラムは、連邦貧困線を基準として審査されることが多い。多くの連邦プログラムでこの貧困線を基準として、世帯所得を貧困線のパーセントで示し、各種の福祉プログラムの受給資格を審査する。

　この基準をもちいている政府（関連）機関は多岐におよび、健康福祉省、農務省、エネルギー省、財務省、労働省、Corporation for National and Community Service、法務サービスコーポレーションなどである。

　健康福祉省は、連邦貧困線を基準として受給資格を審査するプログラムを多数担当している。たとえば、ヘッドスタート（貧困層向け幼児教育プログラム）、低所得世帯エネルギー扶助プログラム（LIHEAP）、メディケイドの約30％、子どもの健康保険プログラム、コミュニティ・健康センターなどである。

農務省もまた、連邦貧困線を基準に受給資格を審査しているいくつかのプログラムを実施している。たとえば、食糧スタンプ（最近ではSupplemental Nutrition Assistance Program、略してSNAPとよばれるようになった）、女性、乳児と子どものための特別補助栄養プログラム（WIC）、ナショナル・スクール・ランチ・プログラム、学校朝食プログラムなどである。これらは、貧困シングルマザー世帯が受給していることの多い福祉プログラムである。このような貧困層向けの食糧やミルクなどの給付プログラムは、農務省の管轄となっている。
　一方、所得調査付きプログラムでも、連邦貧困線を基準としないで、受給資格を審査するプログラムも多数存在する。たとえば、要支援世帯扶助（TANF）、稼得所得税額控除（EITC）、約70％のメディケイド、セクション8、低家賃公営住宅などである。
　セクション8の場合、受給資格は地域平均所得に対する比率で示される。年間所得は、総収入（all earnings）と定義され、雇用所得、公的給付、投資からの利子収入、年金給付がふくまれる。この世帯所得から高齢者、障害者、養育する子ども数によって基準の定額が控除されて、調整済み年間所得（adjusted annual income）が計算される。
　結果として、受給資格を得やすいのが、低所得の高齢者や障害者のほかに、子どもを養育する低所得一人親世帯となる。つまり、多くのシングルマザー世帯が優先的にセクション8を受給できる選考基準になっているのである。

3．最低賃金で働くシングルマザー世帯と夫婦共働き世帯
　　――どちらが得か？

　つぎに、連邦貧困線と、連邦最低賃金との関係を検討し、シングルマザー世帯と夫婦共働き世帯をくらべてみよう。最低賃金の7ドル25セントで、1週間40時間、年間50週労働したと仮定すると、年収1万4,500ドルとなる。
　母親が一人最低賃金で働くと、世帯年収が1万4,500ドルとなり、シングルマザー世帯で一人っ子の2人世帯は、貧困線の線上をぎりぎり超える。子どもが2人になると貧困線を下回り、さらに子どもの数が増えるほど貧困線

よりもかなり下回る。

　しかし、夫婦が最低賃金で共働きした場合に、世帯収入は年間2万9,140ドルとなり、子どもが3人いたとしても貧困線以下におさまらない。

　つまり、最低賃金で共働きの夫婦は、福祉プログラムの所得制限を上回ってしまって、ほとんどの福祉プログラムを受給する資格が得られない。まじめに働いても、ワーキングプアーのままだが、子どもが何人かいるシングルマザー世帯になると、多くの福祉プログラムの恩恵をこうむることができる。シングルマザーがいかに多くの福祉プログラムからの移転収入や現物支給により、経済的に利益を得ているかはつぎの節で検討する。

II　低所得層にとって高いアメリカの限界税率

1．貧困の罠

　アメリカの残余主義的な福祉政策のもとでは、福祉プログラムを受給している貧困層が労働時間をのばし、稼得所得を増加しても、現金扶助、食糧スタンプ、住宅補助、メディケイドなどの所得制限のあるプログラムの受給資格を失なったり、支給される補助金が減少したりすることによって相殺されてしまい、結果として実質所得が上昇しないために、貧困層が勤労意欲を失なってしまうといわれている。

　アメリカではAFDCの所得扶助によって、働かないシングルマザー世帯が増加してしまったことが政策的な課題であった。したがって、AFDCを廃止した1996年の福祉改革は、福祉から勤労に移行させることを最大の目的とした。

　また、1980年代から90年代にかなり補助金を増大させたEITCも、稼得収入の納税手続きすることによって、「負の所得税」が得られ、勤労へのインセンティブとなると期待されてきた。しかし、EITCは、税として処理されるので、仕事をしていない貧困層が受給対象からはずれてしまうという問題もある。

　このような勤労を誘導するための制度改革を実施してきたものの、依然と

して、アメリカの福祉制度は勤労意欲を刺激するよりも、むしろ喪失させる効果の方が強く作用しているといわれている。

　1人のシングルマザーの事例を紹介してみよう。あるアメリカ女性は、年収2万5,000ドルの職から、年収3万5,000ドルの職に転職した。そうすると、たちまち彼女は収支が赤字となり、生活が困難となった。原因をさぐるため、収支をひとつひとつ計算してみると……。

　たしかに数百ドル足りないことが判明した。なぜなら、無料の医療保険の資格を失ない、そのかわりに月230ドルの雇用主が提供している医療保険の保険料を支払わなければならなかった。セクション8バウチャー家賃の負担分が、所得が上昇した分の30％増加した。子どもの学童保育のための月280ドルの保育料バウチャーも失なった。

　EITCで年間約1,600ドルを失ない、彼女は増えた所得の給与税（Payroll Tax）を支払わなければならなかった。しかも、あたらしい職場はボストンにあり、彼女は郊外に住んでいるので、毎月300ドルのガソリン代と駐車料金がさらに必要となった。収入が上がったにもかかわらず、課税および政府からのさまざまの給付による移転後の実質所得は低下したのだ。いったい何のために働いたのか、と彼女は自問し、年収2万5,000ドルの職にもどったほうがよかったと後悔したのである。

　「貧困の罠」というのは、じつにいまでもアメリカの真実なのである。ほとんどの女性は、むしろ賃金が上昇することが自分の利益にならないことを知っていて行動をおこさないのである。

　貧困の罠に一度とらえられてしまうと、自力ではもはや抜け出せなくなる。行政の管轄がわかれているため、それぞれのプログラムに独自の受給資格の所得の上限と、所得の段階的上昇におうじた支給額の低下の規定がある。その仕組みがバラバラであり、相互に調整されてはいない。

　収入が上昇しても、税金および移転収入後の所得の減少により、メリットがない、ときには損失さえ出てしまうのである。それの仕組みを試算して確認した結果をつぎにのべよう。

2．暗黙の限界税率の試算

　Thies（2009）は、多くの稼得収入がある低所得層にとって、「暗黙の限界税率（implicit marginal tax rate）」が異常に高いことを試算している。稼得所得が増加しても、「暗黙の限界税率（implicit marginal tax rate）」が、100％を超えると、実質所得の増加分がゼロからマイナスに転じ、損をすることになる。

　図8－2は、バージニア州の2人の子どもを扶養する片親世帯のケースで計算した結果である。これは、稼得所得を1万ドル増加させるごとに、暗黙の税額がどうなるか試算したものである。

　稼得所得と税引き、および福祉からの補助を現金に換算した後の差額を試算すると、0から4万ドルまで稼得所得を増やしても、差し引きはほとんど変わらず、平坦のままであることがわかる。稼得所得から社会保障費、連邦

図8－2　稼得所得の増加と実質所得の関係
（単位：ドル）

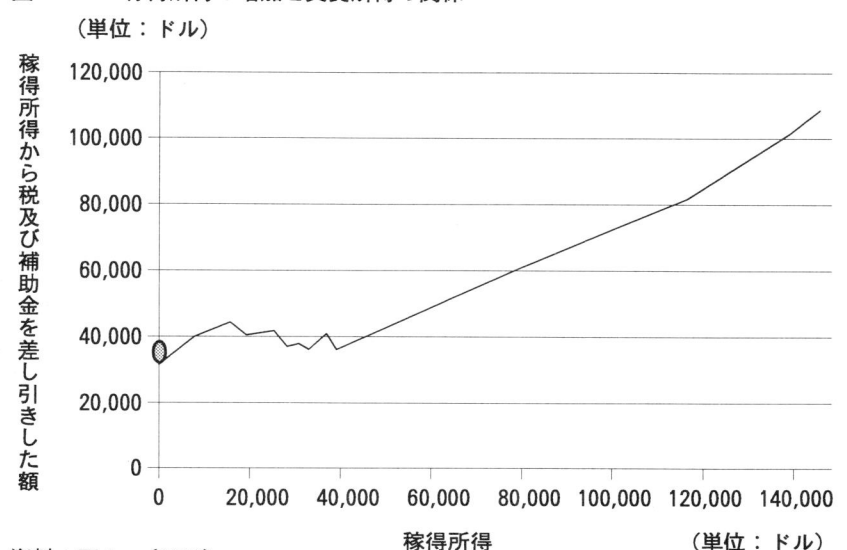

縦軸：稼得所得から税及び補助金を差し引きした額
横軸：稼得所得　（単位：ドル）

資料：Thies（2009）

および州所得税を差し引き、EITC (Earned Income Tax Credit：稼得所得税額控除)、食糧スタンプ、メディケイド、セクション8住宅補助などの補助金を加算した額が折れ線で示されている。なお、稼得所得がない場合、福祉の所得補助とほかの補助金を受給すれば、0で示された額の実質的な所得が得られる。

これを暗黙の限界税率に置き換えて図示すると、図8－3のようになる。暗黙の限界税率は、稼得所得の増加額に対して、「所得－税＋補助金」の合計の増加額の変化率である。

その結果、最初のポイントで就労せずに福祉にたよった場合とくらべると、1万ドルの稼得収入を得ることは、限界税率が50％となる（ポイントA）。限界税率がかなり高いことがわかる。それから稼得収入がやや上昇すると、や

図8－3　暗黙の限界税率

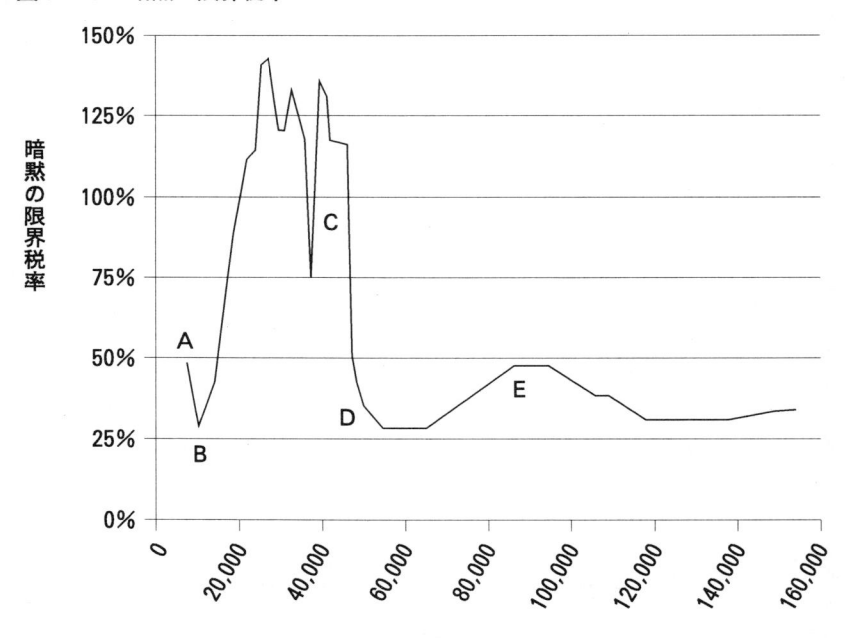

資料：Thies (2009)

や限界税率が低下する（ポイントB）。これはEITCのためである。
　ポイントBからDまでの間は、暗黙の限界税率がほとんど100％を超えてしまうのでデッド・ゾーンである。100％を超えていれば、1万ドルの稼得所得が増加しても、暗黙の税額が1万ドル以上増えてしまうので、所得を増やすと逆に損をしてしまうのである。それにしても激しい変動カーブであることがわかる。
　この計算方法は、以下に示すように、それぞれの福祉プログラムや税金や税額控除が、稼得所得の上昇によって、どう変化するのか、それぞれのデータを調べて、一部仮定して算出している。

* 試算方法の解説—補助金
- 食糧スタンプは、月額最高額が526ドルである。月収が850ドル以上になると、支給額が低下する。
- メディケイドの受給資格は、州によって異なる。ここでは所得が連邦貧困線の133％未満を上限とした。メディケイドを受給できると、医療費全額が連邦政府及び州政府によって支払われる。この費用を9,000ドルと仮定した。
- バージニア州で独自に実施しているSCHIPとよばれる医療保険は、連邦政府のメディケイドでカバーされなかった所得層がカバーされる。連邦貧困線の200％が所得の上限で、費用は6,000ドルとした。
- セクション8は、家賃とガス・電気・水道代の費用の世帯所得の30％を超える部分が補填されるプログラムである。
- 「要支援世帯一時的扶助（TANF）」は1996年の福祉改革により、AFDCの後にできた制度で、月額395ドルの支給が有資格世帯にたいして現金給付される。

* 試算方法の解説—税
- 社会保障税（social security tax）は、所得が年収10万8,000ドルまでは、税率は7.65％である。

- 連邦所得税は、課税対象所得が年収1万1,950ドルまでは、税率が10%、課税対象所得年収37万2,950ドル以上は税率が35%である。
- 所得控除については、一人あたりの控除額を3,650ドルとした。標準的な控除を8,350ドルとした。
- 子ども税額控除（child tax credit）は、2人の子どものそれぞれの税額控除を1,000ドルとした。これは、7万5,000ドル～9万5,000ドルにかけて税額控除額が低下し、ゼロになる。
- バージニア州の州所得税は、個人所得の5％とした。多様な控除項目は無視した。
- 2009年の連邦所得税のEITCの税額控除（tax credit）は、所得額の増加にともなって台形のパターンで増減する。たとえば、扶養する子ども2人の場合、年収0ドル～2,570ドルの所得（X）区間の税額控除は、Xの40%、1万2,570ドル～6,420ドルの所得（X）区間の税額控除は一定で、5,028ドル、1万6,295ドル～4万295ドルの所得（X）区間の税額控除は、5028ドル－ 21.06%×(X－1万6,420ドル）である。したがって、年収4万295ドル以上の所得の場合には税額控除は0ドルとなる。

3．試算の結果

　EITCは低所得世帯向けに限定された政策ではない。むしろ稼得所得があまりにも低い階層を刺激して、稼得所得を増加させるインセンティブとなるように、年収が0から2,570ドルまでは、税額控除額が漸増する仕組みとなっている。この税額控除だけが単独で作用するならば、たしかに、意図した政策結果が期待できるであろうが、他のさまざまな政策効果を合算すると、残念な結果となってしまっている。

　著名な市場原理主義者であるミルトン・フリードマンが、1950年代に「負の所得税」という概念を考え出した。その概念をもとにEITCを連邦政府が導入し、20の州でもEITCを導入している。EITCは、勤労を奨励する効果があると期待されていた。もともと、フリードマンは、福祉プログラムで支援するより、政府はなにもしないで市場にまかせたほうが、貧乏人は必死で安

い賃金でも仕事をみつけて働き生きていくからよい、という考えの人であった。

このように、さまざまな福祉プログラムが、同時並行的にそれぞれ多様な基準で実施されているので、全体像をとらえることが複雑でむずかしいものの、この試算から推定すると、アメリカの総世帯の40％は福祉に依存していた方が、課税や所得移転や現物支給の福祉プログラムを加算すると実質所得が上昇することになる。

アメリカの国勢調査局からの報告によれば、2004年の世帯所得分布をクォンタイル（五分位数－世帯所得順に下位から上位までならべ、総世帯数を五等分にグループ分けしたもの）によって区分すると、最低の第1クォンタイルの上限は年収1万8,500ドル、第2クォンタイルの上限は3万4,738ドル、第3クォンタイルの上限は5万5,331ドル、第4クォンタイルの上限は8万8,030ドルとなっている。

したがって、第1および第2のクォンタイルまでの世帯、つまり年収3万4,738ドル以下の人たちは、アメリカの総世帯の40％を占めている。これら40％の世帯は、福祉プログラムの恩恵を受けられたほうが得な人たちであるが、家族構成などの理由によって資格が得られていない世帯も多い。低所得者の暗黙の限界税率がいちじるしく高いことは、勤労意欲をはなはだしくそいでおり、その影響がおよぶ世帯の割合も潜在的にはかなり高いのである。

III 貧困の罠―都市構造との関連で

1．住宅政策の特徴

アメリカの住宅政策の基本は、市場原理による持ち家政策の推進であった。サブプライム・ローンの問題が顕現して、本来、住宅ローンを借りる経済力がない貧困層が、住宅を購入すること自体ありえないことであった。逆にいえば、それだけ貧困層向けの手ごろな住宅供給が不足していたという住宅政策にも問題があった。

アメリカの貧困層向けの住宅政策は、国家の介入が少なく、市場にゆだね

る傾向が顕著である。

　1970年代ごろから、公営住宅を政府が直接建設し、運営することはコスト高であると考えられ、民間賃貸住宅を活用し、セクション8とよばれる住宅補助金制度によって、低所得借家人からの負担は、所得の30％を家賃負担分の上限とし、のこりの家賃を連邦政府が負担するバウチャーが普及するようになる。バウチャーという市場原理の響きが政治家たちからも支持された。

　またセクション8を受け入れる住宅を建設するための資金も、民間からの投資によって、民間企業によって建設されるようになった。低所得住宅税額控除（Low Income Housing Tax Credit：LIHTC）とよばれる住宅控除は、IRS（Internal Revenue Service）の税制をつうじて投資家に支払われる一種の補助金である。プロジェクトが順調に採算があえば、LIHTCは、投資家にとって安定した一種の金利収入とみなされる。HUDが直接担当する住宅政策ではなく、IRSによる間接的な住宅政策である。2008年の9月のリーマン・ショック前までは、ファニーメイなども積極的にLIHTCに投資していた。LIHTCの実態は、さらにきちんと実証する必要がある。

2．貧困層向け住宅政策

　アメリカの貧困層向けの住宅政策の柱は3本あるといわれている。公営住宅、セクション8、LIHTCの3つである。

　しかし、最近では政府が直接提供する公営住宅の建設はほとんどない。LIHTCは、セクション8のための賃貸住宅を民間の資金で建設すべく、リスクの高い不動産プロジェクトにたいして、税制をとおして、出資者に間接的に政府の補助金を出すものである。したがって、LIHTCは連邦政府の財政的負担は重いが、貧困層にとって住宅補助とはなっていない。貧困層にとっての住宅補助は実質的にセクション8だけである。

　現在、セクション8制度は、正式には「住宅選択バウチャー（Housing Choice Vouchers）」と称せられるが、セクション8が通称として現在でもつかわれている。これは住宅都市開発省（HUD）が低所得世帯にたいして給付する住宅補助制度である。連邦政府は、1998年から2004年まで、住宅バウチャー

の予算を60億ドルから160億ドルにまで増加した。全米で210万の世帯がセクション8バウチャーの給付を受け、公営住宅の入居者は130万世帯となった。

セクション8は、現在ではすべてバウチャーとなっている。バウチャーの利点は、ポータビリティである。バウチャーを発行した地域の住宅局の管轄地域以外の地域へバウチャーを持ち運べるので、貧困層がより社会的経済的な環境のよい地域を選択し移動することが可能となっている。

公営住宅は、インナーシティのスラムの特定の地域に集中的に立地しているという傾向がある。セクション8バウチャーの居住者の分布は、公営住宅よりも分散的ではあるが、やはりインナーシティの貧困層が多い地域に集中している傾向は否めない。

貧困地区には低家賃の賃貸住宅が多く、黒人などのマイノリティが多い。貧困率が高い地域では、犯罪率も高い。ドラック、窃盗、暴力、売春などの犯罪の巣になっている。とくに、公営住宅やセクション8住宅では、このような犯罪が多発する。高校をドロップアウトする子どもも多い。地域の公立学校の標準テストのスコアも低い。

しかも、黒人の子どもの半数以上は、片親世帯で育っている。10代で未婚の母になり、次々に2〜3人の子どもを産みつづける。黒人のシングルマザー世帯が異常に多いインナーシティに、セクション8バウチャーによって家賃補助住宅に住んでいるケースが多い。

高校をドロップアウトした若い非熟練労働者が、シングルマザーであれば、セクション8バウチャーも含め、所得調査付きの各種の福祉プログラムを受けることができる。上述したように、年収4万ドルくらいまでは、働いても限界所得税が高すぎ、福祉に依存した方が経済的に有利な生活ができるので、余り働かないことが合理的な選択となっている。

むすび

かつてマルサスが旧救貧法について、貧困層が給付を受けるために、若くして子どもをもとうとする傾向を批判的に論じたように、アメリカの所得調

査付き給付の福祉制度も出産奨励的な政策的効果があることは否定できない。
　救貧法の伝統を継承しているイギリスやアメリカの福祉制度では、シングルマザーへの支援が手厚く、たしかにティーンエイジャーの出生率が高いという共通点がある。そのため結婚がないがしろにされ、片親世帯の子どもが、片親の子どもを産んでいく世代間連鎖を生んでいる。家族が崩壊した黒人家庭の子どもたちは、社会的な階梯をのぼることが困難である。
　黒人男性の刑務所に収容される率が1970年以降上昇している。20代の黒人男性では、9人に1人の割合で有罪判決を受け、刑務所に収監されている。黒人の新生児の70％は婚外子である。伝統的家族の崩壊は、黒人をより貧しく孤独に陥れている。高校を卒業していない30〜44歳の黒人女性のうちわずか11％しか就業する夫をもっていない。1970年から2007年までに、30〜44歳までの黒人既婚女性の割合は、62％から33％に低下した。
　黒人の男性は、かつてアメリカで製造業が興隆していた時代には、自動車工場や製鉄所などで働く工場労働者として、労働組合にも守られ、比較的賃金が高く、安定した仕事につくことができた。しかし、1980年代にかけて、ドラスティックに製造業が衰退するとともに、サービス産業化し、黒人男性にとって比較的よい職場がなくなってしまった。
　低学歴黒人男性の職業的不安定性は、黒人女性の家庭生活をゆさぶり、福祉依存体質を定着させた。アメリカの所得調査付き給付という制度的問題だけでなく、産業構造の大きな変化によって生じた黒人男性の貧困化と犯罪率の上昇は、より問題を複雑にしている。
　公営住宅やセクション8バウチャー利用者の大部分がシングルマザーである。この未婚の母の問題を現行の制度的枠組みのなかで解決をはかるのは困難である。根本的な制度的変革をともなわなければ解決は無理であろう。
　たとえば、未婚の母を一時的に収容して、子育てに関する指導をするとともに子どもの父親と結婚するように仕向けることである。それはたんなる所得移転ではなく、個人的文化的変革を目的とするものである。
　現行法のもとでは、18歳以下の子どものいるティーンエイジャーが、就業経験がない低所得層である場合に、セクション8バウチャーを優先的に受給

できる。助成された貸家に入居すれば、終身そこに居住することが可能である。シングルマザーが高校すら満足に卒業せずに、複数の子どもを産んでいることが多い。このようなことを可能にしている現行の福祉政策を抜本的に見直さないかぎり、アメリカの貧困問題は解消しない。

註
1）物価上昇率で修正される社会保障の年金支払い額が、本来よりも低い額に換算されてしまうという損害が生じるなどCPIの推計方法が変更になった影響は大きい。
http://www.shadowstats.com/article/consumer_price_index

第9章　オバマの医療保険改革をめぐる地域的分極化

はじめに

　2009年1月、オバマが大統領に就任してから選挙公約である医療保険改革の法案の検討に入り、2010年3月、アメリカで最初の本格的な包括的医療保険改革法案、Patient Protection and Affordable Care Act (PPACA) が成立した。[1]

　アメリカでは歴史的に何回も国民皆保険制度導入を試みたが、挫折を繰り返してきた。フランクリン・ルーズベルト大統領、ハリー・トルーマン大統領、ビル・クリントン大統領など、いずれも民主党の大統領の時代などに国民皆保険制度導入が検討されたが、強硬な反対にあい頓挫している。

　アメリカの医療保険制度は市場原理で運営されていたため、無保険者の存在が常に問題となってきた。2010年3月に国民皆保険を目指す医療保険改革法が成立したことはアメリカにとって画期的なことであった。しかし、それに対する反対派の動きも激しかった。PPACAが議会を通過するやいなや、共和党の州知事や州司法長官は違憲裁判を提訴した。医療医療保険改革に反対するばかりでなく、オバマ大統領の金融危機に対応するために膨張した公的債務を批判するティーパーティの草の根運動も盛んになった。2010年の11月の中間選挙ではティーパーティの支持によって、共和党候補者が大勝した。その過程で、共和党と民主党の政党間の対立が激化し、アメリカ社会にイデオロギー上の対立が政治的な分断を生んだ。

　現代のアメリカの連邦議会では、政党的な対立が激化する分極化が進行している。連邦議会における政治的分極化が進行するばかりでなく、州政府レベルにおいても政治的分極化が進行している。リベラルな州ではよりリベラルな政策、保守的な州ではより保守的な政策を実行し、イデオロギー的に両

153

極に分化した政策的相違が、空間的に見るとかつての南北戦争さながらの対立的な様相を呈するようになった。オバマ大統領の時代になって、州が連邦政府を提訴する法廷闘争の件数が激増した。それは1990年頃から増えはじめ、特にオバマ大統領の時代に、医療保険改革ばかりでなく、二酸化炭素排出規制などの環境政策、LGBTの結婚、銃規制、人工妊娠中絶などの社会問題に関する法廷闘争も増加したのである。

　ティーパーティ運動が台頭した時が、オバマの医療保険改革案が国民的な議論の遡上にあがった時と同時期であるのは偶然ではない。この運動は医療保険改革によってアメリカの自由が失われると主張し、小さな政府を理想とするイデオロギーに基づき、「政府は医療に関与するな」というスローガンをかかげた。他の先進諸国では国民皆保険を達成しているが、アメリカでは保守派が強硬に反対してきた経緯があり、この点でアメリカは「例外的な国」である。

　PPACAが成立した背景には、2008～09年の金融危機の影響が暗い影を落としていた。経済の不確実性と家計の不安定さから、リスクを避けるための緩衝材としての福祉国家への期待が高まり、「手ごろな価格（affordable）」と盛んに喧伝され、経済的な負担をかけずに達成でき、しかも無保険者を減らすことができると伝えられ、国民皆保険制度の支持につながった（Schlesinger 2011）。しかし、PPACAの法案が通過した後に、新法の詳細な内容が明らかにされるにつれ、国民の期待は裏切られたことが明確になってきた。

　オバマの医療保険改革に対する国民の支持率も低下した。2014年1月から改革が本格実施されたが、その時点で医療保険改革に対する支持率は34％に低下し、不支持率は50％に達した。2014年7月には不支持率はさらに3％上昇し、多くの国民がオバマの医療保険改革に否定的な意見を持っていた。民主党支持者の86％は法改正を期待し、共和党支持者の66％は法律撤廃を期待した（Young 2014）。

　本章では、医療保険改革の反対派の理由と反対派の多い地域の動きに注目し、その過程と医療改革に対する対応の地域差を分析し、連邦政府の権限拡大のもとで、かつての南北戦争のようにアメリカを二分するような州別の地

域的対立の構図を考察することを目的とする。

I 医療保険改革前の課題

1．医療保険改革までの歴史と背景

　歴史的にアメリカの医療保険は民間主導で発達してきた。1954年には雇用主が被雇用者のために提供する医療保険の保険料を所得税において非課税とする措置が取られ、民間の医療保険がその後一層普及していく契機となった。ところが民間の医療保険市場では、高齢者や既往症のある者などリスクの高い被保険者は、それに照応した高い保険料負担を課せられ、貧困層は市場による医療保険供給から排除されてしまうなどの問題も発生していた。国家の介入の必要性が高まっていった。

　そのため、1965年、ジョンソン大統領（民主党）の時代に、高齢者のための公的医療保険であるメディケア、また低所得層と障害者のためには公的医療扶助であるメディケイドが導入された。メディケアとメディケイドの創設により連邦政府の関与が医療保険において部分的に始まり、やがてメディケアとメディケイドによってアメリカの医療保険費が急増していくことになる。

　クリントン大統領の時には連邦政府からの補助金によって州主導による「子ども医療保険制度」が開始され、メディケイドの受給対象となっていない子どもにも公的医療保険制度の対象枠の拡大がはかられた。つまりアメリカでは国民皆保険が実現されていなかったものの、1965年に公的医療保険を部分的に導入し始めてから後、段階的に国家の医療保険への関与が増大してきたのである。

2．市場による医療保険供給の矛盾

　オバマの医療保険改革以前、医療費の対GDP比を国際比較すると、アメリカは18％にも達しており、日本やイギリスなどの他の先進国と比較すると約2倍である。アメリカの医療費が高いにもかかわらず、乳児死亡率は比較的高く、平均寿命も先進諸国の中では余り高くないなど、アメリカの医療の矛

盾が常に話題となってきた。マイケル・ムーア監督のドキュメンタリー映画"SiCKO"(2007)には、アメリカの民間医療保険制度の矛盾と惨状が描かれている[2]。

アメリカでは無保険者が16〜17%存在していた。民間の医療保険が高くて加入できない人ばかりでなく、加入したくとも加入できない人もいた。営利目的の民間保険会社はリスクと保険料を連動させ、リスクが高すぎる特定の既往症がある場合は、保険加入を拒否して収益性を高める経営戦略をとった。つまり民間医療保険市場では本来医療保険が必要な人ほど排除されるシステムとなっていた。しかも無保険者に対する医療費請求額は法外な額となっていた。また医療保険に加入していても安心はできず、民間保険会社はあらゆる手段を講じ、たとえば医者へのリベートにより、医療費支払いを拒否し、被保険者が治療を受けられない悲劇が生じていた。

3．PPACA導入前のメディケイドの地域差

1965年に65歳以上の高齢者を対象としたメディケアと共に、低所得層および身体障害者を対象としたメディケイドと呼ばれる公的医療保険制度が導入された。メディケイドの受給資格者は、障害者や高齢者も含むが、主に低所得のシングルマザー世帯であった。しかし健康で子どものいない、つまり稼得能力のある大人はたとえどんなに低所得であってもメディケイドの受給資格は得られなかった。

図9－1に示したように、メディケイド制度は州によって格差があり、所得制限の水準も大幅に差があった。福祉の手厚いリベラルな州と、福祉に財源をあまり振り向けない保守的な州とでは、対照的であった。図9－2はメディケイドの受給資格を有する者に対して、実際に登録した受給者の割合を地図に示した。この図からも明らかなように、メディケイドの有資格者でも、手続きの煩雑さなどの理由により、登録者割合が低い州がある。州政府は意図的に手続きの煩雑さにより受給者を減らし、予算の執行額を削減した。このデータからも福祉の手厚いリベラルな州と、対極の保守的な州とでは対照的である。

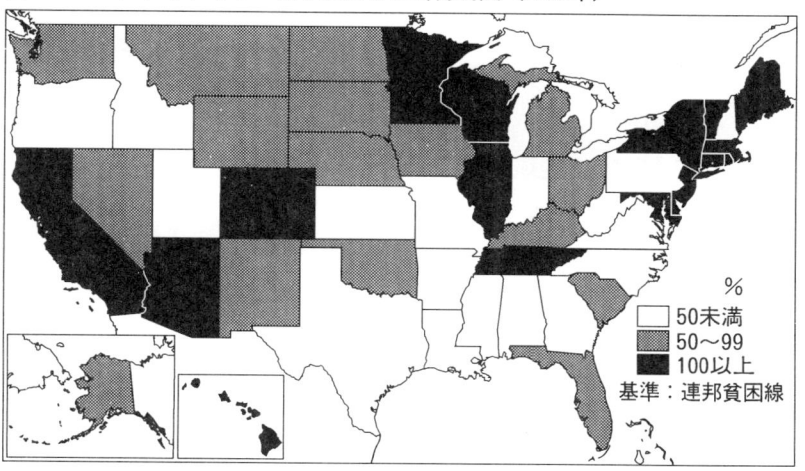

第 9 章　オバマの医療保険改革をめぐる地域的分極化

図9－1　メディケイド：有子親世帯の所得制限（2012年）

％
50未満
50～99
100以上
基準：連邦貧困線

資料：Heberlein, et al.（2012）

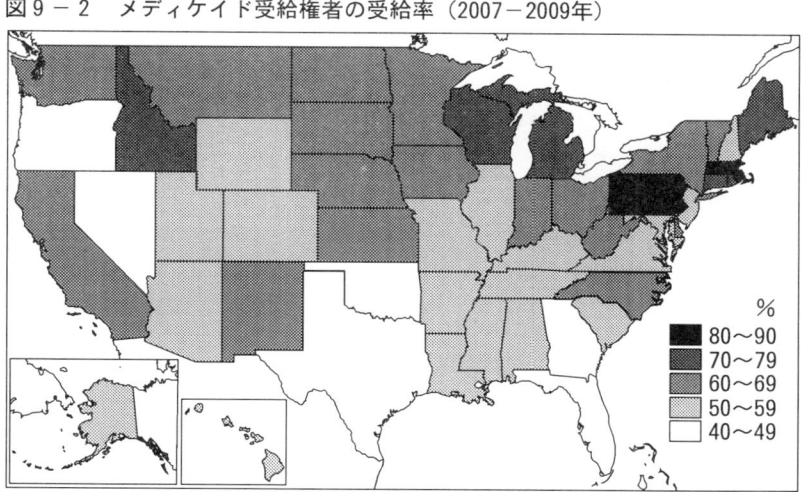

図9－2　メディケイド受給権者の受給率（2007－2009年）

％
80～90
70～79
60～69
50～59
40～49

資料：Current Population Survey（2007-2009）

PPACA以前に子ども養育していない成人に対して既存のメディケイドの受給対象枠をかなり広げていた州は、マサチューセッツ、アリゾナ、デラウェア、ニューヨーク、バーモント、ハワイなどのわずかな州のみであった(Blavin et al. 2012)。

4．無保険者率の地域差

PPACA実施前における65歳未満の無保険者率の地図を図9－3に示した。全米平均が19％であった。

無保険者率が最低の州は4％のマサチューセッツ州であった。マサチューセッツでは、ほとんどの子どもが公的医療保険でカバーされ、連邦貧困線の300％までの世帯所得の成人は医療保険の補助金を支給されていた。実は、2012年の大統領選挙で共和党大統領候補としてオバマと争ったロムニーは、マサチューセッツ州知事であった時代の2006年、医療保険改革を実施し、この市場メカニズムをベースとする共和党的なマサチューセッツの医療保険モデルが、オバマの医療保険改革のモデルとなったのである。

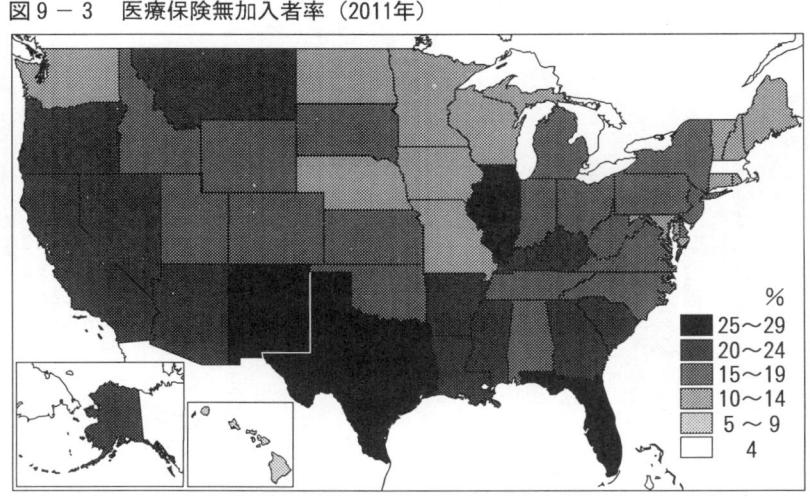

図9－3　医療保険無加入者率（2011年）

％
25～29
20～24
15～19
10～14
5～9
4

資料：Blavin et al. (2012, p.6)

マサチューセッツ以外に無保険者率が低い州は、ハワイ（9%）、ミネソタ（10%）、アイオワ（11%）、ウィスコンシン（12%）、バーモント（12%）、ニューハンプシャー（12%）などであった。それぞれ州独自の医療保険制度を充実させたため、無保険者率が低下していた。それに対して、無保険者率が高い州は、高い順にテキサス（29%）、ニューメキシコ（28%）、フロリダ（26%）であった。いずれもヒスパニック系の移民が多いことが共通している。カリフォルニア（22%）もヒスパニック系が多く無保険者率は高い。

リベラルな州ではすでに州のメディケイドを拡充し、公的医療保険制度を充実させているので、無保険者率が低くなっているが、保守的な州では既存のメディケイドにおいても所得制限を低く設定し受給対象を制限しており、そのため無保険者率も高い。無保険者率の高い州は、PPACAのメディケイド拡大によって受給対象者の大幅増加が見込まれる州であるが、州の財政的な負担も増加することが見込まれ、その多くの州は手厚い福祉政策を好まず、財政均衡を重視する保守的な州である。つまり空間的に見ると医療保険改革のニーズが高い州ほど、それを充足すべき政治的・財政的な条件が満たされずにPPACAに反対するという構図になっていた。

II　PPACA成立とその廃止運動

1．PPACAの成立

PPACAは国民皆保険を目指すが、抜本的改革ではなかった。既存の市場原理による医療保険供給を基本的に維持しつつ、貧困層向けの公的医療扶助制度であるメディケイドを踏襲し、その対象枠を拡大することによって国民皆保険を目指す妥協の産物であった。既存のメディケイドでは主に子どもを扶養する片親世帯に限定されていた受給枠を、メディケイド拡大は子どもを養育していない低所得者を含め、所得制限を連邦貧困線の138％までとした。

新医療保険制度では予防接種と予防医療を提供し、長期的な視点でコスト低下を図るものであった。無職の若者は26歳まで親の保険でカバーされるが、職業に従事している者には医療保険加入を義務づける。65歳未満の国民に医

療保険の加入を義務付け、加入しなかった場合には罰金が科せられる。未加入の場合の罰金は、2014年に95ドル、あるいは所得の1％であったが、その罰金は徐々に引き上げられ、2016年には695ドル、あるいは所得の2.5％となった。

　アメリカ人の55％以上は雇用主提供型の医療保険に加入している。PPACAは50人以上の従業員を雇用する企業に対して、従業員に医療保険を提供することを義務付け、提供しない場合には罰金を科す。50人以上の従業員の企業への医療保険義務化は2015年から実施された。

　雇用主提供型の団体医療保険に加入していない個人のために、医療保険販売市場としてインターネットのサイトであるエクスチェンジを各州に設置し、エクスチェンジで契約・購入する保険に対し連邦貧困線の100～400％まで所得に応じて段階的に税額控除（タックス・クレジット）を支給し[3]、IRS (International Revenue Service：内国歳入庁あるいは米国国税庁と訳される)[4]を通じて保険料負担を補助する制度となっている。エクスチェンジで補助を受けられる世帯は、2014年、4人家族の場合、世帯所得が2万3,550ドル（100％）から9万4,200ドル（400％）までが対象となる。2014年から本格的実施にあたって、2013年10月からのエクスチェンジでの購入が開始したが、連邦政府が運営するインターネットのサイトの不備で登録・購入の手続きが遅れる事態となった。

2．保守派の反対理由

　保守派がPPACAに反対する理由は、主に次の4点があげられる。第1に、州および連邦政府の財政的負担の増大に伴う公的債務の増大とともに、保険料の上昇や増税による国民負担の増大が予想されることである。第2に、「医療の社会化（socialized medicine）」、つまり国家によって医療が管理され、市民の自由が侵害されることが懸念される。第3に、フルタイム被雇用者に対する雇用主提供の医療保険の義務化によって雇用主負担が増大し、それを避けるために解雇やパートタイムへの切替が進行し、結果としてフルタイム雇用の削減が予想される。第4に、人工妊娠中絶や経口避妊薬が保険でカバ

ーされることに対する倫理的・宗教的な立場からの反対があげられる。これらの4点について、以下に述べる。

（1）財源不足と国民負担の増大

　PPACAではメディケイドの対象枠の拡大に加え、連邦貧困線400％まで所得に応じて保険料を税額控除で補助する構造となっているために、必然的にこれまで以上に連邦政府や州政府の財政的負担が増大することになる。そのため増税も必要で、PPACAには21の新規課税項目が盛り込まれていた。2018年から「キャデラック（豪華版）」と称される高額医療保険を提供している雇用主（大学のような法人が多い）は、保険料に対して40％もの追加徴税を課される。PPACAに含まれる7つの増税項目は、個人年収20万ドル以下、及び家族年収25万ドル以下の納税者の増税はしないというオバマ大統領の公約を完全に破ることになった。オバマ政権下における財政赤字の膨大な増加によって、これ以上の財政的負担を国民に強いることに対する批判が高まった。子どもや孫の世代に政府の増大した債務を負わせないためにも、国家権力の増大に反対するリバタリアン的な立場からの抵抗する者も多かった。

　所得階級間の対立もある。メディケイドの受給資格を拡大することは、より中間所得層にその財政的負担を転嫁することにつながる。福祉政策で恩恵を受けるのは黒人やヒスパニックなどのマイノリティが圧倒的に多く、しかもオバマ大統領は不法移民（illegal immigrantsは差別用語だとして、undocumented immigrantsと呼ぶようになってきている）に対して段階的に市民権を与える寛容な政策を掲げており、非合法的に入国した移民にもメディケイドの受給権を認めようとしている。したがって白人の中間所得層の中には、医療保険制度を通して貧富の格差を是正するための再配分政策に不満を抱くものが多い。特に全米の中でも比較的所得が低く、マイノリティが多く、しかも財政的にも厳しい保守的な州においては、白人中間所得層がフリーライダーを増やす再配分政策に反対するのは当然である。景気の悪化による雇用減・収入減で中間所得層の凋落が始まっているなかで、財政的な負担が増大することは、二重苦となるからである。

（2）「医療の社会化」

　アメリカの保守派は社会主義に対して異常なアレルギーともいうべき過剰反応をしてきた歴史がある。アメリカの保守派はいったん一部の医療が国に運営が委ねられると、それが社会主義の足掛りとなり、段階的に国家の介入の拡大を許してしまい、最終的には社会主義が成立し、自由が剥奪される、と警鐘を鳴らしてきた。彼らは国家が公的医療保険制度を通して社会主義化する脅威を「医療の社会化（socialized medicine）」と呼び、抵抗してきたのである。

　トルーマン大統領の時代に国民皆医療保険の導入を試みた時も「医療の社会化」を根拠に激しい抵抗があり、法制化は阻止された。レーガン大統領も若い頃労働組合運動をしていたが、社会主義化の脅威を認識し、支持政党を民主党から共和党に転換し、1960年代のメディケアやメディケイドの法制化の動きに反対して、「医療の社会化」を警戒する喧伝活動を行った（Lonely Conservative 2009）。「医療の社会化」は人道主義的な目的を隠れ蓑として、本当の意図を隠蔽することが簡単にできるからである。

　保守系のオルタナティブ・メディアでもオバマ批判が高まった。例えば、右派タカ派のラッシュ・リンボーは彼のラジオ番組で「オバマケアの廃案をめざす闘争は、本質的に自由の問題」であり、「医療保険は国家を制圧するトロイの木馬である」と批判した（Limbaugh 2010）。インターネットの発達によって、メイン・メディア以外の情報を得る選択肢が増え、オルタナティブ・メディアの影響力が強まった。保守系のオルタナティブ・メディアには、オバマ政権に対して不信感を植えつける情報を流し、銃規制に反対し国家に対し武器を取って戦うべきだ、と主張する過激で扇動的なものも含まれていた。

　2008年の大統領選挙で共和党副大統領候補となったサラ・ペイリン女史は、2009年8月に、民主党主導で作成されていた法案に人間の命の選別をする「死の審議会（death panel）」が導入される動きがあると、オバマの医療保険改革反対表明した。彼女が「死の審議会」と呼んだシステムは、役人が個々人の社会における生産性を判断し、その生産性のレベルに基づいて医療を

割り当て、医療保険全体の経費削減を達成するものであり、重病人、高齢者、障害者などは医療の割り当てが受けられなくなる、と不安を煽るものであった。しかしメイン・メディアは、このようなことは事実無根である、と彼女を激しく攻撃したのであった。この論争は保守派による医療保険改革に対する不信感の表明であった[5]。

　民間医療保険もPPACAによって規制が強まるため、表面的には民間保険であっても実態は国家管理を受ける。医師も医療保険制度によって治療法に制約を受け、医師と患者の信頼関係が損なわれる危険性がある。医師は経験的に別の治療法が良いと考えても、法律で定められた治療法に従わなければ、保険の支払いを受けられないからである。

　オバマ大統領は法案が成立するまでにアメリカ国民に対して、「現在の医療保険が気に入っているなら、それを継続することができる」と繰り返し発言してきた。しかし、2014年の本格的実施前の2013年末には、保険会社から一方的な解約通知を受け取った人は多い。民間医療保険に対する規制が改革前と改革後とでは完全に変更されたので、保険会社がこれまでと同じ医療保険契約のまま継続できるはずがなかったのである。PPACAの法案はその詳細な内容を十分に国民に説明されないまま議会を通過したため、その実施過程で法律の問題点が次第に明らかになった。

（3）パートタイムへの切替と雇用の削減効果
　PPACAは雇用削減効果があると反対派は主張した。PPACAでは50人以上の従業員を持つ企業は、医療保険をすべての従業員に提供することが義務付けられ、医療保険を提供しない場合は、従業員の数に基づいて政府に罰金（税金）を支払うことが強制された。50人以上の従業員規模の企業の本格的な実施は2015年に延期されたが、保険料が上昇しているので義務化を免れるために企業規模を50人未満に削減する企業が増えた。しかもフルタイムが通常の労働法では州40時間以上と規定されているが、PPACAではフルタイムが週30時間以上と規定されているため、週30時間未満のパートタイムに格下げされた労働者が増加している。彼らは雇用主提供の医療保険を失うばかり

でなく、労働時間削減のために給与も大幅に低下した。実際、雇用主が提供する医療保険の保険料の値上がりのために、保険提供を取り消す企業が増加し、2010年3月に法案が成立してから1年半後の2011年第四半期には、雇用主提供型医療保険を450万人が失ったのである（Anderson 2011）。また大企業では、医療保険のコストの上昇のため、従業員の支払う保険料はあまり増額させていないが、ディダクティブル（保険支払免責額）[6]やコペイと呼ばれる自己負担分を引き上げる戦術を取っている。

(4) 人工妊娠中絶や経口避妊薬の保険適用

アメリカは現在でも南部のバイブル・ベルトでは日曜日に教会礼拝する人は人口の50%を超えている。キリスト教の影響力は薄れているにせよ、依然として先進国にあって例外的に宗教的な国である。特に共和党やティーパーティ支持者の中には、福音主義キリスト教徒が多く、人工妊娠中絶や経口避妊薬の保険適用に反対している。オバマ大統領が人工妊娠中絶に賛成の立場をとっており、しかも医療保険が人工妊娠中絶をカバーするのであれば、福音主義キリスト教徒は自分たちの納めた保険料や税金が人工妊娠中絶のために使われるならば加入しないと主張する。しかし宗教的な理由で医療保険強制加入を免除されるのは一部の特殊なケースに限定されている。

主な反対派の論点を以上の4項目に集約した。

医療保険改革だけが問題ではないが、オバマ政権になってから、アメリカ国民は漠然と政府に対する不信感をつのらせている。2011年のギャロップ調査では、共和党支持であれ、民主党支持であれ、アメリカ国民の81%が、この国の政治に対して不満をいだいていることが明らかとなった。これは2003年の31%から大幅に上昇した。さらに深刻なことは、アメリカ国民の49%が、「連邦政府が余りに大きくなりすぎ、権力を増大させ、市民の権利や自由にとって脅威になっている」と回答していることである（Saad 2011）。オバマ政権になって上昇した国民の不信感は、次に論ずるように、法廷闘争や政治的闘争として表出していった。

Ⅲ PPACAの廃止を求める政治的動向

1．PPACAの成立直後からの反対運動

　2010年3月23日、PPACAが成立したが、共和党は強硬に反対し、法案成立後は議会から裁判所へ闘争の場が移る。新法成立直後にフロリダ州の司法長官がPPACAの合憲性を問う訴訟を起こし、フロリダ州の訴訟に賛同した12州の司法長官が共同提訴し、その後7州が共同提訴に加わり、合計20州が共同提訴するに至った（図9－4）。これとは別に、バージニア州は州民に医療保険購入を強制する連邦政府に反対して単独で提訴し、オクラホマ州も独自に提訴した。

　2010年11月の中間選挙までの選挙戦は、ティーパーティ運動のめざましい時期に重なった。ティーパーティ運動は2009年からメディアに登場し、2009年1月にオバマ政権成立後に打ち出された金融危機後の経済刺激策、医療保険改革などの主に多額の債務増大の危機に瀕した財政政策に反対するもので、

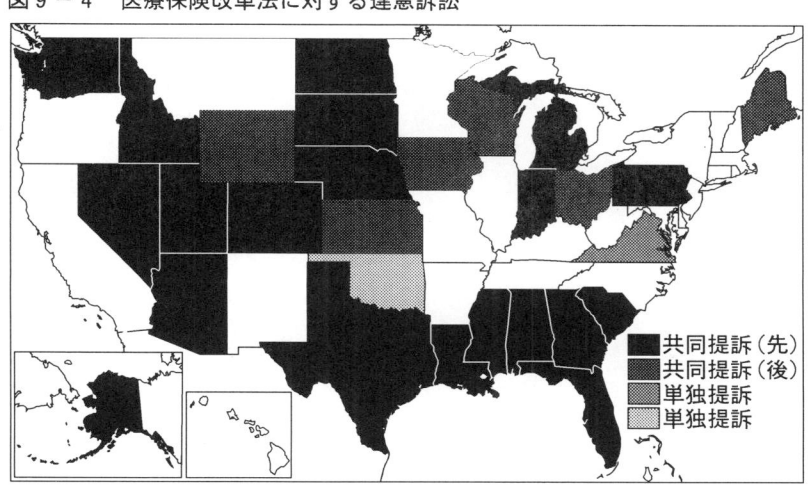

図9－4　医療保険改革法に対する違憲訴訟

凡例：
- 共同提訴（先）
- 共同提訴（後）
- 単独提訴
- 単独提訴

資料：Pickert (2011), and Gamkhar & Pickerill (2011).

中心的指導者や中心的組織を欠いた分散型の草の根運動であった。ティーパーティの支持者は白人、しかも年齢が高めの支持者が多かった。財政的な負担がより増大する勤労精神を持った白人中間所得層と、医療保険改革により無料で医療保険に加入できる低所得層との利害の対立がより鮮明となった。ティーパーティ支持者は「小さな政府」をめざすリバタリアン的な支持者もいれば、福音主義キリスト教徒のモラルを重視する支持者も混在していた。

　ティーパーティ運動の地理的分布は全米に広がっていた。予備選挙までのホットスポットは、南カリフォルニアとアリゾナ州、ワシントン州シアトル大都市圏、ニューイングランド南部、フロリダ州であった。本選挙戦でのホットスポットは、カリフォルニア州とアリゾナ州、ワシントン州の南西部とポートランド大都市圏、テキサス州ダラス・フォートワース大都市圏、ノースカロライナ州中央部、インディアナとオハイオの両州の北部などに拡大していた（Cho et al. 2012）。

　2010年の共和党予備選挙では、ティーパーティ独自の候補者が有名なベテラン議員に対抗してめざましい勝利を収めた。11月の本選挙では全面的な勝利とは言えなくとも、ティーパーティの勢いに乗じて共和党が圧勝し、下院は過半数に達し、上院では過半数に達しなかったものの議席を増やした。州レベルでも、州知事や州議会（上院・下院）選挙において、共和党は圧勝した。

　2011年1月、ティーパーティ運動の影響を受けた共和党の知事が就任した。オハイオ、ウィスコンシン、アイオワ、カンザス、ワイオミング、メインの6州が共和党の知事となり、これらの州はフロリダの違憲裁判闘争に加わり、合計26州が共同提訴に至った（Pickert 2011）。加えて、バージニアが独自に法廷闘争を行い、オクラホマ州司法長官も提訴の意向を表明したことから、50州の内28州、なんと半分以上の州がPPACAの廃案をめざして法廷闘争に入ったのである。これら提訴した州の州知事や司法長官はすべて共和党支持者であった。

　2009年の法案成立以降、州レベルでPPACAの根幹部分、つまり強制加入を拒否するために、エクスチェンジ設置に反対する動きが盛んになった。図9-5に示したように、2011年1月までに、30州は州憲法改正を提案し、16州

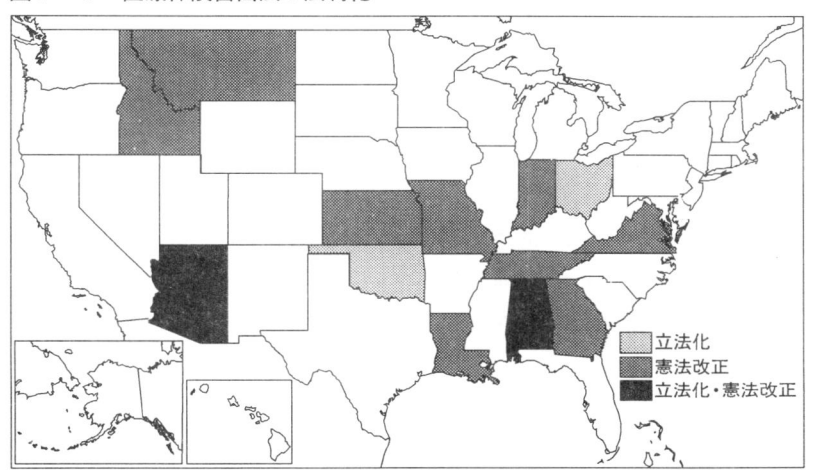

図9－5　医療保険自由法の法制化

余りは法制化を図った。2012年までには、13州が一般に「医療自由法（Health Care Freedom Acts）」と呼ばれる法律を制定、もしくは憲法改正を行った。これにより州が、医療保険を購入しなかった雇用主や個人に罰金を科すことを禁じた。アラバマ、アリゾナ、ジョージア、アイダホ、インディアナ、カンザス、ルイジアナ、ミズーリ、モンタナ、テネシー、バージニアの各州は法律を制定し、アラバマ、アリゾナ、オハイオ、オクラホマの各州は憲法改正を行った（Cannon 2013, p.6）。しかし上位法である連邦法が効力を持つので、これらの法制化の動きに反対表明をしているのにすぎなかった。

2．政治の分極化と州政治

オバマ医療保険改革にみられる政治的な対立は、2000年代に入ってからアメリカの政治において民主党と共和党との対立が激化する政治的分極化の中で起こっている。2000年以降、政治的分極化についてはメディアも盛んに報道している。民主党がよりリベラルに、共和党がより保守的な立場に移行し、政党間のイデオロギー的な対立と分極化が進行していった。ブッシュ政権の時代はイラク攻撃をめぐって政党間の対立が激化し、オバマ政権の時代にな

ると、公的資金による金融機関やGMの救済、財政赤字の増大、医療保険改革などの政策をめぐって、二大政党間の対立が先鋭化した。

　リベラル・保守のイデオロギー的位置を計量的に分析した政治学的研究においても、1970年代ごろから政党間のイデオロギーの分極化傾向が強まっている歴史的趨勢が検証された（Hare and Poole 2014, Bonica et al. 2013）。

　伝統的なアメリカの政党は、政党間のイデオロギー的な対立があまり鮮明でなかった。民主党の中でも共和党に近い穏健派がおり、共和党の中にも民主党に近い穏健派が存在し、両者間にはイデオロギー的な違いがあまりなく、むしろ部分的に重なり合い、交渉や妥協によって議会運営がなされてきた。

　ところが1960年代中頃から民主党から保守的な色彩が薄れ始め、リベラルな色彩に統一されていく。共和党も1970年代中頃からイデオロギー的に、より保守的な立場に移行していく。これまで対立政党の中の穏健派を取り込む政党間協力が立法過程で見られるのがアメリカ政党政治の特徴であったが、オバマ大統領の医療保険改革案には共和党の議員は一人も賛成票を投じなかった。日本には党議拘束があるが、アメリカには党議拘束がなく、議員が政策ごとに自由に投票できるにもかかわらず、アメリカで共和党議員の投票が一致したのは異例なことであった。

　州知事や州議会の選挙において、政治的分極化の傾向が一段と強まってきている（Balz 2013）。一党支配のもとで州政府が州民の受容可能な限界をはるかに超えた一方的な政策を断行する危険がより高まっている。いわゆるブルー州とレッド州との色分けが政治イデオロギー的にも鮮明になり[8]、州民のマジョリティの政治イデオロギー的選好（好み）はそれほど分極化しているわけではないが、州の政策は州民のミディアンの水準よりも、リベラルな州ではよりリベラルに、保守的な州ではより保守的に極端にふれる政策をとるようになり、マジョリティの選好との間に差が生じている（Phillip and Lax 2012）。

　ティーパーティ運動の支持によって当選を果たした共和党知事は2011年から2012年に財政削減を断行した。公立幼児教育から高等学校までの教育費を、州立大学の教育費とともに大幅に削減し、多くの教師を解雇し、公務員、特

に教員の労働組合の団体交渉権を制限する動きも見られた (Gramkhar and Picherill 2012)。たとえばウィスコンシン州知事は団体交渉権を制限し、人員削減や年金の削減を断行し、組合と激しく対立した。

　ティーパーティに支援されて当選した共和党知事は、その過激な政策により世論調査での支持率が低下したため、2014年の再選をかけた選挙に備えて、政策的には妥協する方向へ転換し、ティーパーティからの支持は弱まっていった。一方、連邦議会では共和党が過半数を占めた下院において、予算削減の要求が高まり、債務上限の引き上げに反対する動きが強まるなど、共和党の中の保守派による民主党との対決姿勢が強まった。

Ⅳ　2012年の最高裁判決と大統領選挙

1．2012年6月の最高裁判決と大統領選挙

　医療保険改革に対する反対運動は2010年に高まるが、2012年には成果を出すことができなかった。半数以上の州がPPACAをめぐり連邦政府を提訴する事態に至ったものの、2012年6月の最高裁判決は反対派の期待はずれに終わり、しかも2012年11月の大統領選挙でオバマが再選されたために、事実上、医療保険改革の廃止運動も暗礁に乗り上げてしまったのである。この経過を以下で述べる。

　PPACAの合憲性をめぐる裁判の争点の1つは、「連邦議会が個人に民間医療保険購入を強制できるか」であった。合衆国憲法では連邦政府が州政府に対して介入できるのは、通商条項（Commerce Clause）に限定されている。通商条項とは州をまたぐ貿易や交通に関して連邦政府に権限を付与することができるとされているもので、この条項によって連邦議会の権限の及ぶ範囲は歴史的に拡大されてきた。しかし医療保険はすでに州ごとに独自の規制のもとに市場が形成されており、通商のために連邦政府が州間の調整をしなければならない理由がなかったため、通商条項で合憲と判断することは難しかった。もう1つの争点は、「メディケイド拡大が州の主権を侵害し、憲法修正第10条に違反するのではないか」という問題であった。

オバマ大統領のもとで大統領に拒否権があるなど、PPACAの廃案を望む共和党にとっては乗り越えなければならない障害が多く、共和党支持者にとって最高裁判決が最後の砦であった。保守派は連邦最高裁判所が違憲判決を出す可能性が高いと期待したが、多くの憲法の専門家は連邦議会で成立した法律が最高裁判決で違憲判決が出る可能性は低いと予測していた。

　果たして2012年6月の連邦最高裁判所の評決は、5対4で合憲判決が下された[7]。ただし通商条項は該当しないと解釈したうえで、医療保険に加入しない者に対する罰金を税と解釈することによって、連邦議会の徴税権として権限を認め、合憲と判定したのである。しかしながら、この判定はオバマ大統領は法案の説明でさかんに「税ではない」、と主張してきたことと完全に矛盾していた。

　ただし、州政府に対してメディケイド拡大を義務付けた条項は、憲法が定める連邦議会の権限を超るものとして、連邦最高裁は無効と判断を下した。つまり各州はメディケイドを拡大するか、しないかを選択ができ、しかもメディケイド拡大しない州に対して、連邦政府が拠出済みのメディケイド補助金を引き揚げることはできない、と判断したのである。

　この最高裁判決を受けて、法律撤廃の目的を遂げることができなかった共和党知事らは、同年11月の大統領選挙でオバマの再選阻止に賭けることなった。共和党の大統領候補のロムニーとは接戦となり、最後まで予断を許さなかったが、最終的にオバマが勝利し、最高裁判決とオバマの再選によって、医療保険法撤廃の実現は事実上困難となった。このように2012年は反オバマ勢力にとって重要な年であったが、法律撤廃の展望を失った敗北の年となった。

2．2012年の州選挙と政治的分極化

　2012年の最高裁判決と大統領選挙では、オバマ大統領に反対する共和党は辛酸をなめることになったものの、大統領選挙と同時に行われた州の選挙では共和党は圧勝した。図9－6に示したように、50州のうち3分の2は、州における知事の政党及び議会（上院・下院）の過半数に達した政党が、すべて

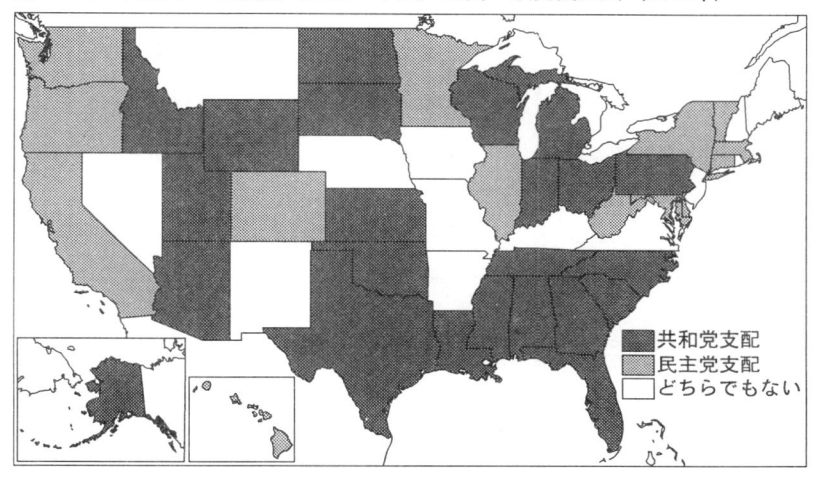

第9章　オバマの医療保険改革をめぐる地域的分極化

図9－6　州知事、州議会（上院・下院）の同一政党支配州（2012年）

凡例：共和党支配／民主党支配／どちらでもない

資料：Kennedy and Balz (2013).

民主党または共和党の一党支配下に転換した。共和党が知事と議会（上院・下院）の全てを完全に掌握したのは23州にも達したが、民主党が完全に掌握したのは14州で、共和党の一党支配州の方が圧倒的に多かったのである。以前は知事と州議会の一党支配よりも民主党と共和党に権力が分割されていた州の方が多かったが、2010年の中間選挙により、共和党が知事と議会の全ての権力を掌握した州が一挙に増え、一党支配州が31州となり、さらに2012年の選挙で一党支配州は37州となり、州レベルの政治的分極化が激化していったのである。

　2008年以前から、共和党が知事と議会のすべてを支配してきた州は、ユタ、サウスダコタ、ノースダコタ、アイダホ、フロリダ、テキサス、ジョージアの7州である。それらは2010年及び2012年の選挙においても共和党の牙城として維持した。ティーパーティ運動が盛んとなった2010年から、連邦政府の政治的動向によって支持される政党が変動する「スイング州」の中から、オハイオ、ワイオミング、ペンシルバニア、カンザス、アリゾナ、ミシガンの6州が、共和党による一党支配に転じた[8]（Elliot and Balz 2013）。

171

一方、民主党の牙城は、ウェストバージニア、メリーランド、ハワイ、カリフォルニア、ワシントン、マサチューセッツ、バーモントの諸州である。これらの州では民主党の一党支配がこれまでも成立した選挙が多かったばかりでなく、ティーパーティ運動が頻繁にメディアで報道された2010年の選挙でも、民主党の一党支配が続き、かつ2012年の選挙でも民主党支配がゆるがなかった。

　以上のように、共和党は2010年の中間選挙の勝利に続き、2012年の州レベルの選挙結果でも勝利したにもかかわらず、オバマ大統領の政策を大きく変えるような打撃を加えることができずに終わったのである。

V　メディケイド拡大とエクスチェンジ設置

1．メディケイド拡大の実施州と拒否州

　PPACAの下でのメディケイド拡大は、世帯所得が連邦貧困線の138％以下で、子どもを扶養していない65歳未満の成人にまで、公的医療保険の受給枠を広げ、それによって無保険者数の大幅な削減を図るものである。このメディケイド拡大の財政負担は、当初3年間連邦政府が100％負担するが、その後州政府の負担割合が段階的に増加し、2020年までに10％に増加する。しかしメディケイドの財源を長期的に展望した時に、連邦政府は州の財政負担割合を増していくと予想され、現在でも財政難である諸州の財政がより悪化することが懸念される。一方、既存のメディケイドの財政負担は連邦政府と州政府の両者が分担し、連邦政府が平均57％負担しているだけであるため、既存のメディケイドは州にとって財政的な負担は重い。

　図9－7に、2014年のPPACA本格実施に伴い、メディケイド拡大を実施する州と実施しない州の地図を示した。コネティカット、ワシントンD.C.、ニューヨーク、バーモントは、2012年6月最高裁判決直後にメディケイド拡大の決定を発表した。いずれも民主党の州知事で議会も民主党支配であった。[9]　2012年の大統領選挙後、12月にオレゴン、および翌年1月にデラウェアの各州知事がメディケイド拡大を発表した。続いて2013年の9月までに、メディ

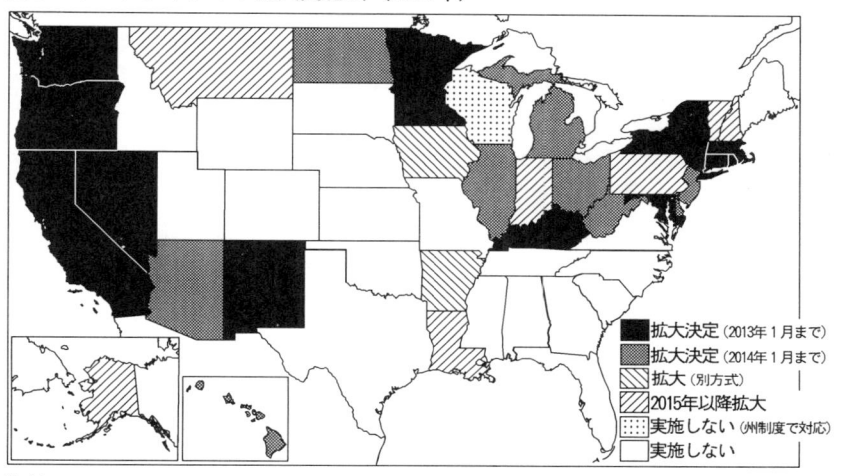

第9章 オバマの医療保険改革をめぐる地域的分極化

図9-7 メディケイド拡大実施州（2017年）

凡例：
- 拡大決定（2013年1月まで）
- 拡大決定（2014年1月まで）
- 拡大（別方式）
- 2015年以降拡大
- 実施しない（州制度で対応）
- 実施しない

資料：Kaiser Family Foundation.

ケイド拡大を決定した州は、カリフォルニア、コロラド、イリノイ、メリーランド、マサチューセッツ、ミネソタ、ワシントンであった。これらのメディケイド拡大を決定したのは、いずれも民主党の知事の下で議会も民主党の支配下にあった。

一方、PPACAに反対していた州は、2012年の大統領選後まで態度を表明するのを控えていた。2013年1月にメディケイド拡大を拒否すると発表したのはワイオミング、アイダホ、ジョージア、2月にルイジアナ、ノースカロライナ、ウィスコンシンであり、いずれも共和党の州知事の州であった。同年9月までにメディケイド拡大拒否を決定した州は、アラバマ、カンザス、メーン、ミシシッピ、ネブラスカ、ペンシルバニア、サウスカロライナ、テキサス、ウィスコンシンであった。いずれも共和党知事の州であった。

ところが2013年になると、2月から9月までに共和党の知事の州においてもメディケイド拡大を決定する州が増加する。ノースダコタ、ニューメキシコ、ミシガン、アリゾナ、ニュージャージーがメディケア拡大を決定した。無所属の知事のロードアイランドでもメディケイド拡大の方針を決定した。

2014年3月の時点で26州およびワシントンD.C.がPPACAのもとでメディケイド拡大を開始した。

2．共和党知事によるメディケイド拡大

　州知事と議会（上院・下院）の政党支配（図9－6）とメディケイド拡大（図9－7）の関係を見ると、2014年3月の時点で、民主党が独占支配する13州はすべてメディケイド拡大を実施している。それに対して、共和党が独占支配する州は拡大を拒否したところも多いが、共和党が支配的な州でも、2013年以降妥協し始めた州が増加した。例えばアリゾナ州の議会は2013年拡大法案を通過させ、共和党知事が署名した。その後拡大に反対する署名運動が起きたものの廃案には至っていない。2010年の中間選挙でティーパーティの支持を受けて当選したフロリダ州のリック・スコット知事（共和党）はメディケイド拡大には反対してきたが、2013年からは病院や保険会社からの圧力で拡大の方向を模索し始めている。オハイオ州のジョン・カシッチ知事（共和党）もティーパーティの支援を受けて2010年に当選し、PPACAに反対してきたが妥協し始め、2013年2月メディケイド拡大を実施すると発表した（Roy 2013）。

　メディケイド拡大に反対してきた共和党知事が妥協し始めた背景には、救急医療を負担する病院からの圧力もある。これまで無保険者に実質的に対応してきた救急医療（ER）は財政補助がなければ成り立たない。病院は患者に支払い能力がなくとも、たとえ不法移民であったとしても、救急医療を提供する義務が法律で定められている。連邦政府はこれまで無保険者に対する救急医療を提供するコストを補填するために、DSH支払（disproportionate share hospital payments）制度で支えてきたが、医療保険改革開始年である2014年からその予算を削減した。これに伴い、病院は救急医療の赤字を削減させるために、無保険者を減少させる必要に迫られ、メディケイド拡大を要望するようになった。

　オハイオ州ではメディケイドの医療費支払いは、民間保険会社の医療費支払いと比較し、財政的な理由から半額に抑制されている。医師の28％は医療

費支払いの割合が低いメディケイド患者を拒否するという問題がある。そのようなメディケイドの問題があっても、連邦政府からの救急医療のための補助金の削減は病院経営を圧迫し、病院からのメディケイド拡大要求を強めた。

メイン州の共和党の州知事ポール・レペイジ（LePage）は2010年にティーパーティの支持を受けて当選し、メディケイド拡大に反対し、民主党が優勢な州議会で通過したメディケイド拡大法案を拒否した。ニューイングランドは民主党が強くリベラルな政治文化が特徴的な地域であるが、そのなかでメーン州は例外的に共和党の知事が選出され、民主党支配の議会と激しく対立している（Moretto 2014）。

アーカンソーとアイオワの両州は、メディケイド拡大の予算を「民間オプション」と呼ばれるエクスチェンジ（次項）を通じて民間保険を購入するための補助金に充当する新方式でメディケイド拡大に対応する。本来メディケイド拡大のために配分される予算を、別の方式の予算に充当するので、1115条適用除外（waiver）の申請をして許可を得なければならない。「民間オプション」は民主党と共和党の妥協策として共和党に受け入れやすい。インディアナ、ミシガン、ペンシルバニアの共和党支配州においても、この適用除外を申請し許可を受け、遅れて実施することが決まり（Kaiser Family Foundation 2015）、2015年にアラスカ、2016年にニューハンプシャー、モンタナ、2017年にルイジアナの諸州において、メディケイド拡大が実施された。一方、ユタ州は2014に、知事がメディケイド拡大を決定していたが、議会が反対し実施できなかった。

メディケイド拡大を拒否した諸州は、メディケイドの受給資格の所得上限が連邦貧困線の100％よりもかなり低く設定されている傾向がある（図9−1）。子どもを養育していない成人を含め連邦貧困線138％まで受給者枠が拡大すると、そのコストは連邦政府からの補助金として3年間100％受けることができるが、後には州政府の負担が増加する。しかも、メディケイドに受給資格があるものの、未登録で受給していない者の割合が高い州が多い（図9−2）。医療保険加入の義務化に伴って、そのような有資格者である未登録者の登録が増加する「ウッドワーク効果」により、州の財政的負担が増大する

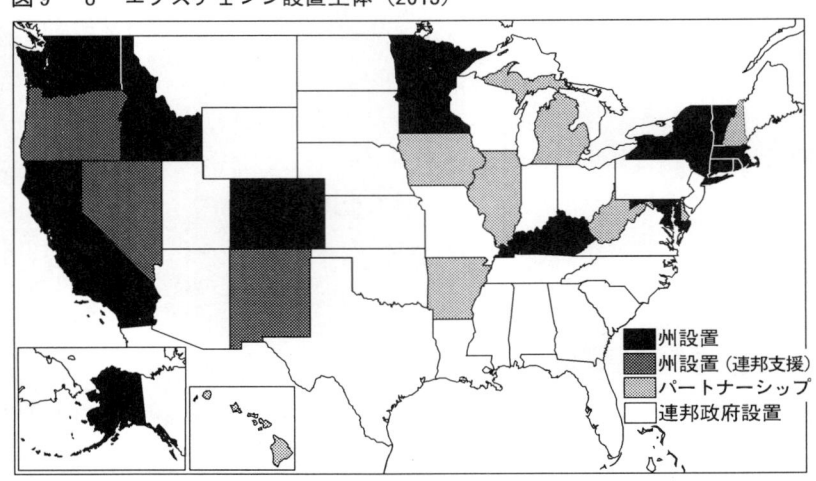

図9-8 エクスチェンジ設置主体 (2015)

凡例：
■ 州設置
▨ 州設置（連邦支援）
▥ パートナーシップ
□ 連邦政府設置

資料：Kaiser Family Foundation.

ことが予想される。そのため福祉に財源をあまり配分してこなかった保守的な州ほど、財政的な負担が増える傾向があるために、メディケイド拡大を拒否する傾向があるのである。

3．エクスチェンジ設置の選択肢

　エクスチェンジは、公的医療保険購入WEBサイトであり、各種の民間保険プランを比較する市場機能を提供するばかりでなく、世帯の資格要件を確定し、税額控除を確定するなど、医療保険の登録のために不可欠な機能を備えている。2014年1月からPPACAの本格的な実施が始まったが、図9-8のように、州がエクスチェンジを設置したのは16州（後にウェブサイトの運営が困難で、連邦政府が技術的に援助した3州も含む）のみであった。州が設置するのを拒否し連邦政府が設置したのは34州（パートナーシップも含む）にも及んだ。連邦政府が設置したエクスチェンジは人口ではアメリカ全人口の約3分の2に相当する。

　エクスチェンジの設置を決定する期限は、2012年12月であった。エクスチ

ェンジを自州で設置することを決定した州は、既存の公的医療保険制度が充実し、無保険者率も低く、政治的にはリベラルな州が多かった。マサチューセッツとユタはPPACAの法制化以前に州でエクスチェンジ設置の州法を成立させた。カリフォルニア、コロラド、コネティカット、ハワイ、メリーランド、マサチューセッツ、ネバダ、オレゴン、バーモント、ウェストバージニア、インディアナ、ロードアイランド、そしてワシントンD.C.が、2011年までに州でエクスチェンジを設置することを決定した。エクスチェンジ設置のための補助金を受けたのは13州であった。これらは民主党の支配的な州がほとんどであるが、ユタは共和党が支配的な州であり、インディアナも2010年から共和党が支配する州となった（Blavin et al. 2012）。結局、インディアナは州では設置しないこととなり、連邦政府が設置するエクスチェンジとなった。ウィスコンシンはすでにメディケイドやCHIPなどの公的保険プログラムと他の福祉局のプログラムとを統合するITシステムを開発するための別枠の連邦補助金を受けていた。バージニアとウィスコンシンはエクスチェンジを開発する意図を表明した法律を可決したが、2010年にティーパーティから支援されて当選した共和党知事は州のエクスチェンジ設置に反対した。

　自州のエクスチェンジ設置を拒否し、連邦政府がエクスチェンジを設置した州は、保守的で、主に財政負担の増加を理由に拒否した。しかしエクスチェンジは医療情報、税金、銀行口座などの重要な個人情報を取り扱う機関でもあり、財政上の理由から連邦政府に設置・運営を一任してしまうと、州政府が州民の医療保険に関する個人情報に関与できないというリスクも伴う。

　エクスチェンジは、2013年10月から開始予定であったが、連邦政府の設置するエクスチェンジは、実際に利用可能となるのが遅れるトラブルも発生した。また州で運営するには技術的にも大変で、結局連邦政府の支援を受けざるを得なかった州も出てきた。

　連邦政府による価格統制は、地域間所得格差を反映して保険料を設定する地域差のあるものであった。また既往症のある消費者の保険料を低下させたが、一方で低リスクの健康な消費者の保険料を上昇させた。そこで若くて健康である低リスクの消費者は、医療保険に加入せずに、将来病気になった時

に保険に加入すればよいと考え、保険料よりも安価な罰金を支払うことを選択することが増える。このように政府統制価格は「逆選択」[10]の悪循環をまねく危険性がある (Hunter 2011 ; Monhell et al. 2004)。つまり、低リスク消費者の市場からの退出と、高リスク消費者の市場への流入によって、保険料価格は上昇し、制度が崩壊する可能性があるのである。それを阻止するためにも連邦政府は未加入の罰金を値上げしていく必要があった。

　エクスチェンジは消費者選択モデルの一種と説明されているが、それは表面的にしかすぎない。医療保険市場は連邦政府の支配下に置かれ、民間の保険会社とはいえ極端に厳しい規制を受けているので、もはや実質的には民間とは言えず、競争やイノベーションがない市場となる、と予測されていた (Moffit and Haislmaier 2013)。しかも大都市圏の中でも地域（カウンティ）ごとに異なる価格体系も、もはや市場原理ではなく、地域統制価格になっている。

むすび

　オバマ医療保険改革に、民主党が優勢なリベラルな州は賛成し、共和党が優勢な保守的な州は反対した。連邦政府の権限拡大に対しても、政治的イデオロギーが両極に分化し激しく対立した様相が、政治文化地域を反映した州単位の地域的パターンに表れている。オバマ政権下では、民主党と共和党が激しく対立する政治的分極化の時代になった。財政均衡をめざすティーパーティから支持された影響で、共和党が強硬に民主党と対立した。ワシントンを舞台としたイデオロギーの衝突は、予算案の成立を阻み、2013年10月には連邦政府機関停止に至った。政治的分極化は立法過程の停滞と機能不全をもたらした。

　州レベルの政治においても、ティーパーティ運動の支援を受けて勝利した州知事や保守的な共和党の影響が強い州において、PPACAの違憲訴訟、医療自由法の制定、メディケイド拡大の拒否、エクスチェンジの設置の拒否などの抵抗が続いた。メディケイド拡大を拒否した州は、連邦政府からのその分の補助金を受けず損をしたばかりでなく、無保険者もあまり減少しない。

第9章　オバマの医療保険改革をめぐる地域的分極化

国民皆保険を目標とした改革であったが、これらのメディケイド拡大を拒否した州においてはその目標を達成できない。特に人口規模の大きいテキサスやフロリダなどの州においては無保険者が多い状況が続くことになる。

　オバマ医療保険改革を反対した州と連邦政府との対立も2012年を分岐点として、法律の廃案化は困難となり、メディケイド拡大を拒否した共和党知事も妥協を迫られるようになった。その抵抗運動は成功しなかったが、この改革は保守派が歴史的に「医療の社会化」に抵抗してきたように、市民の自由が侵害される恐れがあるばかりでなく、、財政的にも、経済的にも、倫理的にも問題が残っている。今後の展開を注意深く見守る必要がある。

　2014年の11月には、オバマ医療保険改革法の策定にたずさわったマサチューセッツ工科大学のジョナサン・グルバー教授が、法案を成立させるためには「透明性の欠如」が成功の秘訣であったと述べ、それを「アメリカ選挙民の愚かさ」と表現していたビデオが、インターネット上で公開された。この問題をフォックス・ニュースなどの保守系のメディアが最初に報道した。グルバーは、「もし法案が健康な人が支払い、病人が給付される、と書かれていたら、法案は通過しなかったであろう」と述べている。財政的な流れを十分説明しなかった「透明性の欠如」、つまり分厚い法案をきちんと読まない大衆の「愚かさ」につけ込んだ手口により、PPACAは成立してしまったのである。アメリカの民主主義はとても危うげに漂流している。

　2017年1月、オバマ医療保険改革法を廃止し、新しい医療保険制度を導入すると選挙公約していたトランプ政権が成立したが、2017年7月、医療保険改革を廃止する法案は、3人の共和党上院議員の裏切りのために、法案は上院を通過できなかった。共和党内にもトランプ政権に対する抵抗勢力が強く、前途多難である。

註
1）法案が成立するまでの過程は上院・下院とも民主党が過半数を占める議会ではオバマ大統領に有利に進行した。2009年11月、下院で医療保険改革法案を可決したが、2009年12月、上院では下院とは異なる法案を可決した。20

10年1月、マサチューセッツ上院議員補欠選挙で共和党候補が選出されたため、上院では共和党のフィルバスターを回避する60票が確保できなくなった。2010年3月、下院は上院のPPACAを承認し、両院は上院で法案を通過させるための妥協案としてHealth Care and Education Reconcilation Act（HCERA）を可決した。

2）たとえば、2本の指を切断する事故にあい、縫合費が中指6万ドル、薬指が1万2千ドルと告げられ、薬指だけ縫合手術を受けた人の事例が紹介されている。

3）連邦所得税の所得控除した課税対象額に税率を掛けて算出した課税額から、税額控除（タックス・クレジット）の額を控除できる制度。医療保険料に対するタックス・クレジットは還付可能なので、連邦所得税がマイナスになった場合は還付される。

4）2013年5月にはオバマ大統領に近いIRS職員が医療保険改革に反対するティーパーティ運動など保守系の政治団体を対象に税審査を厳格化したIRSスキャンダルが発覚した。

5）RFIDチップ（radio frequency identification chip）の埋め込みがオバマの医療保険改革に盛り込まれていると報道したのは保守系のオルタナティブ・メディアであった。RFIDチップは皮膚に埋め込むと、簡単に売買ができるなどたいへん便利となるが、国家によって行動が監視されるようになる。これは聖書の黙示録13章の「獣の刻印」であると報道された。

6）年間の保険支払免責額、つまり保険会社が医療費を支払い始めるまでに被保険者が支払わなければならない金額の上限が設定されている。被保険者は保険料とは別に、この免責額に達するまでの医療費とコペイなどの自己負担金額を支払う。

7）最高裁判所のジョン・G・ロバーツ裁判長は、ブッシュ大統領に指名された保守派である。彼がオバマ政権の圧力に屈服して違憲判決を土壇場で覆したという事実が明るみに出て波紋を呼んだ（Roy 2012）。

8）これらの州はクリントン大統領への批判が強まった1994年から、共和党による一党支配時代を経験しているという共通性が見られる。

9）ニューヨーク州は2010年の選挙の結果、知事と議会がすべて民主党支配ではなくなった。

10）ニュージャージー州では、1993年から個人医療保険制度を開始した。既往症に関わらず民間保険に加入を許可し、地域ごとの保険料体系で、住民全員に加入を強制しなかった。10年後、低リスクの人が保険に加入せず、高リスクの被保険者の比率が上昇する逆選択の問題が生じた。

第10章　地域におけるビッグ・ソートと政治的分極化

はじめに

　政治的分極化の問題がメディアでも論争的に取り上げられるようになったのは、2004年頃のことであった。この頃に二大政党がお互いに共通点を見つけ協調することが困難になり、ワシントンでは、政党間で妥協する穏健派の存在が薄まり、二大政党が両極で激しく対立するようになった。同時に地域レベルでも政治的色彩がどちらか一方に極端に偏り、地域的な対立が鮮明になっていった。

　同性婚の合法化、人工妊娠中絶、マリファナの合法化、銃規制、二酸化炭素排出規制などの環境政策、幹細胞研究など政策において、両政党間で対立している。オバマ大統領の時代になってリベラルな政策が実現されつつあるなかで、両者の対立も激化している。そのような中で、2015年6月の連邦最高裁判決で、同性婚が合法化されたのは、リベラルの勝利を象徴する出来事でもあった。保守的な共和党はオバマ政権のもとでリベラルな民主党に政策的に退潮を余儀なくされつつあるのである。

　同性婚の合法化は、政治的にリベラルな州で先行した。同性婚は福音主義キリスト教徒を中心に保守派が反対してきたが、最高裁判決によって同性婚に反対する州も同性婚の合法化の波に呑み込まれた形となった。マリファナ合法化に関しても医療用や嗜好用マリファナを合法化した州はリベラルな州である。このように現代のアメリカの政治はオバマ政権のもとで劇的にリベラルな方向へシフトした。

　このリベラル勢力が連邦政府で政治的な支配力を強めている背景には、地域的においても研究開発で経済発展している地域へ高所得・高学歴の若者人口が流入し、リベラルな政策が支持される地盤が強固になってきていること

と関係している。国内人口移動の点から見ると、民主党支持者は民主党支持者の多い地域へ、共和党支持者は共和党支持率の高い地域に移動する、というビッグ・ソートが1990年代以降顕著になっている。また寛容な移民政策により、移民人口が増加している州において、移民の増加は民主党支持率を高めるため、レッド州からブルー州への転換が起こっている。

本章では主に、地域間人口移動によって共和党地域と民主党地域により鮮明に選り分けられつつあることを検証するとともに、その価値観の対立を地域差に焦点をあてつつ、歴史的に福音主義プロテスタントの政策的理想と、それと対抗関係にある社会的にリベラルな潮流への時代的変化を論ずる。

I　ビッグ・ソートと地域で優勢な政党

1．ビッグ・ソート仮説

アメリカ人は1970年代以降の人口移動によって、自分と同様なライフスタイル、信条、そして究極的には政治に至るまで、同一性を共有する人々が居住するコミュニティに群がる傾向が、データからも証明されている。人々は政治的な志向が共通で、投票行動も同様な者同士が特定の地域に選り分けられて移動することを意図的に行ったわけではないものの、結果として民主党・共和党支持の色分けがより鮮明となるような選択を自主的に行ってきた。

アメリカ人は毎年その4〜5％が居住地を移転し、10年間では1億人のアメリカ人が移動する。アメリカ人は生涯のうちで居住地を頻繁に変えることで知られている。移動理由としては職業上の理由、好ましい自然環境や商業・交通などの便利さ、家賃や住宅価格など、様々な要因が関係しているが、居住地移動が頻繁に繰り返されたために、結果的には政治的な志向の地域的選別に帰着したのである。

1976年には、どちらかの政党が大統領選挙で圧勝する郡に住んでいたアメリカ人は、4分の1にも満たなかった。ところが、2004年までには、選挙民の半分近くはどちらかの政党が圧勝する郡に居住するようになったのである。これをBishop（2009）は「ビッグ・ソート（big sort：大選別）」と呼んだ。

2．政治的分極化の時代的変化

　かつての人口移動は経済発展との因果関係が強かった。1960年代頃までは低賃金の農村地域から高賃金の都市への移動が一般的な人口移動のパターンであった。1950年代、南部の綿花栽培地域からは機械化に伴い、大量の黒人労働力が北部の工業地域に移動し、アパラチアの貧しい白人はクリーブランドやデトロイトの北部の工業都市に移動した。これらの移動は貧困地域から離脱して、賃金の高い雇用機会に牽引される、経済的理由による人口移動であった。

　ところが1970年代以降、人口移動が自主的に、より選別的となっていく。共通する信条やライフスタイルによって、教会、民間組織などを選り分け、好ましいコミュニティを自主的に選別する、つまり「ビッグ・ソート」の時代に変化した。人々は自分たちの価値観に一致する環境を再創造するため、彼らの価値に合致したコミュニティに自主的に移動するが、彼らの原則や選好に一致しない、妥協を強要するようなコミュニティは拒否する。アメリカ流の居住地選択は、無意識のうちに自分と同様な価値観を持つ人々のコミュニティに集中する傾向を強めた。そして文化的な理由で自らが選別した帰結は、地域コミュニティはますますどちらかの政党支持にはっきりと固定されていくことだった。

　1970年代中頃までは、政党間の分離・対立は今日のようには激しくなく、両党において穏健派の占める割合が高く協調的であった。教会に行く人が共和党とも民主党とも識別されていなかったし、共和党支持者は必ずしも保守的と自認していなかった。支持政党が固定されていない無党派層も多かった。

　1970年代中頃以降、政党間の分極化傾向が始まり、政党間のイデオロギー的な対立が深まっていく。民主党はよりリベラルになり、共和党はより保守的になった。女性はより民主党支持に偏り、農村部や教会に通う人たちは共和党支持に偏った。

　共和党は独自の基金、研究グループ、メディア機関を設置し、対する民主党も独自の基金、研究グループ、メディア機関を設置し、それぞれが分断し

て情報をコントロールする。アメリカ人はますます自分の価値観に合致したニュースを見聞きし、政治的分極化が一層深まる。保守派はフォックス・ニュース、リベラル派はナショナル・パブリック・ラジオ（NPR）から、それぞれ自分の既存の意見を補強する情報を得て、自分のイデオロギーを確信する。つまりケーブルテレビやインターネットによる情報の多様な選択肢の増大は、より人々を分断するように作用した。

3．学歴とビッグ・ソート

　選り分けを伴う人口移動は、民主党支持者を民主党が優勢な地域へ引き寄せ、共和党支持者を共和党が優勢な地域へ引き寄せる地理的な分極化の作用を伴った。

　コミュニティによって政党支持が分離する傾向が、1980年代以降強まっている。この傾向は、学歴、宗教、外国生まれの市民、白人人口率と関連している。学歴では、民主党が優勢な郡では大学卒あるいはそれ以上の学歴の市民の割合が高く、共和党が優勢な郡では大学卒の割合が低い。教会に通う人々は共和党が優勢な郡へ、世俗的な人々は民主党が優勢な郡へ移動する。外国生まれの市民の割合は、圧倒的に民主党が優勢な郡に多く、共和党の優勢な郡ほど少ない。一方、白人人口は1970年の時点では、政党支持との関連はなかったが、その後白人がより共和党が優勢な郡に集中する傾向が強まっている（Bishop 2009）。

　かつて、貧困層は民主党支持、所得が高い階層は共和党支持というのが、アメリカの社会通念であった。ところが最近では白人の大学卒や大学院卒などの高学歴者の人ほど民主党支持者である。低所得層の民主党支持は変わらないが、白人の中間所得層では同じ所得水準でも、学歴によって支持政党が違っている。白人の労働者階級は共和党支持、大学以上の学歴を持つ白人は民主党支持が多くなる（Bishop 2009, p.121-22）。

　しかもビッグ・ソートの結果、学歴の地域差が拡大している。オースティン（テキサス州）の成人の大学卒率は1970年に17％だったものが、2004年には45％に上昇した。一方、クリーブランド（オハイオ州）では同時期に4％から14％

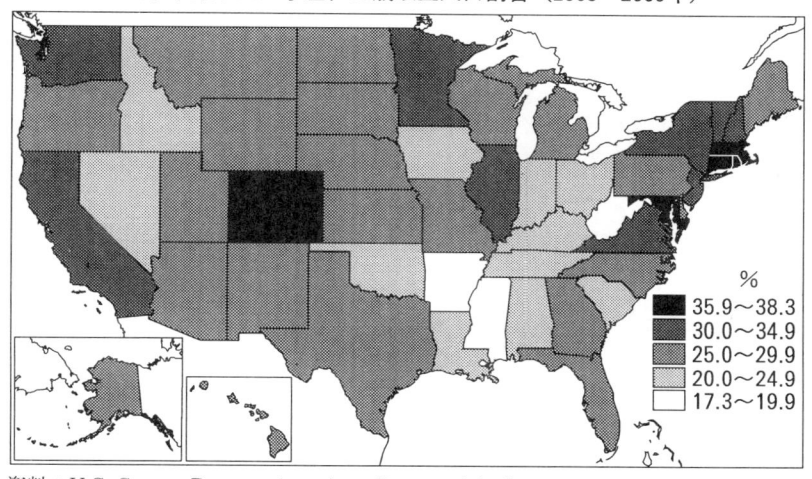

図10−1　大学卒業以上の学歴、25歳以上人口割合（2005〜2009年）

```
%
35.9〜38.3
30.0〜34.9
25.0〜29.9
20.0〜24.9
17.3〜19.9
```

資料：U.S. Census Bureau, American Communitiy Survey

に変化したにすぎない。特に若者ほど大学卒率の地域差は拡大している。2000年、ノースカロライナ州ローリー・ダーハムでは25歳から34歳の45％以上は大学卒であるが、ラスベガスでは16％である。学歴は都市の成長と深く関連しており、しかも1970年以降その傾向が強まっている。必然的に成長率が高く所得が高い都市には、学歴の高い人々がより集中することになった。州別の大学卒率の地図においても、東海岸と西海岸の知識産業が集積している所得が高い州で大学卒率が高い割合となっている（図10−1）。

4．白人の逃避

伝統的な「白人の逃避（white flight）」は、大都市圏における中心都市から郊外への移動であった。つまり黒人などのマイノリティが多い中心都市を避け、白人が郊外の都市に「逃避」したのであった。これに対して「ビッグ・ソート」に伴う新しい「白人の逃避」は、ある都市からまったく別の都市へ移動することである。白人は北部や中西部の古い工業都市のピッツバーグ、デトロイト、バッファロー、ハートフォード、クリーブランド、ミルウォー

キー、ジャージー・シティ、ニューアークなどから脱出した。また白人はアメリカの代表的な大都市であるロサンゼルス（カリフォルニアのオレンジ郡も）、ニューヨーク、サンノゼ、シカゴ、フィラデルフィアからも脱出した。

　古い工業都市や大都市から脱出した白人が移動した先はハイテク都市であった。白人が流入したハイテク都市は、アトランタ、フェニックス、デンバー、ポートランド、オースティン、ダラス、ローリー・ダーハム、シアトル、ミネアポリス、ボイシ（アイダホ州）などである。その他、歓楽・観光・保養都市であるラスベガス、ウェストパームビーチ、オーランド、タンパなどにも移動した。一方、黒人はすでに強固な黒人コミュニティが存在する都市であるアトランタ、ワシントン、ニューヨーク、シカゴ、ヒューストン、ダラス、ボルチモア、フィラデルフィアなどに移動した。全米の大都市で黒人人口が減少した都市はほとんどない。

　若者ほど移動する確率が高く、しかも若く、学歴の高い者ほどより遠距離に移動する傾向がある。若者は特許取得件数が多い都市（知識産業集積地）に移動している。たとえば、サンフランシスコ、ミネアポリス、アトランタ、ポートランド、シアトル、オースティン、アイダホ州ボイシなどでは特許取得件数が急速に増加している。

II　ハイテク都市で優勢な民主党

　リチャード・フロリダ（2002）は、クリエイティブ・クラス（創造的階級）の割合が高い上位5位までの都市は、ワシントンD.C.、ローリー・ダーハム、シアトル、サンフランシスコ、オースティンであることを明らかにし、これらの都市では特許取得件数も高いことを示した。これらの創造的階級の割合が高い都市には、いわゆる労働者階級の職業、つまり組み立て工場、建設業、生産現場の仕事は少ない。階級別に自主的な選り分けが地理的に行われた結果として、技術発展と経済発展の地域差がもたらされた。

　ハイテク都市は伝統的な工業都市とは文化的に異っている。ハイテク都市は、工業都市と比較して、ボランティア活動が少なく、教会の礼拝参加率も

少なく、家族関係も薄い。政治的にも、ハイテク都市は1990年以前は政党支持的には全米平均レベルであったが、1990年以降、よりリベラルに転じ、最近では民主党の強固な要塞に転じている。2000年までに、テキサス州を除く21のハイテク都市では、民主党候補者への投票率が全米平均よりも17％も高くなった。一方、伝統的な工業都市では1990年以前はリベラルだったが、その後政治的に保守的な傾向が強まった。ローテク都市と農村部では、より共和党支持に傾いている（Bishop 2009, p.153）。

次に地域的な事例を次に述べよう。

1．カリフォルニア州における優勢な政党の変化

カリフォルニア州はロナルド・レーガンが州知事から大統領選に出馬したように、1980年代には共和党が強かったが、最近では民主党の強い州に転換している。そのなかでもサンフランシスコは外部から民主党支持者が流入し、共和党支持者が外部に流出し、結果的により民主党支持者が増加している。オレンジ郡はかつて共和党が常に勝利してきた。ロサンゼルスは1988年まで両党が拮抗していたが、その後はより民主党が優勢に転じてきている。

カリフォルニアは2012年の選挙によって、州議会の両院で民主党が3分の2以上を占めた。「カリフォルニアの共和党は死んだ」と言われているが、共和党の支持率が低下したのは、1994年にウィルソン州知事（共和党）が不法移民に公的なサービスの給付を禁じる法案の住民投票を行った時以来である。その法律に対して連邦裁判所が違憲判決を下したものの、それ以来ヒスパニックは共和党を支持しなくなった。

しかもカリフォルニア州において白人はもはやマジョリティではない。2000年の国勢調査結果によって、カリフォルニア州の全人口のうちにヒスパニックを除く白人割合は50％を下回ったことが明らかとなった。2010年の国勢調査結果から、カリフォルニア州の3,700万余りの人口の人種別構成を見ると、ヒスパニックを除く白人割合は42.3％で、過半数を大きく割り込んでいる。マイノリティの人口に占める割合は増加し続け、ヒスパニック系37.6％、アジア系14.9％、黒人7.2％に達している。

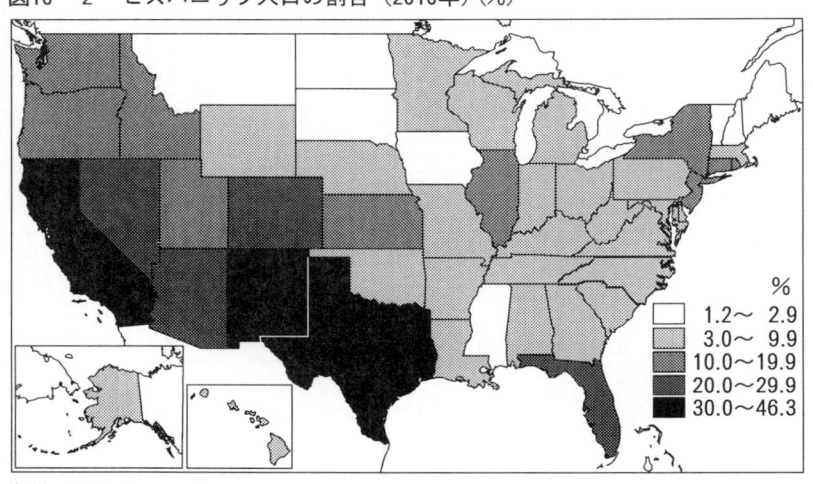

図10－2　ヒスパニック人口の割合（2010年）(%)

```
%
1.2～ 2.9
3.0～ 9.9
10.0～19.9
20.0～29.9
30.0～46.3
```

資料：U.S. Census Bureau

　カリフォルニア州は、歴史的にメキシコと国境を接している他の州やその内陸の州も含めて、1848年にメキシコ領からアメリカ合衆国に併合されたため、もともとメキシコ系が居住していた上に、不法移民を含むメキシコからの移民が大量に国境を越えて流入し、ヒスパニック系が増加した。ヒスパニック系とはスペイン語を話すエスニック集団で、メキシコ以外の他の中米や南米からのヒスパニック系移民もニューヨークやフロリダには多い（図10－2）。この南からのヒスパニック系の移民が1990年代以降急増している。

　カリフォルニア州住民の約4分の1（27%）は移民である。移民人口は1,020万人に達し、そのうちの26%は不法移民であり、市民権を持っているのは47%にすぎない。しかも、不法移民が州の労働力の10%近くを占める。特に農業部門と建築部門で不法移民の割合が高い。カリフォルニア州では、移民とその子どもたちがカリフォルニア人口の42%を構成し、カリフォルニアの全ての子どものうち48%は親の一方は移民である。カリフォルニア住民の44%は家庭で英語以外の言語を話す。カリフォルニアではTRUST法の導入などにより、最近地域刑務所で移民の拘留を中止しており、不法移民の国

外退去は大幅に減少している（California Immigration Center 2014）。

2．コロラド州の転換

　伝統的に共和党支持であったコロラド州が、最近はますます民主党支持に傾いている。2000年代には民主党が優勢に転じたが、コロラド州の中では地域的に共和党が強い地域も残っている。他州からコロラド州へ流入する人々が多い人口急増地域は、民主党が優勢な地域で、しかも経済成長が著しい地域である。1980年代から他の州からの流入がわずかな人口停滞地域は共和党が優勢な地域である。デンバー周辺の人口が急増している郡に流入する人々は、人口の成長率の低い共和党の郡へ流入する人々よりも、他州の民主党が優勢な郡からの流入する確率が3倍以上である。1980年代以降コロラド州へ最も人口を流入させた郡は、民主党が優勢なカリフォルニア州ロサンゼルス郡であった（Bishop 2009, p.57）。他州の民主党が優勢な地域からの人口移動によって、コロラド州は二大政党間の地域的対立が激しい州へと変化した。

　コロラド州の中で民主党が優勢な郊外都市としてボルダー市をあげることができる。ボルダー市はロッキー山脈の麓、デンバーの北西40kmに位置する。ロッキー山脈とグレートプレーンズの間にあるボルダーバレーに位置し、美しい緑の自然環境に恵まれている。都市計画の点でも、同市は魅力的であり、周囲にグリーンベルトが設けられ、市民が自由に散歩できる遊歩道が整備されており、またサイクリング文化の地としても知られ、自転車専用道路のネットワークが整備されている。ボルダー市は市街地の拡大が制限されている成長管理都市であり、市内やデンバーまでのバスの公共交通網が充実している。市の人口は10万人弱で、市の人種構成は白人率が88％と高く、マイノリティが少ない都市である。コロラド州では最大規模の大学であるコロラド大学ボルダー校のキャンパスがあり、それに伴い多くの研究所も立地している。全米の都市ランキングにおいて、ボルダー市は健康、福祉、生活の質、教育、芸術などの点で高く評価されている。

　歴史的にもボルダー市は良い住環境を提供するために、規制を強めてきた。たとえば、1907年には西部特有の酒場（saloon）[1]を禁止する自治体条例を制

定した。そのサルーンと呼ばれる酒場は、コロラド州では1916年に法律で禁止された。連邦政府では1933年の禁酒法[2]（1920年に憲法改正）の撤廃に伴い、サルーンが廃止された。

　1960年代末にボルダー市へヒッピーが好んで流入した。ボルダー市は1970年代から同性愛者の権利を擁護し、環境保護政策を支持するリベラルな地域であった。コロラド大学ボルダー校はマリファナを吸うパーティーでも知られていた。コロラド州は2013年に医療用だけでなく、嗜好用のマリファナを合法化し、他州から観光客が流入し、マリファナの売り上げや税収が増えている。

　2008年にオバマはコロラド州で勝利した。その背景には人口の変化が関係している。2000年から2010年に15％近く人口が増加したコロラド州において、デンバーとその郊外のボルダーにおいて人口の急増がめざましかった。両市とも規模の大きい大学があり、若者の人口増加が著しかった。また、ヒスパニックの人口も同期間に41％増加した。若者とヒスパニックの人口増加により、コロラド州は民主党に有利な人口構成となったのである。

3．テキサス州オースティンの事例

　オースティンはテキサス州の州都である。1940年代以降、軍事産業が発達したことから、関連した研究開発も盛んとなった。テキサス大学オースティン校などの高等教育施設が立地し、産学連携のもとにIT産業が発展した。オースティンはシリコンバレーにあやかってシリコンヒルズと呼ばれている。デル、インテル、3M、アップル、IBM、Cisco、eBay、Google、テキサス・インスツルメンツなどの企業が、本社機能や支店を置いている。最近はナノテクノロジーやバイオテクノロジーなども発展している。将来性のあるビジネス・ロケーションとして、人口増加が著しい成長都市である。治安は良く、この地域の公立学校の標準テストのスコアも高い。ホール・フーズ・マーケット[3]という全米に店舗展開している自然食品のスーパーの発祥地でもある。

　テキサスはジョージ・W・ブッシュが大統領選挙で60％以上を得票した

保守的な州として知られているが、この州の中で例外的にオースティンはリベラルな人が多い地域である。

4．バージニア州の事例

　バージニア州はジョージ・ワシントン、トーマス・ジェファーソン、ジェイムズ・マディソンなど歴代大統領の出身地であり、レッド州のなかでも最もレッド州らしい州であったが、2008年の大統領選挙ではオバマが勝利した。バージニア州が民主党優勢に転じた要因の1つは、連邦政府がビザを出し続けことによる移民の増加である。バージニアでも外国生まれが7人に1人になり、ヒスパニックやアジアなど海外からの移民が増加しており、ヒスパニック以外の白人のシェアが約70％にまで低下している。

　もう1つの要因として、若者人口の増大である。アメリカの若者（18～29歳）の支持政党が劇的に変化しており、特にバージニアの若者がよりリベラルにシフトしている。1996年から2012年までに、バージニア州では若者の有権者が20％増加し、大学などの高等教育機関に所属する若者人口が34万人から54万人に増加したため、民主党支持者が増加した。2000年から2012年の間にバージニアの人口は700万人から820万人に増加したが、この増加した人口は若者が主で、しかも民主党支持者が主であった（Singer 2013）。

Ⅲ　福音主義プロテスタントの台頭と共和党

1．メインライン・プロテスタントと福音主義プロテスタントの分化

　19世紀の後半には、近代科学や産業資本主義の発展に伴い、プロテスタンティズムが変容し、私的なプロテスタントと公的なプロテスタントに分裂していった。私的なプロテスタントは、個人の救済を目的とするが、公的なプロテスタントは神は社会の変革を求めていると考え、酔っ払いは社会悪と考え禁酒運動を展開し、社会的不平等を是正するために、最低賃金や8時間労働制の導入のための社会運動を展開した。このような社会的福音は1908年に

メソジスト教会に取り入れられ、権利の平等、搾取的な労働や児童労働の禁止などの社会改革を推進していく。この公的なプロテスタントが後に民主党のリベラリズムの基礎を築くことになる。

　ニューイングランドの伝統的なカルビン主義に基づく厳格なピューリタニズムは時代とともに変容した。ディーイズムと呼ばれる、神の存在は認めるが、人格神を認めない神学が主流となっていった。ディーイズムはやがて科学主義、主知主義に取って代わられるようになった。プロテスタンティズムに根ざした社会運動が盛んになったのも、産業資本主義の発展した北部においてであった。南部では社会変革するような社会運動には関心を持たず、個人の救済を目的とする私的なプロテスタントが残っていった。

　アメリカのプロテスタントの教会は2つのカテゴリーに大別される。1つはメインライン・プロテスタントであり、もう1つは福音主義プロテスタントである。この2つに分かれていく契機は1965年である。この年は激動の年であったが教会にも大きな変化が起こった。1965年頃までは、今日メインライン・プロテスタント[4]と呼ばれる伝統的な教派が主流だったが、1965年以降、メインライン・プロテスタントの教派に所属する教会員数は減少し始め、それに代わって単立教会、または福音派教会に所属する人々が増加したのである。

　1965年に世界教会協議会というエキュメニカルな運動組織とローマカトリック法王がより広いキリスト教徒の統合を宣言した。世界教会協議会は、ベトナム戦争に介入していたアメリカにベトナムから撤退するように要求した。また、そのエキュメニカルな運動を支持する教会の牧師らが公民権運動を積極的に導いた。カトリックと伝統的なプロテスタントの教派が公民権運動を推進し、世界の諸宗教の協力を呼びかけた。伝統的な教派の多くの教会員が、このエキュメニカルな宗教組織に不信感を抱き、福音派や原理主義的な教会に移っていったのである（Bishop 2009, p.93）。

　メインライン・プロテスタントから離脱した私的なプロテスタントの中から、原理主義が生まれた。原理主義運動は1925年、学校教育における進化論導入裁判で、批判にさらされ弱体化し、それに代わって福音主義が台頭した。

南部のバイブル・ベルトには福音主義が多い。公立学校で進化論を教えることに反対するクリスチャンが多い地域である。

福音主義（evangelicalism）の特徴的な教義は、人は洗礼によって「新たに生まれ（born again）」なければならないこと、そして信仰は宗教ではなくて、大事なことはキリストとの個人的な関係であることである。福音主義は多くの教派に分かれているが、共通点は神の唯一の仲介者としてイエス・キリストと個人的な関係を結ぶことを強調する。原理主義や福音主義は、キリスト教が宗教的儀礼的になり形骸化すると、本来のキリスト教に立ち戻ろうとする回帰運動の一種として生まれた。それはキリスト教の歴史の中で繰り返し起こってきた現象であり、カトリックから分離してプロテスタントが生まれた宗教改革も、同様に根本に回帰しようとする宗教運動であった。

1960年代はアメリカのプロテスタンティズムが変化した時代であった。次に述べるように同時に公教育においても建国以来の伝統であるキリスト教教育が憲法違反となり、プロテスタンティズムを基盤として築かれたアメリカを理想とする人々にとって大きな痛手となった。

2．1963年以降、公立学校でのキリスト教教育の廃止

伝統的にアメリカの公立学校では祈りと聖書朗読によって、一日が始まった。しかし1962〜63年に連邦最高裁判所が下した2つの違憲判決によって、公立学校におけるキリスト教に基づくモラル教育の継続が難しくなった。

1962年に連邦最高裁判所は州の公務員が公立学校で唱える公式祈祷文を作成することは違憲であると判決を下した。ニューヨーク州ニューハイドパークの公立学校では、公式祈祷文が指定されており、「全能の神よ、私たちはあなたによって生きています。私たち、私たちの両親、先生、国を祝福してください。アーメン」と毎朝祈ることになっていた。教会と国家の分離の重要性に基づき、公務員が宗教的信条を促すのは憲法上許されない、と違憲判決が下された。

また1963年に、アメリカの公立学校で聖書を教え、祈りの時間を持つことを違憲とする連邦最高裁判決が出された。ペンシルバニア州では州法で学校

の始業時間に、生徒が聖書から少なくとも10節以上を読み、十戒を唱えることを義務付けていた。ペンシルバニア州アビントン学校区に対してユニタリアン・ユニバーサリストのエドワード・シンプは、息子に公共教育の一部として聖書の一部を聞いたり読んだりすることを強制するのは（親の申し出により子どもが行うことを拒否することもできたが）、憲法修正第1条及び第14条に違反すると提訴した。同様に、ボルチモアの公立学校で聖書を音読し、十戒を唱えることを法律で強制するのは憲法違反である、と無神論者のウイリアム・マーレイが訴えた。この公立学校で宗教教育を強制できるかで争われた2つの係争について、連邦最高裁判所は憲法修正第1条の信仰の自由を侵害するとして違憲判決を下した。

　1962〜63年の違憲判決が公立学校から神を追放したと憂える保守的なアメリカ人は、その後、学力低下、性の乱れ、ティーンエイジャーの妊娠、モラルの低下、犯罪の増加が、聖書教育の廃止に起因すると主張する。ブルー・ローと呼ばれる日曜日の商業施設の営業を禁止する法律も、1950年代から多くの州で撤廃されていった。日曜日に商業施設が営業しているために、教会に通う機会費用が上昇し、教会の礼拝参加者が減少していった。

　公立学校の教科書は進化論を採用し、歴史の授業ではアメリカの建国の理念を教えなくなった。福音主義プロテスタントの人々は学校での祈りの復活を渇望しているが、公立学校での聖書を基盤とした教育ができなくなったため、公立学校に失望した親は子どもを私立学校で学ばせたり、ホームスクールで子どもに直接聖書を教えたりするケースが多くなっている。共和党が私立学校のバウチャー（授業料の一部の政府補助金）制度導入に積極的になった背景には、このような公立学校から私立学校へ子どもをシフトするプロテスタントの親の事情もあった。

IV　福音主義プロテスタントとリベラルな進歩主義との文化戦争

　福音主義プロテスタントが共和党を支持するようになるにつれ、共和党と

民主党の両者のイデオロギーは相容れないものとなった。その争点は多岐にわたっている。福音主義プロテスタントは、学校での祈りの復活を要求し、人工妊娠中絶、同性婚、マリファナなどの合法化に反対している。

トランプ政権では人工妊娠中絶に反対している支持者が多い。彼らはトランプ大統領に連邦最高裁判事の任命権があるため、保守派の連邦最高裁判事を任命し、保守派の判事が過半数を占めるようになって、1973年のロー対ウェイド判定が覆される日が来ることを待望している。

福音主義プロテスタントは聖書にモラルの基準を置くが、世俗的リベラルは現実的に差別・格差をなくす社会を理想としており、両者とも彼らなりの正義を主張し相互に排他的・不寛容である。論争になると両者は歩み寄ることは難しく、対立が先鋭化しやすい。モラルを理解する体系が根本的に違っているためである。この敵対的な世界観に根ざした分極化は、「文化戦争（culture war）」として激化した（Hunter 1991）。

この「文化戦争」は、少なくとも1980年代には表面化し、時代とともに、より対立が先鋭化した。そして政治的には共和党による揺り戻しの時代も間に挟みながら、長期的には民主党のリベラルで進歩主義的な世界観が、司法・立法の場で勝利を獲得し、結果的に社会的リベラリズムの勝利が進行中である（しかし2016年の大統領選挙でトランプが勝利し、潮目が変わりつつある）。

リベラルな進歩主義は、近代合理主義と客観主義に基づいている。福音主義プロテスタントのモラルの根拠は聖書主義であり、判断基準はあくまで聖書に基づいて判断されるが、進歩主義的な教会のリーダーは、聖書を単なる人間の書いた書物であると考え、彼らの基準で聖書を判断し、むしろ時代の精神を正当化する。聖書はもはやモラルを統合する権威ではなくなり、個人的な経験や科学的合理性がモラルの根拠となる。このようにプロテスタントのなかでもリベラルなプロテスタントは、モラルの基準が厳格な聖書主義とは異っている。

リベラルな進歩主義の普及に大学が果たした役割は絶大である。アメリカの高等教育は合理主義と科学主義に裏打ちされたリベラルな世俗主義の牙城であり、現代の大学の文化的エートスは、人種・エスニック集団、性的選好、

ジェンダーによる差別撤廃と平等化、非暴力主義、多元的文化の受容などの進歩主義的な行動指針で満ちている。

幹細胞研究に関してもヒトの有精卵を破壊したりするヒトのクローン研究は、宗教的な理由から共和党は反対するが、幹細胞研究の補助金を出している州は、主に民主党の優勢な州である。

高学歴な人ほど地球温暖化の二酸化炭素原因説を支持する傾向がある。共和党支持者は二酸化炭素原因説を否定し、民主党支持者は支持する傾向がある。アメリカは京都議定書を批准せず、地球温暖化に対する取り組みには積極的ではなかったが、オバマ大統領は地球温暖化対策を積極的に推進した。しかし、トランプ大統領は、2017年6月、パリ協定からの離脱を表明した。

以下、進化論、人工妊娠中絶、マリファナの合法化、銃規制についての文化戦争の諸相について論じる。

1．進化論

聖書を基準とする原理主義あるいは福音主義のキリスト教徒は進化論に異議を唱え、進化論を否定し、神による創造を学校教育の現場で教えるべきであると主張する。2014年のギャロップ調査によれば、42%のアメリカ人は「神が人間を1万年前に創造した」と信じており、「神がその過程で関与せず、人間が段々と進化した」と考える人（進化論を信じる人）は19%にすぎない。アメリカは先進諸国の中で神による創造を信じる人の割合が異常に高い国である。ヨーロッパでは、創造論をめぐる激しい論争は起きず、カトリック教会も創造に神が関与したとしながらも科学としての進化論を認めており、アメリカの聖書を文字通りに信じようとする原理主義の動きは奇異の目で見られがちである。

チャールズ・ダーウィンの『種の起源』は1859年に出版さた。科学者にすぐに彼の進化論は受容され、第一次世界大戦後には、アメリカの公立学校で進化論が教えられるようになった。キリスト教原理主義は聖書を文字通り信じ、「神が神自身に似せて人間を土から造り、息を吹き込んで生きる人間とした」と信じる。つまり、人間は猿から進化したのではなく、初めから人間

として創造されたと信じているのであり、進化論とは相容れない。

　1925年、テネシー州では公立学校で進化論を教えるのを禁じる法律を制定した。1927年、ミシシッピ州とアーカンソー州でも同様な法律を制定した。1925年、テネシー州の公立高校で進化論を教えたとして訴えられた教師のスコープス裁判が有名である。ラジオ番組でも裁判の模様が報道され、「モンキー裁判」と呼ばれた。この時の裁判でスコープスは有罪となり、テネシー州は勝訴した。よって、これらの州では聖書に基づいた創造論を教え続けることができた。

　しかし、1968年、アーカンソー州の公立学校で進化論を教えることを禁止する法律に、連邦最高裁が違憲判決を下した。ただしこの判決では進化論と共に創造論を教えるのであれば問題がないと判示されたため、創造論を教えてきた州では創造論と進化論を両方教えるようになった。ところが1987年、創造論を進化論と共に公立学校で教えているルイジアナ州に対して、特定の宗教を推進する意図があるとして、連邦最高裁判所は違憲判決を下した。この判決によって公立学校で創造論を教えることができなくなり、人類の起源を「科学的」に教えることが求められたため、キリスト教原理主義者は既存の聖書に基づく創造論に代わる「インテリジェント・デザイン」という「科学」を創設して対抗する戦術に出た。しかしながら2005年の連邦最高裁判決ではインテリジェント・デザインも科学ではなく宗教であると判断され、違憲判決となった。

　連邦最高裁判決で創造論を公立学校で教えることは違憲とされたにもかかわらず、最近、共和党支配州において、2008年にルイジアナ州で、2012年にテネシー州で、進化論、地球温暖化、クローン技術についての論争を客観的に分析、理解するための補助教材を導入し、実質的に創造論を生徒に学ばせる選択ができるようにした。またテキサス州、フロリダ州などのいくつかの州では州の予算が配分される私立学校やチャーター・スクールにおいて創造論が教えられているところがある。

2．人工妊娠中絶

　アメリカでは人工妊娠中絶を合法化すべきか、禁止すべきかの論争が1973年の最高裁判決以来、政治問題化している。

　福音主義プロテスタントは宗教的な理由から人工妊娠中絶に反対している。「中絶は罪のない人間を殺す罪」である、と福音主義プロテスタントは主張している。彼らは人工妊娠中絶に関してはカトリック的とも言える。カトリック教会は受精後直ちに生命とみなし中絶は例外なく殺人罪であるとし、妊娠中絶を禁止している。たとえば、カトリック国のアイルランドでは中絶手術を受けるためにイギリスまで行かなければならない。アイルランドで母体の安全を脅かす危険がある場合に中絶を認める法律ができたのはごく最近で、2013年のことである。

　アメリカでは1960年頃までは多くの州で母体の生命に危険が及ぶ場合以外は人工妊娠中絶は禁止されていた。そのため無免許の医師による人工妊娠中絶の闇市場が存在し、素人が手術を行うこともあったという。そのような危険な手術の被害を防ぐためカリフォルニア州やニューヨーク州などのいくつかの州で人工妊娠中絶を合法化し始めた。

　1973年、ロー対ウェイド事件における連邦最高裁判決は人工妊娠中絶を合法化した画期的なものであった。ロー（匿名）の住むテキサス州では母体に危険がある場合か、強姦の場合以外には、中絶は認められていなかった。連邦最高裁判決は妊娠を継続するか否かに関する決定はプライバシー権に含まれるとし、憲法修正第14条が女性の堕胎の権利を保護していると判示し、違憲判決を下したのである。

　このロー対ウェイド判決以来、中絶反対運動が起こり、プロライフ（胎児の生命を尊重し人工妊娠中絶に反対する）と、プロチョイス（女性の妊娠に関する選択権を認める）の争いが激化した。中絶医院は安全で安価な中絶手術を提供していると主張するが、プロライフ支持者は中絶医院の周囲にピケを張ったりビラを配ったりして抗議運動を展開し、時には人工妊娠中絶反対の過激派が中絶医院の医師を射殺する事件も起きている。

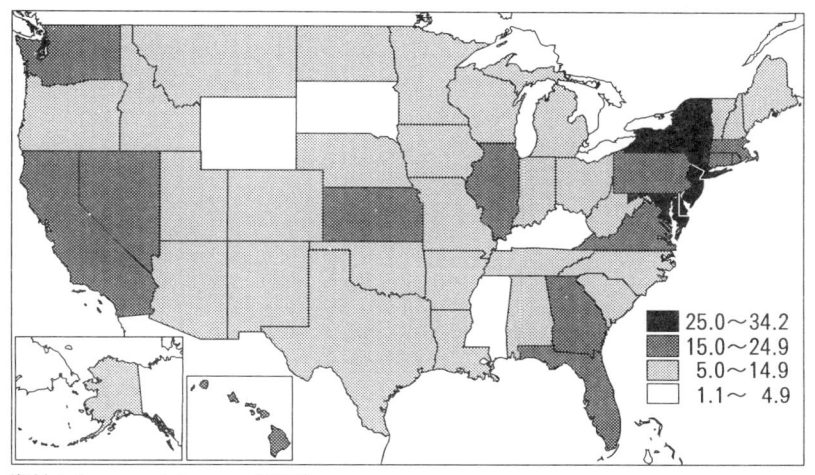

図10－3　人工妊娠中絶率（15～44歳女性人口千人に対する比率、2011年）

25.0～34.2
15.0～24.9
5.0～14.9
1.1～ 4.9

資料：Jones snd Jerman（2014）

　レーガン大統領は選挙で福音主義プロテスタントから支援されたこともあり、人工妊娠中絶禁止への政策的転換を期待されていたが実現できなかった。2003年、ジョージ・W・ブッシュ大統領の時代に部分出産中絶（partial-birth abortion）が法律で禁止された。部分出産中絶とは胎児の頭あるいは体軀が生きた状態で母親の体外へ引き出されたまま、胎児が殺される中絶のことである。2002年の中間選挙で共和党が歴史的な大勝利を収めたために、共和党支配下の議会で人工妊娠中絶を規制する法律が成立したのである。これには同様な法律が1995年共和党が議会で過半数を占めていた時代に議会を通過したが、クリントン大統領が拒否権を発動し成立しなかったという経緯があった。

　さらに2010年の州の選挙で共和党が大勝し、共和党が州知事・州議会の両院を支配する州の数が増加した。共和党支配州では人工妊娠中絶に関する規制を強めていった。たとえば、未成年者が中絶を受けるには親の許可を必要とする、中絶を希望する女性に胎児の超音波画像を見せることを義務化する、カウンセリングを受けてから手術まで1日から3日の再考期間をもうける、

中絶医院に対する規制強化などの条項を含む、人工妊娠中絶を受けにくくする、あるいは人工妊娠中絶を希望する女性が中絶を踏みとどまるような法律を成立させている。

図10－3は2011年の州の15～44歳女性人口千人当たりの人工妊娠中絶率の地図を示した。2011年までの3年間で人工妊娠中絶率は13％低下した[5]。人工妊娠中絶率の高い州は上位から順に、ニューヨーク（34.2）、メリーランド（28.6）、デラウェア（28.4）、ニュージャージー（27.1）、カリフォルニア（23.0）となっている。逆に低い州は、ワイオミング（1.1）、ミシシッピ（3.7）、サウスダコタ（3.9）、ケンタッキー（4.6）、ミズーリ（5.0）、アイダホ（5.4）、ユタ（5.4）である。このように人工妊娠中絶率の州間差がかなり開いている。一般に人工妊娠中絶の規制強化された州で人工妊娠中絶率は低くなっており、その州から中絶を希望する女性が他州に行き中絶を受けるケースもあるので、規制緩和された州、特に大都市のある州での人工妊娠中絶率が高くなる傾向がある。

3．マリファナの合法化

マリファナの合法化がリベラルな州で進んでいる。医療用マリファナは1996年にカリフォルニア州で住民投票の結果、合法化の法律が成立したのが最初であった。その後医療用マリファナを合法化した州が増えた。嗜好用マリファナの合法化は、2012年にコロラド州とワシントン州において住民投票で支持され、法制化された。また同様に2014年アラスカ、オレゴン両州でも住民投票にかけられ、嗜好用マリファナの合法化の法律が成立した。2014年11月、医療用マリファナが合法化された州は23州とワシントンD.C.、また程度の差はあるがマリファナの所有や売買が非犯罪化されている州は17州に及んでいる[6]。このようにマリファナの合法化（逮捕や収監されない）および非犯罪化が進んでいる州は民主党が優勢な州である。共和党が優勢な州ではマリファナ合法化に反対している。

2015年3月には、ワシントンD.C.で有権者の70％が賛成し、マリファナ所持合法化の法律が成立した。しかし、売買や公共の場で吸うことは禁じら

れたままである（ニューヨークでも医療用マリファナが2014年に合法化された）。アメリカ合衆国の首都で嗜好用マリファナが合法化された影響力は大きく、これが国民の意識を急速に変えていくと予想される。国民の意識調査も最近はマリファナ合法化に賛成する率が上昇し、共和党支持者でも35％が賛成している。保守系番組のフォックス・ニュースでも医療用マリファナの効能が報道されている。

2016年には、嗜好用マリファナが、メイン州、マサチューセッツ州、ネバダ州でも合法化され、2018年からカルフォルニア州で合法化される。これで嗜好用マリファナが合法化された州は、8州とワシントンD.C.となった。

医療用マリファナが合法化された州は29州、THC成分の制限付きで医療用マリファナが合法化された州は17州となり、マリファナの使用が一切認められていない州は残り4州となった。

コロラド州で嗜好用マリファナが合法化され、マリファナが含まれるお菓子も販売されており、子どもが誤って食べる事故なども起き、緊急医療室に運ばれるケースも発生している。嗜好用マリファナが合法化された州の周辺の禁止している州では、マリファナの取り締まりが大変になってきている。

コロラド州ではマリファナを州内で栽培し始め、マリファナ産業の売り上げは上昇し、マリファナの税収も増大している。マリファナの供給増加と価格低下に伴い、需要拡大が予想されている。

マリファナの取り扱いは危険も伴うので十分注意する必要があろう。マリファナの常習によって高校をドロップアウトしたり、交通事故を起こしやすくなったりするリスクがあり、マリファナ・パーティでよりハードな麻薬を体験するリスクも高まる。また最近はマリファナの品種改良によって麻薬成分が強いものが出回わっている。一方、マリファナは様々な難病の治療薬としての効能や痛みの緩和効果で注目されているばかりでなく、建材、衣料の繊維、石油に代わるエネルギー源などとして利用可能な資源でもある。マリファナのリスクを正しく理解して、慎重に導入する必要があろう。

4．銃規制

　アメリカは先進諸国の中で最も銃所有率が高く、また銃による死亡率もとても高い国である。その意味でアメリカは暴力的な国といえるかもしれないが、憲法修正第2条で武器の所持が認められているので、銃所有の権利を擁護すべきと考える人は最近でも約50％にのぼっている。

　1999年、コロラド州のコロンバイン高校で銃乱射事件が起きた[7]。その他、アメリカでは小学校、高校、大学などの本来安全な場所や、レストランなどの公共の場で銃による大量殺人事件が多発している。このような状況下で、オバマ政権は銃規制強化をめざしてきた。

　現在でもアメリカ人の銃所有率は高い。アメリカで銃を所有する世帯率は低下傾向にあるが、最近でも世帯の3分の1は銃を所有している。しかも黒人が白人よりも銃による殺人被害に遭う確率が約10倍であるが、白人の銃所有率は41％であるのに対し、黒人の銃所有率は19％である。黒人の銃所有率は白人の半分であり、格差が著しい。

　地域的に見ると、南部や西部では銃所有率が高い。銃による死亡率も南部や西部で高い。銃による死亡率ではルイジアナ州が最も高く、アラバマ、ミシシッピ、アーカンソー、アリゾナ、ネバダ、アラスカも高い州である。銃所有率と銃による死亡率はほぼ相関している。南部では銃所有率が高く、それによる死亡率も高い地域である。

　歴史的に南部の銃規制は黒人に対して行われた。南部では奴隷制の時代に黒人の反乱を阻止するために黒人に銃の所有を禁じる銃規制法を導入した。南北戦争で初めて黒人が兵士として銃を持ったが、戦争が終わると白人の優越性を維持するために黒人に対する銃規制を再開し、黒人から武器を取り上げる目的で1866年、KKK（クー・クラックス・クラン）が組織され、黒人を襲撃し銃を取り上げた。このように南部の銃規制は人種差別に由来するものであった。

　銃規制反対論者は、スターリンやヒットラーによる大量殺人が銃規制から始まっている歴史的事実を指摘し、自衛のための武器を所有しなければ独裁

者に屈せざるを得ないと主張する。そのような独裁的な政府に対抗するため、建国の父は自衛のために銃の所有・携帯を個人の権利として憲法で認めたのであると解釈している[8]。銃規制反対論者はオバマ政権がめざす銃規制を受け入れず、憲法で認められている銃所有の権利を堅持しなければならないと考えている。

　銃規制強化に賛成するのは白人よりも黒人が多く、黒人の78％が賛成であるが、白人は48％が賛成である。銃規制強化に賛成するのは、都市では65％、郊外では51％、農村では34％であり、農村ほど銃規制に反対である。

　銃所有世帯率を政党別で見ると、2010年でも共和党世帯は50％、民主党世帯は22％であり、共和党世帯のほうが高い。また別のデータでは、銃所有率（銃を所有する世帯に居住する者の割合）は、アメリカ人の平均が42％である。カテゴリー別に見る銃所有率は、低いほうから順に、非白人23％、カトリック32％、民主党支持者34％、宗教団体に所属しない人36％までが平均の42％以下のカテゴリーで、それ以上は白人51％、白人メインライン・プロテスタント54％、白人福音主義・プロテスタント58％、共和党支持者60％、ティーパーティ支持者63％の順となっている（Public Religion Research Institute, 2012）。白人とプロテスタントの組み合わせで銃所有率が高くなり、特に政治的には共和党やティーパーティの支持者において銃所有者率が高い。プロテスタントは武力抗争を好まない平和主義と思われがちであるが、銃所有率で見る限りそうではないようだ。少なくとも自衛意識が強い。

　銃による殺人率を州別に見ると、ポスト工業化・知識経済化した、高学歴で、より創造的階級の職が多く、高所得の州では、銃による殺人率は低い。つまり銃による殺人率は、民主党が強い州で低いが、共和党が強い州では高い。また州の銃規制は銃による殺人率に対して抑制効果があるようで、銃規制と銃による殺人率の間に強い逆相関が認められた（Florida 2011）。

Ⅴ　同性婚合法化

1．同性婚の課題

　同性愛者の結婚に理解を示し賛成する人はかつては少数派であったが、オバマ大統領の時代になって同性愛者の結婚を支持する率が上昇した。2011年ごろには同性婚を支持する率が支持しない率を上回り、2015年までに急上昇したのである。年齢別では若い世代ほど支持率が高い傾向がある。また民主党支持者と共和党支持者の間でも同性婚支持率は大幅な差があった。しかし最も同性婚支持率の相違が現われたのは、宗教に関する属性であった。同性婚支持率を宗教と人種で区分すると、宗教組織に所属していない人（82%）、白人メインライン・プロテスタント（62%）、カソリック（57%）、黒人プロテスタント（34%）、白人福音主義プロテスタント（24%）であった（Pew Research 2015）。つまり、もっとも聖書的な原理に判断基準を置こうとする福音主義プロテスタントがもっとも強く同性婚に反対しており、逆に宗教組織に所属していない無神論的な人々の間で、同性婚を支持する率が圧倒的に高いという対照的な結果となった。

　同性婚の合法化の動きは、ついに2015年6月の最高裁判決によって全州で合法化となった。同性婚支持者にとっては画期的な判決となったが、同性婚に反対する保守派勢力にとっては完全な敗北となった。

　聖書では「神が男と女を造った」、「男と女が一つになるのが結婚である」と定義されており、結婚の定義を人間が変えることはできない、と宗教的保守派は主張する。また聖書では男色は罪とされているが、男色が罪であると公言すること自体が、「政治的公正さ（political correctness）」の観点から好ましくないとされる時代となっている。アメリカが神の怒りをかって火で滅ぼされたソドムとゴモラのような、退廃し罪に染まった国になった、と悲嘆にくれる宗教的な保守派も多い。

　一方、これまで同性愛カップルは長年一緒に住んでいても、結婚した異性愛のカップルに比べてさまざまな差別的な待遇を忍んできた。たとえば、長

年一緒に住み、愛し合っていた同性愛カップルでも、パートナーが病院に入院した場合、その家族世間体を気にして、パートナーの面会を拒否し、愛する人の最期を看取れなかったケースもある。年金や税金面でも結婚したパートナーとしての特権を受けることができなかったり、相手が死亡した際に住んでいる住宅を相続できないなど不利なことが多かった。そのため同性愛カップルにとって「結婚」が認められることは悲願であった。2000年前後、シビル・ユニオンあるいはドメスティック・パートナーシップを導入した州もあったが、「結婚」ほどにすべての点を充足できるものではなかった。

　ヨーロッパでも2001年にオランダ、2003年にベルギー、2005年にスペインにおいて同性婚が合法化された。2009年以降にも、ノルウェー、スウェーデン、ポルトガル、アイスランド、デンマーク、フランス、イギリスなどで同性婚が合法化された。カナダでも2004〜05年に同性婚が合法化された。アメリカの同性婚の合法化は、欧米で起こっている時代的潮流の変化と一致している。

　以下、1990年代以降の同性婚合法化への動きはリベラルな州ほど支持され、保守的な州では伝統的な結婚観を支持する傾向がある。次に、リベラルな価値観によって伝統的な価値観が取って代わられる時空間的過程を概観する。

2．クリントン大統領時代

　1992年の大統領選挙で選ばれた民主党のクリントン大統領は、同性婚の合法化に積極的であった。1993年、ハワイ州最高裁は同性カップルが結婚する権利を否定している州法について、その差別の明確な理由を示せないのならば、憲法の平等保護権に抵触すると審判を下した。それに対してアメリカ合衆国内で同性婚の合法化が司法判断によって広まる恐れから、それ以来揺り戻しの保守的な立法行為が盛んとなった。結婚を男女間に限定する法律制定や憲法改正の保守派の動きが盛んとなり、ハワイ州においても結婚を男女間と定義する法律を制定し、同性婚の合法化には至らなかった。

　クリントン大統領の2期目には、1996年、共和党が優勢になった議会において、DOMA（Defense of Marriage Act：結婚防衛法）が圧倒的多数の賛成票

で通過した。クリントン大統領は法案に署名し、法律が成立した。DOMAが成立した背景には、ハワイ州の最高裁判決を脅威と受け止めた保守派による揺り戻しがあり、2000年末までには、40州が法律や憲法改正で結婚を男女間の関係として定義するに至った。

　一方、2000年から、同性カップルに結婚と同様な特権、保護、責任を付与するシビル・ユニオンを認める州がいくつか現れた。2000年バーモント州は同性カップルにバーモント州法のもとで、事実上結婚と同様に扱うシビル・ユニオンを認める画期的な法律を制定した。これはバーモント州最高裁による同性カップルは結婚した異性カップルと同様な特権と保護を受ける権利があると判断した審判を受けて、議会はこれまでのドメスティック・パートナーシップでは十分に満たされていない結婚と同等なシステムを構築する必要があった。

3．ブッシュ大統領時代

（1）2003年のソドミ法撤廃

　2003年に、LGBTの権利を擁護する立場の人たちには、画期的な連邦最高裁判決が出された。ソドミ法が無効となったのである。アメリカには男女の自然な性的な結合以外の性的関係を禁止するソドミ法がかつてどの州にもあった。1961年にイリノイ州で廃止されて以降、多くの州で廃止されていったが、2003年に至っても、14州でソドミ法が廃止されないまま残っていた（図10−4）。

　2003年6月、ローレンス対テキサス州の裁判で、連邦裁判所の判決は6対3でテキサス州のソドミ法を憲法違反であると取り消した。拡大解釈すれば、他の13州のソドミ法も無効となった。この判決は、合意のもとになされた同性間の性的行為は、米国憲法修正第14条のもとで、実体的デュープロセスによって保護される自由の一部であると判断した。つまりこの判決は、異性間であれ、同性間であれ、合意のもとになされたソドミを犯罪とする他州の同様な法律を無効とした。このローレンス対テキサス州の連邦最高裁判決は、LGBTの権利を擁護する支持者たちに大いに歓迎された。

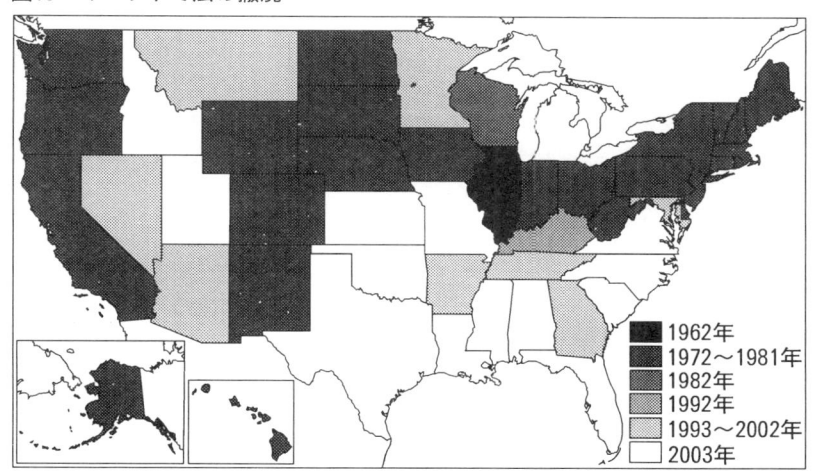

図10－4　ソドミ法の撤廃

凡例：
- 1962年
- 1972～1981年
- 1982年
- 1992年
- 1993～2002年
- 2003年

資料：File：Map Laws USA. jpg

（2）マサチューセッツ州の合法化とその影響

　2003年の11月には、マサチューセッツ州の最高裁判決により、同性婚の合法化が命じられた。よって、マサチューセッツ州では2004年6月から同性婚が許可されることになった。この判決に影響されて、2004年3月、カリフォルニア州のサンフランシスコ市では、市長の判断で、同性カップルに結婚証明書を発行し始めた。後に州最高裁判所はこの行政行為を差し止め、発行した結婚証明書を無効とした。2004年には、サンフランシスコ以外の地域でも、ニューメキシコ、ニューヨーク、ニュージャージー、オレゴンの一部の地域で、適切な法的手続きを経ずに、結婚許可書を発行する事件が相次ぎ、後に結婚許可証は無効となったものの、同性婚の実現への期待が高まっていった。

　一方、2004年は保守派による同性婚に反対する巻き返しも強まった。2004年、9月ルイジアナ州の住民投票で結婚は、ひとりの男とひとりの女の間のユニオンである、と定義された憲法修正案が支持された。11月の中間選挙の時の住民投票で、アーカンソー、ジョージア、ケンタッキー、ミシガン、ミ

シシッピ、モンタナ、ノースダコタ、オハイオ、オクラホマ、オレゴンの諸州で、結婚は、ひとりの男とひとりの女の間のユニオンである、と定義される州憲法改正が認められた。更に、2006年11月の中間選挙の時の住民投票で、結婚はひとりの男とひとりの女のユニオンであると定義された憲法改正案が、コロラド、アイダホ、サウスカロライナ、サウスダコタ、テネシー、バージニア、ウィスコンシンの7州で可決された。

（3）2005年から2008年の動き
　カリフォルニア州では、2005年と2007年の2度にわたって、州議会で通過した同性婚を認める法案を、シュワルツネッガー知事（共和党）が拒否権を発動したことにより、カリフォルニア州での同性婚の合法化は見送られた。
　シビル・ユニオンを導入した州は、2000年のバーモント州に続いて、2005年、コネティカット州、2006年、ニュージャージー州、2007年、ニューハンプシャー州などのニューイングランド諸州であった。多くの州で同性婚の合法化が司法判断によって広まる恐れに対する揺り戻しの保守的な立法行為が盛んになった頃に、ニューイングランドでは同性カップルの平等を法的に認める州が出現した。
　2008年5月にはカリフォルニア州最高裁判所が同性カップルの結婚の権利を認めるべきであると判断した。この判決によって、6月中旬から同性婚が州で認定され始めたが、他方で、反対派による住民投票の要求が出され、一時的なもので終ってしまった。そして11月の大統領選挙の時に、同時に同性婚を禁止する憲法改正を求めるプロポジション8が住民投票にかけられ、52％の支持で可決された。

4．オバマ大統領時代

（1）オバマ大統領1期目
　2008年11月の大統領選挙で民主党のオバマが当選し、2009年にオバマ大統領に政権交代してから、同性婚の合法化が加速していった。
　コネティカット州では2008年10月、州最高裁判所が同性婚を禁止する法律

は州憲法の平等保護条項に抵触すると判決を下し、2009年、同性婚を許可する法律を制定し、シビル・ユニオンを終了した。コネティカット州はマサチューセッツ州に次いで、同性婚を合法化した第2番目の州となった。2009年4月、アイオワ州最高裁判所は同性婚を禁止する法律に違憲判決を下した。アイオワ州は、同年10月から同性婚の許可を開始した第3番目の州となった。

2009年4月、バーモント州で同性婚を許可する法案が議会で通過し、州知事が拒否権を発動したが、議会によって拒否権は覆され、法案は成立した。バーモント州は、同性婚を合法化した第4番目の州となったが、司法による命令ではなくて、議会による法制化によって同性婚を合法化を達成した最初の州となった。2009年メイン州は同性婚を合法化する法律が議会を通過し、州知事が署名し成立したが、反対派によって住民投票が実施されることとなり、住民投票によって法案は廃案となった。2009年6月、ニューハンプシャー州は同性婚を合法化する法律を成立させ、同性婚合法化の第5番目の州となった。

2009年12月、ワシントンD.C.においても同性婚法が議会を通過し、2010年に発効した。2011年、ニューヨーク州においても同性婚法が成立した。

2012年5月、オバマ大統領が同性婚支持を表明した。2012年になると、州の同性婚法制化の動きが加速された。ワシントン州では2012年、同性婚法が成立し、11月に住民投票にかけられたが、法案が支持され、12月から施行された。2012年、ニュージャージー州では同性婚法が議会を通過したが、知事によって拒否権を発動された。2012年、メリーランド州では同性婚法が成立したが、反対派によって住民投票に必要な署名が集められ、住民投票が実施され、住民によって法案は支持され、2013年1月から発効した。2012年11月、メイン州では、同性婚を合法化する住民投票が支持され可決された。2012年11月に実施された4州の住民投票は、ワシントン州、メリーランド州、メイン州の住民投票は同性婚を支持し、ミネソタ州の住民投票では同性婚を禁止した州憲法を拒否する結果となった。1998年から2012年5月までに実施された32州の住民投票は、異性婚に限定する結果となっていたが、2012年11月の住民投票は、それとは反対に同性婚を支持する新時代のうねりを示す分岐点

となった。

　1996年に成立したDOMA（Defense of Marriage Act：結婚防衛法）は、各州に他の州の法律の下で認められた同性婚の認定を拒否できる権限を付与した連邦法であった。DOMAのもとで個別の州が同性婚を認めることは可能であったが、同法の第3条では、連邦政府が同性婚を認めないため、特定の州で合法的に結婚した同性婚カップルに、連邦政府レベルの異性婚と同様な全ての権利は認められなかった。つまり、同性婚カップルは連邦政府から、公的年金、税金、移民、破産、公務員の保険給付などの点で、結婚カップルが受けられる同一の特権を受けられなかった。

（2）オバマ大統領2期目

　カリフォルニア州の同性婚の合法化へのプロセスは紆余曲折をたどった。カリフォルニア州では2008年、州最高裁判決で合法化されたが、その直後に、11月の大統領選挙と同時に行われた住民投票では、同性婚を禁ずるプロポジション8が賛成多数で、同性婚を禁止する法律が成立した。ところがこの同性婚を禁ずる法律に関して、州裁判所が違憲判決を下した。最終的に2013年6月26日、連邦最高裁判所は、カリフォルニア州のプロポジション8は違憲であると審判し、同性婚は再び合法化されるに至った。同時に、連邦最高裁判決はDOMAを却下した。

　2013年6月の連邦最高裁判決に続き、連邦裁判所の審判による同性婚合法化を迫られた州が増加していた。2014年1月の時点では同性婚の合法化した州は16州（及びワシントンD.C.）に及んだ（図10-5）。

　2014年6月、連邦控訴裁判所はユタ州の同性婚を禁止する法律を憲法違反と判断を下した。ユタ州は連邦裁判所が同性婚の禁止を却下した最初の州となった。ユタ州は同性婚を禁止する33州の1つであった。2004年、住民投票によって66％の賛成により憲法改正と伝統的な結婚の定義が認められていたのである。2014年の連邦控訴裁判所の判決は、モルモン教徒が多いユタ州において受け入れがたいものであり、2014年10月に連邦最高裁所に上告したが棄却された。州知事も州司法長官も連邦最高裁の判断に落胆の意を表明した。

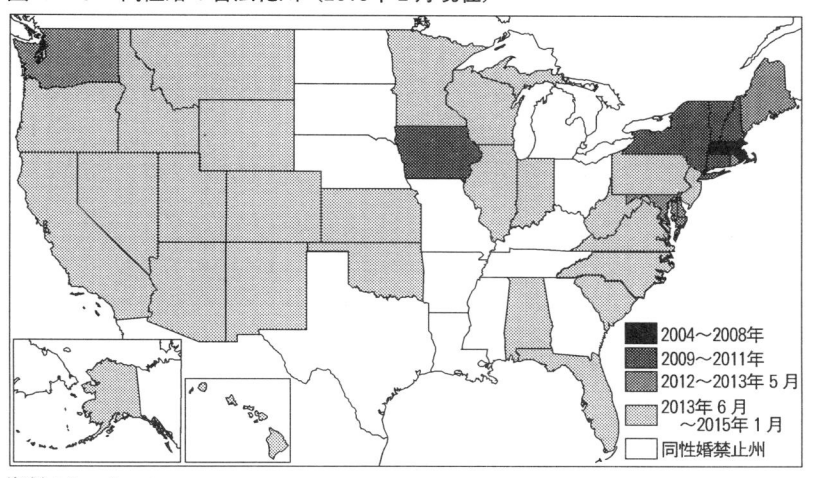

図10−5　同性婚の合法化州（2015年2月現在）

凡例:
2004〜2008年
2009〜2011年
2012〜2013年5月
2013年6月〜2015年1月
同性婚禁止州

資料：freedomtomarry.org

　第10巡回裁判所はこれを受けて、ユタ州と他の4州（オクラホマ州、コロラド州、ワイオミング州、カンザス州）での同性婚禁止の憲法や法律を違憲とし、同性婚を合法化した。
　2015年6月までに、同性婚を合法化した州は37州に達していた。そしてついに2015年6月、連邦最高裁判決はアメリカのすべての50州において同性カップルが結婚できる権利を認めた。
　以上のように、1990年代中頃から同性婚に反対する法制化を推進した州が徐々に増加し、ピークは2010年、41州が同性婚を禁止する法律を制定し抵抗してきたが、2012年ごろからその州は急速に減少し、代わって同性婚を合法化した州の数が増加していった。オバマ大統領2期目に同性婚合法化への弾みがついたのである。

むすび

　「文化戦争」は結局のところアメリカ社会の主導権をめぐる闘争である。

モダニズムや進化論をめぐってプロテスタント原理主義と近代科学との間で敵対する文化戦争は、1920年代に始まっており、すでに1世紀以上経過している。この文化戦争は最終的にどちらかが勝利し、他方を完全に支配下に置くまで続くであろう。

　歴史的にプロテスタンティズムに根ざした建国の理念は、公立学校での聖書の学びや祈りが憲法違反とされ、世俗的なヒューマニズムの理念に取って代わられていった。若者にとってマリファナは反抗の象徴となり、フェミニストの求める運動は伝統的な家族の価値を崩壊させ、ピルの普及と人工妊娠中絶の選択権は伝統的な性倫理や生命倫理からの解放を宣言し、個人の自由が謳歌された。モーゼの十戒は、学校からも、裁判所からも引き摺り下ろされた。オバマ大統領の時代になって、この文化戦争で、福音主義プロテスタントは、医療保険、LGBTの結婚、マリファナの合法化などの点で負け戦を余儀なくされていった。

　2016年の大統領選挙では、ドナルド・J・トランプ氏が福音主義プロテスタントからの熱狂的な支持を得て当選を果たした。ついに保守派が反撃するチャンスが到来した。しかし大統領就任1年経過しても、依然としてメイン・ストリーム・メディアの攻撃は弱まらず、共和党の議員でさえもトランプ大統領の政策に協力的ではない。トランプ政権は前途多難であるが、クリスチャンの支持者が祈りをもって支えている。大統領自身も祈りの大統領に変えられている。

註
1）西部開拓時代の一種の酒場で、1880年頃が最盛期であった。自動車の時代になると衰退した。
2）禁酒法によって、意図しない結果が生じ、マフィアなどの都市犯罪組織が成長した。また大恐慌期に税源も枯渇した。
3）自然食品、有機農産物を中心として扱い、全米で立地展開する大規模スーパーマーケット・チェーンで、1990年代以降、急成長を続けてきた。販売する食品には独自の基準を設けている。たとえば、トランス脂肪酸や人工着色料を含む食品を規制する。また動物虐待に当たるとして、ワイヤー製

ケージを数段重ねる過密な群飼（つつき合いを防止するため嘴の切断が行われる）の鶏の卵を販売しない。ちなみに、EUでは1999年に従来型のケージを禁止する法律を成立させ、2012年から施行された。アメリカでは現在、カリフォルニア州とミシガン州がケージを禁止している。
4 ）エピスコパル派、メソジスト派、ルター派、長老派、ユナイテッド・チャーチ・オブ・クライスト派、ディサイプルス・オブ・クライスト派、アメリカ・バプテスト派などを含む。
5 ）最近の人工妊娠中絶件数の低下は妊娠初期の中絶薬の普及によるところが大きいと見られている。
6 ）嗜好用は禁止しているが医療用マリファナを合法化した州は、ME, NH,VT, MA, RI, CT, NY, NJ, DE, MD, MI, IL, MN, MT, CA, NV, AZ, NM, HIの19州。
7 ）『ボーリング・フォー・コロンバイン』（原題：Bowing for Columbine）は2002年にマイケル・ムーアによって製作されたドキュメンタリー映画。1999年に起こったコロンバイン高校乱射事件を題材としている。白人が先住民インディアンや黒人からの復讐を恐れ続ける狂気の連鎖が銃社会の根底にあると解釈し、銃規制の必要を訴えている。
8 ）憲法修正第 2 条には「規律ある民兵は、自由な国家の安全において必要であるから、人民が武器を保有し、また携帯する権利は、これを侵してはならない。」とあり、人民が自分で武器を購入して参戦した独立戦争の時代には必要な法律であったが、必ずしも個人の自衛のための権利と言えるかは疑問である。
9 ）1998年から2012年 5 月までの州の住民投票で、2006年のアリゾナ州の住民投票は同性婚を禁止する憲法改正を可決しなかった唯一の例外であった。しかし2008年にはアリゾナ州では住民投票で同性婚禁止の憲法改正を可決した。

参考文献

第 1 章

Barnett-Hart, K. Anna (2009) The Story of the CDO Market Meltdown: An Empirical Analysis. Harvard University.

FDIC (2009) The Sand States: Anatomy of a Perfect Housing-Market Storm. https://www.fdic.gov/bank/analytical/quarterly/2009_vol3_1/anatomy perfecthousing.html

Gandel, Stephen (2013) By Every Measure, the Big Banks are Bigger. Fortune, Sep. 13.

Hoyt, Homer (1933) One Hundred Years of Land Values in Chicago. University Chicago Press.

Isard, W. (1942) A Neglected Cycle: The Transport-building Cycle. Review of Economic Statistics. 24-4, pp.149-158.

Keehner, Jonathan and Bob Ivry (2008) Subprime Devastation Retraces Path of S&L Crisis in U.S. States. Bloomberg, Oct. 8.

Lewis, Michael (2010) The Big Short: Inside the Doomsday Machine. W W Norton & Co Inc. マイケル・ルイス, 東江一紀（訳）（2010）『世紀の空売り―世界経済の破綻に賭ける男たち』文藝春秋.

OCC (2009) Worst 10 in the Worst 10. http://www.occ.treas.gov/news-issuances/news-releases/2009/nr-occ-2009-112b.pdf

Roche, David and Bob McKee (2008) New Monetarism New Edition. Independent Strategy.

Taylor, John B. (2009) Getting Off Track: How Government Actions and Interventions Caused, Prolonged, and Worsened the Financial Crisis. Hoover Press. ジョン・B・テイラー, 村井章子（訳）（2009）『脱線FRB』日経BP社.

Thomas, Brinley (1954) Migration and Economic Growth: A Study of Great Britain and the Atlantic Economy. Cambridge University Press.

―― (1972) Migration and Urban Development: A Reappraisal of British and American Long Cycles. Methuen & Co.

Wallison, Peter J. (2011) Hey, Barney Frank: The Government did Caused the Housing Crisis. The Atlantic, Dec 13.

―― (2015) Hidden in Plain Sight : What Really Caused the World's Worst Financial Crisis and Why It Could Happen Again. Wilsted & Taylor.

Wyly, Elvin K., Mona Atia, Holly Foxcroft, Daniel J. Hamme andKelly Phillips-Watts (2006) American Home: Predatory Mortgage Capital and Neighbourhood Spaces of Race and Class Exploitation in the United States. Geografiska Annaler : Series B, Human Geography, 88-1, pp.105-132.

Wyly, Elvin, Markus Moos, Daniel Hammel and Emanuel Kabahizi (2009) Cartographies of Race and Class: Mapping the Class-Monopoly Rents of American Subprime Mortgage Capital. International Journal of Urban and Regional Research, 33-2, pp.332-54.

第 2 章

Chessin, Paul (2005) Borrowing from Peter to Pay Paul ; A Statistical Analysis of Colorado's Deferred Deposit Loan Act. Denver University Law Review, 83 (2), pp.387-423.

Federal Deposit Insurance Corporation (2009) FDIC National Survey of Unbanked and Underbanked Households : Executive Summary. http://www.fdic.gov/householdsurvey/executive_summary.pdf

Grave, Steven M. (2003) Landscape of Predation. Landscapes of Neglect : A Location Analysis of Payday Lenders and Banks. Professional Geographer, 55-3, pp.303-317.

―― and Christopher L. Peterson (2005) Predatory Lending and Military : The Law and Geography of "Payday" Loans in Military Towns. OHIO State Law Journal, 66-4, pp.653-832.

―― and Christopher L. Peterson (2008) Usury Law and The Christian Right : Faith-Based Political Power and the Geography of American Payday Loan Regulation. Catholic University Law Review, 57-3, pp.637-700.

Johnson, Creola (2012) Congress Protected the Troops : Can the New CFPB Protect Civilians from Payday Lending ? Washington and Lee Law Review, 69-2, pp.649-728.

Martin, Nathalie (2010) 1,000% interest-Good While Supplies Last : A Study of Payday Loan Practices and Solution. UNM School of Law Research Paper, No. 2010-05.

Plunkett, Leah A. and Ana Lucia Hurtado (2011) Small-Dollar Loans, Big Problems : How States Protect Consumers from Abuse and How the Federal Government Can Help. Suffold University Law Review, 44, pp. 31-88.

Squires, Gregory D. and Sally O'Connor (1998) Fringe Banking in Milwaukee : The Rise of Check Cashing Businesses and the Emergence of a Two-Tiered Banking System. Urban Affairs Review, 34-1, pp.126-163.

高橋めぐみ（2008）「アメリカにおけるペイデイローン規制の現状と課題——ノースカロライナ州を中心に」『法政論集』227号, 475-509頁.

第3章

Alvaredo, Facundo, Anthony B. Atkinson, Thomas Piketty, and Emmanuel Saez (2014) The World Top Incomes Database. http://topincomes.g-mond.parisschoolofeconomics.eu/

Demirguc-Kunt, Asli and Enrica Detragiache, (1998) The Determinants of Banking Crises in Developing and Developed Countries. IMF Staff Papers 45-1.

Foster, Michael (2012) What is a Mortgage REIT (mREIT) -Definition, Risks & Suitability. Money Crashers. http://www.moneycrashers.com/mortgage-reimreit-definition/

Herkenhoff, Kyle F. and Lee E. Ohanian (2012) Foreclosure Delay and U.S. Unemployment. Federal Reserve Bank of St. Louis, Working Paper, 2012-017A.

International Monetary Fund (2013) Global Financial Stability Report : Transition Challengesto Stability. October.

Jacobs, Michael P. (2013) Housing's 'Shadow Inventory' Still Haunts Banks. U.S.News, Jun. 28. http:/money.usnews.com/money/blogs/thesmarter-mutural-fund-investor/2013/06/28/housings-shadow-inventory-stikk-hauntsbanks

Lyster, Lauren (2013) This is Housing Bubbles 2.0 : David Stockman. Yahoo! Finance, Feb. 04. http://homes.yahoo.com/news/housing-inventorycreepsshadows-banks-control-market-prices-162800502.html

Peterson, Christopher (2011) Foreclosure, Subprime Mortgage Lending, and the Mortgage Electronic Registration System. University of Cincinnati Law Review, 78-4. http://scholarship.law.uc.edu/uclr/vol78/iss4/4

Reinhart, Carmen M. and Kenneth S. Rogoff (2009) This Time is Different : Eight Centuries of Finance Folly. Princeton University Press.

Saez, Emmanuel (2013) Striking it Richer : The Evolution of Top Income in the United States (Updated with 2012 preliminary estimates). http://eml.berkeley.edu/~saez/saez-UStopincomes-2012.pdf

Schwarcz, Steven L. (2014) Derivatives and Collateral : Balancing Remedies and Systemic Risk. ABI Illinois Symposium on Chapter 11 Reform 2014, American Bankruptcy Institute, pp.215-229.

Sommer, John B. (2009) Why Bail-In？ And How！Economics Policy Review, Federal Reserve Bank of New York, March.

Taylor, John B. (2009) The Financial Crisis and the Policy Responses : An Empirical Analysis of What Went Wrong. NBER Working Paper, 14631, January.

Wen Yi (2014) QE : When and How Should the Fed Eix？ Federal Bank of St. Louis, Working Paper 2014-016A.

小立敬（2014）「米国FDICによるSIFIsの破綻処理戦略—シングル・ポイント・オブ・エントリーの概要—」『野村資本市場クォータリー』Spring, pp.1-13.

第4章

Bluestone, Barry and Bennet Harrison (1982) The Deindustriation of America : Plant Closings, Community Abandonment and the Dismantling of Basic Industry. Basic Books. ブルーストーン, B., ハリソン, B., 中村定（訳）『アメリカの崩壊』日本コンサルタントグループ, 1984年.

Sherk, James (2010) Technology Explains Drop in Manufacturing Jobs. Heritage Foundation. http://www.heritage.org/research/reports/2010/10/technology-explains-drop-in-manufacturing-jobs

第5章

Elazar, Daniel, J. (1966) American Federalism : A View of States. Cowell.

―― (1984) American Federalism : A View from the States, 3rd ed. Harper and Row Publishers.
―― (1994) The American Mosaic : The Impact of Space, Time, and Culture on American Politics. Westview.

第6章

A・トクヴィル,井伊玄太郎(訳)(1987)『アメリカの民主政治』全3巻(上・中・下)講談社学術文庫.

第7章

Dutch, Steven (2002) Geography and Election 2000 : Overview. Natural and Applied Science, University of Wisconsin-Green Bay. https://www.uwgb.edu/dutchs/Research/Elec2000/GeolElec2000.HTM

Fischer, David Hackett (1989) Albion's Seed : Four British Folkways in America. Oxford University Press.

Gordon, Collin (2008) Mapping Decline : St. Louis and the Fate of The American City. http://mappingdecline.lib.uiowa.edu/map/

McClain, Craig (2012) How Presidential Elections are Impacted by a 100 Million Year Old Coast Line. http://www.deepseanews.com/2012/06/how-presidential-elections-are-impacted-by-a-100-million-year-old-coastline/

Rose, Harold M. (1969) Social Processes in the City : Race and Urban Residential Choice. Association of American Geographer, Resource Paper, No.6.

Woodard, Colin (2011) American Nations : A History of the Eleven Rival Regional Cultures of North America. Viking Press.

第8章

Esping-Andersen, Gosta (1990) The Three Worlds of Welfare Capitalism. Policy Press. 岡沢憲,宮本太郎(監訳)(2001)『福祉資本主義の三つの世界』ミネルヴァ書房.

Thies, Clifford F. (2009) The Dead Zone : The Implicit Marginal Tax Rate. Mises Daily, Nov. 9. http://mises.org/daily/3822

田中恭子(2008)『保育と女性就業の都市空間構造――スウェーデン,アメリカ,日本の国際比較』時潮社.

第9章

Abramowitz, Anlan I. and Kyle L. Saunders (1998) Ideological Realignment in the U.S. Electorate. The Journal of Politics, 60-3, pp.634-52.

Adler, Jonathan H., and Michael F. Cannon (2013) Taxation without Representation : the Illegal IRS Rule to Expand Tax Credits under the PPACA. Journal of Law-Medicine, 23-1, 119-195.

Anderson, Jeffrey H. (2011) Since Obamacare's Passage, Millions Have Lost Employer-Sponsored Health Insurance. Weekly Daily News, Nov. 11, 2011. http://www.weeklystandard.com/blogs/obamacare-s-passage-millions-have-lost-employer-sponsored-health-insurance_607994.html

Balz, Dan (2013) Red; Blue States Move in Opposite Directions in a New Era of Single-Party Controls. The Washington Post, Dec. 28.

Blavin, Frederic, Matthew Buettgens, and Jeremy Roth (2012) State Progress toward Health Reform Implementation : Slower Moving States Have Much to Gain. Time Analysis of Immediate Health Policy Issues, January 2012. http://www.urban.org/UploadedPDF/412485-state-progress-report.pdf

Bonica, Adam, Nolan McCarty, Keith T. Poole, and Howard Rosenthal (2013) Why hasn't Democracy Slowed Rising Inequality. Journal of Economic Perspectives, 27-3, pp.103-124.

Cannon, Michael F. (2013) 50 Vetoes : How States can Stop the Obama Health Care Law. Cato Institute.

Elliot, Kennedy and Dan Balz (2013) Party Control by State. The Washington Post, Dec. 28, 2013.

Gamkhar, Shama and J. Mitch Pickerill (2012) The States of American Federalism 2011-2012 : Fend for Yourself and Activist Form of Bottom-Up Federalism. Publius, 42-3, pp.357-386.

Hare, Keith T. (2014) The Polarization of Contemporary American Politics. Northeastern Political Science Association, 46-3, pp.411-429.

Heberlein, Martha, Tricia Brooks, Jocelyn Guyer, Samantha Artiga, and Jessica Stephens (2012) Performing under Pressure : Annual Findings of a 50-state Survey of Eligibility, Enrollment, Renewal, and Cost-sharing Policies Medicaid and Chip, 2011-2012. The Kaiser Commission on Medicaid and the Uninsured.

Hunter, Nan D. (2011) Health Insurance Reform and Intimations of Citizenship. Universy of Pennsylvania Law Review, 159, pp.1955-1997.

Kaiser Family Foundation (2015) Medicaid Expansion in Arkansas. http://kff.org/medicaid/fact-sheet/medicaid-expansion-in-arkansas/

Lax, Jeffrey R. and Justin H. Phillips (2012) The Democratic Deficit in the States. American Journal of Political Science, 56-1, pp.148-166.

Limbaugh, Rush (2010) Battle Over Obamacare Repeal is Essentially a Debate About Liberty. The Rush Limbaugh Show, Transcript, Dec. 14. http://www.rushlimbaugh.com/daily/2010/12/14/battle_ver_obamacare_repeal_is_essentially_a_debate_about_liberty

Lonely Conservative (2009) Ronald Reagan's Warning About Socialized Medicine? Video and complete transcript. http://lonelyconservative.com/2009/08/ronald-reagans-warning-about-socialized-medicine-video-and-complete-transcript/

Moffit, Robert E. and Edmund F. Haislmaier (2013) Obamacare's Insurance Exchanges : "Private Coverage" in Name Only. Backgrounder, No.2846. Sep. 26. http://report.heritage.org/bg2846

Monhelt, Alan C., Joel C. Canter, Margaret Koller and Kimberley S. Fox (2004) Community Rating and Sustainable Individual Health Insurance Markets in New Jersey. Health Affairs, 23-4, pp.167-175.

Moretto, Mario (2014) LePage Vetoes Medicaid Expansion, Calls the Effort 'Ruinous' for Maines Future. Bangor Daily News, Apr. 09. http://bangordailynews.com/2014/04/09/politics/lepage-vetoes-medicaid-expansion-calling-the-effort-ruinous-for-maines-future/

Nolette, Paul (2014) State Litigation during the Obama Administration : Diverging Agendas in an Era of Polarized Politics. The Journal of Federalism, 44-3, pp.451-474.

Pickert, Kate (2011) More Than Half of All States Now Suing Over Health Reform. Time, Jan. 20. http://swampland.time.com/2011/01/20/more-than-half-of-all-states-now-suing-over-health-reform/

Roy, Avik (2012) The Inside Story on How Roberts Changed His Supreme Court Vote on Obamacare. Frobes, Jul. 1. http://www.forbes.com/sites/

theapothecary/2012/07/01/the-supreme-courts-john-roberts-changed-his-obamacare-vote-in-may/

Roy, Avik (2013) How Ohio's Medicaid Expansion Will Increase Health Insurance Premiums for Everyone else. Forbes, Feb. 8. http://www.forbes.com/sites/theapothecary/2013/02/08/how-ohios-medicaid-expansion-will-increase-health-insurance-premiums-for-everyone-else/

Saad, Lydia (2011) American Express Historic Negative toward U.S. Government. Politics, Sep 26. http://www.gallup.com/poll/149678/Americans-Express-Historic-Negativity-Toward-Government.aspx%23

Schlesinger, Mark (2011) Making the Best of Hard Times: How the Nation's Economic Circumstances Shaped the Public's Embrace of Health Care Reform. Journal of Health Politics, Policy and Law, 36-6, pp.989-1020.

Young, Jeffrey (2014) Obamacare Is More Unpopular Than Ever, Poll Shows. http://www.huffingtonpost.com/2014/08/01/obamacare-poll_n_5639192.html

第10章

Bishop, Bill (2008) The Big Sort: Why the Clustering of Like-Minded America is Tearing Us Apart. Houghton Mifflin.

California Immigration Policy Center (2014) Looking Forward: Immigration Contributions to the Golden States. CIPC2013.

Florida, Richard (2002) The Rise of the Creative Class. New York: Basic Books. リチャード・フロリダ, 井口典夫（訳）(2008)『クリエイティブ資本論―新たな経済階級の台頭』ダイヤモンド社.

Hunter, James Davison (1991) Culture Wars: The Struggle to Define America. Basic Books.

Pew Research (2015) Changing Attitudes on Gay Marriage. July 29. http://pewrsr.ch/1uJZV2J

Singer, Paul (2013) Young Voters May Be Turing Virginia Blue. USA Today, Oct 29.

あとがき

　本書の目的は、2008年の金融危機後のアメリカがどういう方向で進んでいるのかを明らかにするために、略奪的貸付が横行する金融市場の規制緩和と、保守とリベラルの間の文化戦争の激化を伴う政治的分極化という2つの大きな潮流を、地理的な視点から分析することであった。

　略奪的貸付けに私が関心を持ったのにはいくつかの理由があった。

　2009年の夏にマイノリティの住宅問題の調査目的で、オハイオ州コロンバスを訪れた。その時にたまたま住宅買い替えを考えているアメリカの友人と一緒にコロンバス市とその周辺での住宅物件を見て回る機会があった。すると差し押さえ物件が大量に出ているにもかかわらず、銀行所有の安い物件がほとんど一般市場には出ておらず、不動産業者の仲介する物件の価格がほとんど下がっていなかった。この地域市場にも差し押さえ物件が大量に出ていたのは事実であった。というのも、オハイオ州立大学地理学部のレリー・ブラウン教授とその弟子たちが、2004年から2008年までのフランクリン郡の住宅差し押さえ物件の分布図をGISで作成し、YouTubeにアップしていた。その図は黒人居住地区を中心に大量の差し押さえ物件の存在を示していた。

　その後も差し押さえ物件は増加していったにもかかわらず、2009年3月には住宅価格の下落が収束してしまった。銀行による差し押さえられた物件が市場にあまり供給されておらず、あるいはその影響があまり住宅価格に反映されていなかった。しかも住宅ローンの仕組みが日本とかなり違っていた。このような奇異な現象の背景を詳しく調べるため、地理学者があまり深くはタッチしないような制度的な問題まで考察を進めてみた。

　サブプライムローン危機に関して黒人やヒスパニックに対する差別的な略奪的貸付けが行われていたことが、それぞれアメリカ国内の地理学者によるGIS分析などで多数報告されてきた。本書はそのような地理学的な研究を踏まえつつ、住宅バブルが崩壊したプロセスに絡んでいた、FRBの金利政策、

住宅ローン債権の証券化、地域再投資法、ファニーメイやフレディマックの機能などの諸要因を考察した。

　政治的な分極化や文化戦争の結末に関しても、私には予想できなかったことの１つである。私は1980年代の後半に米国留学し、レーガン大統領の格調高い演説が印象に残っている者である。その頃と比べて、確かにアメリカは変わってしまった。

　2008年の大統領選挙前に、オバマ大統領候補の所属していたシカゴのTrinity United ChurchのJeremiah Wright牧師のメッセージの一部を、私はインターネットで聞いた。それは黒人中心の教会において、黒人に支持される社会的福音であったのかもしれないが、彼のメッセージは白人やアメリカに対する「憎しみ」に満ちたものだった。オバマ候補は大統領選挙戦中にこの問題が報道され、選挙に不利になると考え、彼の教会から離脱した。同じ黒人牧師でも公民権運動の指導者であったキング牧師は、白人を許し、融和する平和な社会を希求していたのとは、かなりイメージが違っていた。

　オバマ大統領は国民に熱狂的に受け入れられて登場した。2009年１月にデイリー・ビースト紙の記事で、Peter Beinartは、オバマが大統領に就任したことは「文化戦争終結の始まり」と予見した。オバマ大統領は１期目には文化戦争に関して積極的な発言を控えていたが、オバマ大統領の２期目になり、その予想が現実となった。2015年６月に同性婚の合法化の連邦最高裁判決が下されたのは、その象徴的な出来事であった。

　人口学的観点からも福音主義キリスト教の影響が弱まり、福祉国家の恩恵を被ることができる移民が増加し、かつ文化的に寛容な若者世代へと世代交代が進み、しかも若者世代のマイノリティ比率が４割を超え、共和党支持の若者も文化的に寛容になっている。文化戦争は終結に向かい、アメリカの宗教的な伝統の火は消えつつあるように見えた。

　しかし福音主義プロテスタントに支援されたトランプ大統領の登場は、負かされてきた文化戦争の激戦地において、敵は依然として強力で、いつ倒されるのか危なげではあるが、反撃のチャンスも見えてきている。

謝　辞

　今回、2刷に当たり、初版の誤植を含め一部加筆修正する機会が与えられた。その際にご尽力とご助言を賜った時潮社の相良景行氏と編集担当の阿部進氏に、この場をお借りして、心からの感謝の念を申し上げる次第である。

　2018年1月29日

田 中 恭 子

著者略歴

田中　恭子（たなか・きょうこ）

昭和60年3月　お茶の水女子大学人間文化研究科（博士課程）退学
平成4年2月　オハイオ州立大学 Ph.D（地理学）取得
現　在　　　埼玉大学大学院人文社会科学研究科（経済系）教授

【主著】
『保育と女性就業の都市空間構造―スウェーデン，アメリカ，日本の国際比較』時潮社、2008年。『グローバリゼーションの地理学』時潮社、2017年。

アメリカの金融危機と社会政策
──地理学的アプローチ──

2015年10月25日　第1版第1刷　　　定価2800円＋税
2018年2月13日　第1版第2刷

著　者　田　中　恭　子　ⓒ
発行人　相　良　景　行
発行所　㈲ 時　潮　社

〒174-0063　東京都板橋区前野町4-62-15
電　話　03-5915-9046
ＦＡＸ　03-5970-4030
郵便振替　00190-7-741179　時潮社
ＵＲＬ　http://www.jichosha.jp
E-mail　kikaku@jichosha.jp

印刷・相良整版印刷　製本・仲佐製本

乱丁本・落丁本はお取り替えします。
ISBN978-4-7888-0705-1

時潮社の本

保育と女性就業の都市空間構造
スウェーデン，アメリカ，日本の国際比較
田中恭子　著
Ａ５判・上製・256頁・定価3800円（税別）

地理学的方法を駆使して行った国際比較研究で得た知見に基づいて、著者はこう政策提言する、「少子化克服の鍵は、保育と女性就業が両立し得る地域社会システムの構築にある」と。『経済』『人口学研究』等書評多数。

グローバリゼーションの地理学
田中恭子　著
Ａ５判・並製・228頁・定価2800円（税別）

中南米は米国の裏庭と呼ばれ、米国は自分たちの意のままにしてきた歴史がある。今、グローバリゼーションの名の下、市場原理主義を掲げるネオリベラリズムが跋扈し、世界が「米国の裏庭」化し、分断と格差が拡大。その実態をIMF支配の歴史と地政学的見地から鋭く暴く。

イギリス植民地貿易史
——自由貿易からナショナル・トラスト成立へ——
四元忠博　著
Ａ５判・上製・360頁・定価3000円（税別）

イギリス経済史を俯瞰することはグローバル化世界の根幹を知ることでもある。人・モノ・カネの交流・交易——経済成長の行く先が「自然破壊」であった。そんななか自然豊かで広大な土地を不必要な開発行為から守る運動として始まったナショナル・トラスト、その成立課程をイギリス経済史のなかに位置づける。

物流新時代とグローバル化
吉岡秀輝　著
Ａ５判・並製・176頁・定価2800円（税別）

グローバル化著しい現代、その要でもある物流＝海運・空運の変遷を時代の変化のなかに投影し、規制緩和と、9.11以降大きな問題となった物流におけるセキュリティ対策の実際を、米国を例にみる。